算力网络与"东数西算"
工程实践

苗青 归律 张开飞 张宏远 黄瑾 王亦炜 ◎ 编著

人民邮电出版社

北京

图书在版编目（CIP）数据

算力网络与"东数西算"工程实践 / 苗青等编著
. -- 北京：人民邮电出版社，2023.2
ISBN 978-7-115-59829-5

Ⅰ. ①算… Ⅱ. ①苗… Ⅲ. ①信息经济－基础设施建设－研究－中国 Ⅳ. ①F492.3

中国版本图书馆CIP数据核字(2022)第144960号

内 容 提 要

加快实施"东数西算"工程意义重大。推进云网协同发展可以提升数据中心跨网络、跨地域数据交互能力，加强面向特定场景的边缘计算能力，强化算力统筹和智能调度。本书脉络清晰、结构严谨，从算力网络和"东数西算"两个维度揭示算力网络在"东数西算"工程中的落地方式及路线，既阐述了算力网络的体系标准、体系架构、关键技术、需求分析、应用案例，又详细介绍了"东数西算"工程政策、实施步骤、布局策略、面临的挑战及发展愿景，既有理论思考的前瞻性与深度，又兼顾了实践落地。

本书既适合对云网融合和算力网络技术感兴趣的科研人员阅读，也可作为高等院校计算机、通信、电子工程等专业的参考用书。

◆ 编　著　苗　青　归　律　张开飞　张宏远
　　　　　黄　瑾　王亦炜
责任编辑　赵　娟
责任印制　马振武

◆ 人民邮电出版社出版发行　北京市丰台区成寿寺路 11 号
邮编　100164　电子邮件　315@ptpress.com.cn
网址　https://www.ptpress.com.cn
固安县铭成印刷有限公司印刷

◆ 开本：800×1000　1/16
印张：17.5　　　　　　　2023 年 2 月第 1 版
字数：379 千字　　　　　2024 年 10 月河北第 8 次印刷

定价：99.90 元

读者服务热线：(010)53913866　印装质量热线：(010)81055316
反盗版热线：(010)81055315
广告经营许可证：京东市监广登字 20170147 号

 编委会

苗 青　归 律　张开飞　张宏远　黄 瑾

王亦炜　张钟琴　王 悦　蒋明燕　穆正浩

郭 溪　温 倪　杨 扬　马佳怡

近年来,随着计算、存储、数据网络、传输等技术的快速发展,云计算从实验性的技术逐步实现大规模建设落地,成为日常生活中不可或缺的基础信息底座。云计算承载了大量日常的信息化应用和服务,深刻改变了社会运行的方式和效率,成为信息化生产力的重要体现。

伴随着半导体工艺及处理器架构的持续进步,云计算资源池的数据处理能力不断提升,各类计算、存储、网络能力逐步被抽象为算力,统一向外提供服务。但同时人们也发现了云计算技术存在的一些问题:一是伴随着"数据孤岛"共生的"算力孤岛",算力发展、供需关系的不平衡不充分矛盾日益突出;二是大规模云计算建设耗费了大量的电力,对国家能源供应和节能减排带来了巨大压力,由于算力使用不合理、不均衡,这部分能源消耗未产生最佳的效果。同时也要看到,随着国家产业升级、IT 技术飞速发展、社会信息化、数字化转型加速推进,这些都对算力提出了越来越高的要求。AI、大数据、金融建模、基础工业和材料的研究、半导体、基础学科的计算模拟、超级计算等这些关乎未来国家核心竞争力的技术推进都离不开海量的算力,这对算力类型提出了更高的要求。如何盘活全国现有各类云计算资源池的算力,如何根据计算需求动态、灵活、自动地调用算力,如何根据不同地理区域的特点去统筹规划建设各类算力,让算力成为国内不同区域经济平衡发展的信息技术基础要素,成为摆在行业决策者和技术攻关者面前的难题。

在此背景下,算力网络的概念应运而生。我国三大电信运营商及华为等主要设备供应商不约而同地提出了类似的算力网络的概念。算力网络是一种新型网络技术,其核心是以网络为平台,连接多维资源,从而为用户提供最优的资源供给,资源包括算力、存储、网络等;其关键技术包括算力度量、算力感知、算力路由、算力交易、算力编排等;其运作机制是利用网络对标准化封装的算力进行自动发现、调度,最终实现按需使用;其本质是一种基于 IP 的软件定义网络技术。

随着基础设施底座的完善、需求的变化、供需矛盾的突出和技术的逐步发展成熟,2021 年国家发展和改革委员会出台了国家算力枢纽建设要求。2022 年 2 月,我国在京津冀、长三角、粤港澳大湾区、成渝、内蒙古、贵州、甘肃、宁夏 8 地启动建设国家算力枢纽节点,并规划了 10 个国家数据中心集群。至此,全国一体化大数据中心体系完成总体布局设计,"东数西算"

工程正式全面启动。简单地说，"东数西算"工程就是让西部的算力资源更充分地支撑东部数据的运算，更好地为数字化发展赋能。

"东数西算"中的"数"，指的是数据，"算"指的是算力，即对数据的处理能力。"东数西算"是通过构建数据中心、云计算、大数据一体化的新型算力网络体系，将东部算力需求有序引导到西部，优化数据中心建设布局，促进东西部协同联动。

数字时代正在召唤一张高效率的"算力网络"。"东数西算"是把东部密集的算力需求有序引导到西部，使数据要素跨域流动。打通"数"动脉，织就全国算力一张网，既缓解了东部能源紧张的问题，也给西部开辟了一条发展新道路。"东数西算"是一个技术变革，但更是一个经济发展、产业发展的变革。其根本目的是解决全国不同区域发展不平衡不充分的问题。

算力网络正是实现"东数西算"的核心技术底座，算力网络技术也必将随着"东数西算"工程的逐步推进落地而逐步成熟，并在实际应用中不断迭代完善。

但我们也要看到，现阶段的国家战略还只是在不同区域算力中心的规划建设上，对于如何在"东数西算"工程中应用算力网络技术、算力网络技术如何基于实际需求加速发展、"东数西算"工程如何分阶段实施并通过技术迭代最终实现全国全网算力的动态发现、编排、调度、使用等核心问题，仍未有一个统一的答案。

正是在这样的技术背景和时代背景下，我们编写了本书，从算力网络的未来演进和"东数西算"工程的分阶段算力调度服务落地等方面系统性地分析和阐述了技术与实际工程的应用实现结合方式，同时也对"东数西算"工程未来长期的发展提出了自身的思考，希望能够给广大读者带来一些参考价值。书中如有不当之处，敬请读者批评指正。

作者
2022 年 8 月

上篇：算力网络

第1章 从云计算到云网融合 ········ 002
1.1 算力基础设施：云计算 ········ 002
1.2 分布式计算 ········ 003
1.3 新型计算节点：边缘计算 ········ 005
1.4 未来网络 ········ 006
1.5 云网融合 ········ 007

第2章 算网融合 ········ 009
2.1 算力 ········ 009
2.1.1 算力的定义 ········ 009
2.1.2 算力的载体——数据中心 ········ 012
2.1.3 CPU、GPU和DSA三大主流计算平台 ········ 014
2.1.4 未来算力的提升 ········ 019
2.2 算力网络 ········ 024
2.2.1 算力网络的产生 ········ 024
2.2.2 算力网络的分类 ········ 024
2.2.3 算力网络的工程案例 ········ 026
2.3 算网融合的过程 ········ 027
2.3.1 算网融合的类型 ········ 027

　　2.3.2　云网融合和算网融合的关系 ·············· 028
　　2.3.3　融合的演进阶段 ······················· 028

第3章　算力网络的标准体系 ······················ 030

第4章　算力网络的体系架构 ······················ 035
4.1　算力网络与云网融合的关系 ··················· 035
4.2　算力网络的主流体系架构 ····················· 037

第5章　算力网络的关键技术 ······················ 040
5.1　算力基础设施的关键技术 ····················· 040
　　5.1.1　异构计算 ····························· 040
　　5.1.2　存算一体 ····························· 042
　　5.1.3　云原生 ······························· 045
5.2　网络基础设施的关键技术 ····················· 050
　　5.2.1　SRv6 ································· 050
　　5.2.2　数据中心网络的关键技术 ················ 056
　　5.2.3　无损网络 ····························· 069
　　5.2.4　确定性网络 ··························· 071
　　5.2.5　应用感知网络 ························· 074
5.3　算网一体的关键技术 ························· 074
　　5.3.1　算力标准化度量与建模 ·················· 075
　　5.3.2　算力感知与路由 ······················· 076
5.4　编排管理与运营服务的关键技术 ··············· 078
　　5.4.1　算力网络编排调度的构想 ················ 078
　　5.4.2　算力网络编排管理和运营的关键技术 ······ 085
　　5.4.3　多云管理 ····························· 106
5.5　算力封装与算力交易平台 ····················· 110
　　5.5.1　算力封装技术 ························· 110

    5.5.2 算网交易平台 …………………………………………… 114
  5.6 安全关键技术 ………………………………………………… 124
    5.6.1 安全风险分析 …………………………………………… 124
    5.6.2 安全需求分析 …………………………………………… 125
    5.6.3 安全防护建设思路 ……………………………………… 127
    5.6.4 安全关键技术与手段 …………………………………… 129
  5.7 绿色节能技术 ………………………………………………… 132
    5.7.1 低PUE的主要技术手段 ………………………………… 132
    5.7.2 打造绿色数据算力中心的有效措施 …………………… 134

第6章 算力网络技术的能力需求分析 ……………………… 137
  6.1 数据流通 ……………………………………………………… 137
    6.1.1 数据流通模式 …………………………………………… 137
    6.1.2 数据流通技术 …………………………………………… 139
    6.1.3 数据流通的安全治理 …………………………………… 144
  6.2 算力共享 ……………………………………………………… 148
    6.2.1 算力共享的定义与分类 ………………………………… 149
    6.2.2 算力共享模式 …………………………………………… 151
    6.2.3 算力共享网络 …………………………………………… 152
    6.2.4 算力的监控与管理 ……………………………………… 154

第7章 算力网络技术基础设施需求分析 …………………… 155
  7.1 催生算力网络发展的大背景 ………………………………… 155
  7.2 电信运营商主导的算力网络体系架构 ……………………… 156
  7.3 承载网基础设施 ……………………………………………… 158
    7.3.1 传统承载网存在的痛点 ………………………………… 158
    7.3.2 新一代承载网发展和演进的方向 ……………………… 159

7.4 编排与转发基础设施 ·················· 162
7.4.1 算力网络编排基础设施 ·················· 162
7.4.2 算力网络转发基础设施 ·················· 163
7.5 安全基础设施 ·················· 164
7.5.1 云网融合、算网融合对安全提出新的挑战 ·················· 165
7.5.2 新一代安全基础设施的发展方向分析 ·················· 165

第8章 算力网络应用场景实践案例 ·················· 169
8.1 赋能生活 ·················· 169
8.2 赋能行业 ·················· 173
8.3 赋能社会 ·················· 174

第9章 算力网络的发展愿景 ·················· 176
9.1 算力泛在 ·················· 176
9.2 算网共生 ·················· 177
9.3 智能编排 ·················· 177
9.4 一体服务 ·················· 177
9.5 算力网络需要进一步研究解决的技术挑战 ·················· 178

下篇：东数西算

第10章 "东数西算"工程政策解读 ·················· 182
10.1 我国"东数西算"工程建设相关政策解读 ·················· 182
10.2 我国算力服务总体推进节奏 ·················· 183
10.3 我国"东数西算"工程发展战略及部署实施方案 ·················· 188
10.3.1 "东数西算"工程发展战略 ·················· 188
10.3.2 "东数西算"工程部署实施方案 ·················· 190
10.3.3 总结 ·················· 191

第 11 章 "东数西算"工程实施步骤 ········ 192

11.1 我国国家级八大枢纽节点+网、云、数三大体系建设方案 192
11.1.1 我国八大枢纽节点 ········ 192
11.1.2 网、云、数三大体系建设方案 ········ 193

11.2 第一阶段（2021—2023 年）：建成枢纽数据中心集群，绿色先进，实现"东数西存" ········ 196
11.2.1 建立一体化云合规认证体系 ········ 196
11.2.2 完善数据中心评价标准 ········ 205
11.2.3 完善算力及网络基础设施 ········ 209
11.2.4 构建与贯彻数据中心绿色节能标准体系 ········ 222

11.3 第二阶段（2024—2025 年）：构建东西部直连网络，实现"东数西算"一体化调度 ········ 227
11.3.1 建设数据中心直连网络 ········ 227
11.3.2 落地区域协同的算力服务体系 ········ 228
11.3.3 算网新型基础设施的全面落地 ········ 232
11.3.4 建设国家级/区域级算力调度平台 ········ 234

11.4 第三阶段（2026 年之后）：构建数据交易市场，实现数据要素高效流通 ········ 239
11.4.1 建设数据交易统一管理平台 ········ 239
11.4.2 国家统一数据要素交易市场，数据可信流通 ········ 243

第 12 章 "东数西算"数据中心布局建议 ········ 251
12.1 我国数据中心存在的问题 ········ 251
12.2 数据中心布局建议 ········ 252
12.2.1 时延因素 ········ 252
12.2.2 数据因素 ········ 257

12.2.3 资源因素 …… 258
12.2.4 规模因素 …… 258
12.2.5 "东数西算"配对模型建议 …… 259

第13章 "东数西算"工程实施需要破解的难题与挑战 …… 261

13.1 泛在化、异构化的算力资源难以感知和统一度量 …… 261
13.2 集中式/分布式算力网络控制方案难以协同 …… 263
13.3 网络融合面临的挑战 …… 264
13.4 数据标准化难以统一 …… 265

参考文献 …… 267

第1章 从云计算到云网融合

1.1 算力基础设施：云计算

云计算的出现打破了算力（生产力）以单一产品的形式提供的局面，并给予算力随时随地、按需使用等优点，大大降低了算力使用的门槛。云计算推动算力成为像水电一样的基础资源，并以服务的形式直接向最终用户赋能。

云计算主要通过互联网按需提供 IT 资源，并且采用按使用量付费的方式。用户可以根据需要从云计算服务提供商那里获得技术服务，例如，计算能力、存储和数据库等，而不需要购买和维护数据中心及服务器。使用多少技术服务支付多少费用，这样可以帮助用户降低运维成本，用户也可以根据业务需求的变化快速调整自己所需要的服务。

云计算的特点如下。

（1）大规模、分布式

云计算一般具有相当大的规模，一些知名的云计算服务提供商（例如 Google 云计算、Amazon、IBM、微软、阿里巴巴等）都拥有上百万级规模的服务器，而依靠这些分布式的服务器所构建起来的云计算能够为用户提供超强的计算能力。

（2）虚拟化

云计算都会采用虚拟化技术，用户并不需要关注具体的硬件实体，只需要选择一家云服务提供商，注册一个账号，登录云控制台购买和配置需要的服务（例如，云服务器、云存储、内容分发网络等），再为应用做一些简单的配置，就可以提供对外服务。这比传统的在企业的数据中心部署一套应用要简单方便得多。我们可以随时随地通过计算机或移动设备来控制资源，这就像是云服务提供商为每一个用户都提供了一个互联网数据中心（Internet Data Center，IDC）。

（3）高可用性和扩展性

云计算服务提供商都会采用数据多副本容错、计算节点同构可互换等措施来保障服务的高可靠性。基于云服务的应用可以持续对外提供服务，另外，云计算的规模可以动态伸缩以满足应用和用户规模增长的需要。

（4）按需服务，更加经济

用户可以根据自己的需求购买服务，甚至可以按使用量来进行精确计费。这样能大大节省

IT成本，资源的整体利用率也将得到提升。

（5）安全

网络安全已经成为所有企业或个人必须面对的问题，企业的IT团队或个人很难应对来自网络的恶意攻击，而使用云计算服务则可以有效降低安全风险。

云计算服务分层如图1-1所示。

1. SaaS：Software as a Service，软件即服务。
2. PaaS：Platform as a Service，平台即服务。
3. IaaS：Infrastructure as a Service，基础设施即服务。

图1-1 云计算服务分层

云计算服务是基于分层的结构，可以分为以下3层。

① IaaS层：包含云IT的基本构建模块。它通常提供对网络功能、计算机（虚拟或专用硬件）和数据存储空间的访问。IaaS层服务为用户提供高级别的灵活性，让用户可以管理、控制IT资源。它与许多IT部门和开发人员熟悉的现有IT资源最相似。

② PaaS层：让用户不需要管理底层基础设施（一般是硬件和操作系统），可以将更多精力放在应用程序的部署和管理上。这有助于提高效率，用户不用关心资源购置、容量规划、软件维护、补丁安装或与应用程序运行有关的各种繁杂工作。

③ SaaS层：提供完善的产品，其运行和管理皆由服务提供商负责。在大多数情况下，人们所说的SaaS指的是最终用户应用程序。用户使用SaaS产品时，不需要考虑如何维护或管理基础设施，只需要考虑如何使用该产品即可。

与底层硬件最相关的是IaaS层服务，PaaS层、SaaS层服务都是基于IaaS层的基础服务构建的更高层的服务。

1.2 分布式计算

分布式计算主要研究如何应用分布式系统进行计算，即把一组计算机通过网络相互连接，进而组成分散系统，然后将需要处理的数据分散成多个部分，并交由分散在系统内的计算机组同时计算，再将每台计算机的结果合并，得到最终结果。随着计算机系统逐渐向微型化、网络化发展，传统的集中式处理不仅会导致成本攀升，还存在着较大的单点故障风险。为了规避风险、降低成本，互联网公司的研究方向转向分布式计算。分布式计算可以将一个大型应用分解成许多小的部分，并将其分配给多台计算机进行处理，这样就可以节约整体计算时间，大大提高计算效率。

大家可以将自己想象成一台计算机，拥有基本的计算机元件（中央处理器、内存、输入/输出设备等），那么作为一台"人型计算机"，我们是如何解决实际问题的呢？

假设我们最多只能在"内存"中记住4种信息（即拥有"内存"的存储上限设定），这时来了一个任务，需要对一叠扑克牌（并不一定能凑成一副牌）进行以下统计。

① 这叠扑克牌共有几种花色。"人型计算机"直接在大脑中记住每个花色的个数，处理完所有的扑克牌后报4种花色个数即可。

② 统计这叠扑克牌中 A～K 每种牌面的个数。这时我们会发现，如果沿用上一个问题的解决思路，那么"人型计算机"的内存已经不够用了，因为其存储上限只能为4种信息。当我们无法记住更多信息时，可以用"做笔记"来辅助记忆，在计算机中这个"笔记"就相当于存放在"磁盘"的一个Excel文档。有了"笔记"之后，每取一张扑克牌，就会更新一次统计个数，最后直接报出结果。

大数据时代的"扑克牌"问题远远比以上两个问题复杂得多，包括但不限于以下内容。

- 扑克牌数量增加（输入数据的规模增加）。
- 需要统计的问题升级，例如，统计52种牌型的出现次数（中间运算数据的规模增加）。
- 希望能够尽快得到结果（处理时间有限）。

"人型计算机"的"内存"和"硬盘"都是有容量限制的，52种牌型的信息显然已经远远超过了单台计算机的处理能力。这类问题的解决方案主要分为以下4步。

① 切分（把输入数据切分成多份）。既然单台"人型计算机"无法完全处理完所有的扑克牌，那么就可以把牌随机分成很多份，每份尽量平均且个数不超过单台计算机的处理上限，统一交由一组"人型计算机"处理。

② 变换（对每条输入数据做映射变换）。当多台"人型计算机"合作时，为了保证能够准确高效地完成任务，必须进行角色分工。把负责数据切分的"人型计算机"理解为"指挥官"；负责执行具体运算任务的"人型计算机"则是"计算兵"，根据承担任务的不同将其分为"变计算兵"和"合计算兵"，两者的比例不固定，可根据数据多少和运算效率灵活调整。

开始执行任务时，每一个"变计算兵"都要对自己负责的每一张扑克牌按照相同的规则做变换，使后续的步骤可以对变换后的结果进行处理。这种变换规则要根据具体问题来制定。

③ 洗牌（对变换后的数据按照一定规则分组）。当变换的运算完成后，每个"变计算兵"要将各自的变换扑克牌按照牌型分成多个小份，"合计算兵"最终要对每个小份的结果进行合并统计。

④ 合并（对洗牌后的数据进行统计合并）。"合计算兵"将手中的扑克牌按照相同的计算规则依次合并，计算规则需要根据具体问题来制定，在这里是对扑克牌上标签的数值直接累加，然后统计出最终结果。所有的"合计算兵"把自己的计算结果上交给"指挥官"，"指挥官"汇总后公布最终的统计结果。

分布式处理技术在逻辑上并不复杂，但在具体的实现过程中会很复杂，例如，"指挥官"如何协调调度所有的"运算兵"，"运算兵"之间如何通信等。

分布式计算具有以下 3 个优点。

① 稀有资源可以共享。
② 通过分布式计算可以在多台计算机上平衡计算负载。
③ 可以把程序放在最适合运行它的计算机上。

1.3　新型计算节点：边缘计算

数十亿物联网设备和移动通信设备产生的数据和对服务的访问量呈指数级增长；自动驾驶等场景对服务的实时性要求很高；设备规模和数据量均呈几何式增长……场景的量变推动着计算模型的质变，传统集中式的云计算向分布式的边缘计算转变。在这种模式下，部分计算和存储发生在网络边缘，即更靠近终端的位置。

边缘计算是工作负载部署在边缘的一种计算方式，让计算离用户或数据源更近。原本由大型的中心云解决的服务，现在可以被拆解成更小、更容易管理的内容，分散到各个边缘节点。边缘计算可减小中心云的压力，加快传送速度、减少时延。

边缘计算不是简单地让算力下沉，如果只是计算节点下沉，依然存在迂回路由，无法有效降低时延，回传带宽资源浪费。传统网络的边缘计算如图 1-2 所示。

图 1-2　传统网络的边缘计算

边缘计算要求网络能力和计算资源必须协同下沉，网络能力 / 业务能力统一对外开放。5G 网络的边缘计算如图 1-3 所示。

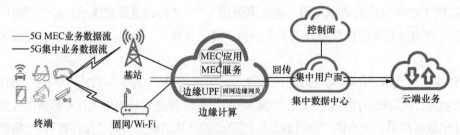

1. MEC：Multi-access Edge Computing，多接入边缘计算。

图 1-3　5G 网络的边缘计算

边缘计算可提供连接、计算、能力、应用的积木式组合，为用户就近提供服务。

虽然边缘计算比云计算的概念出现得晚一些，但两者不是替代关系，而是相互依赖、相互补充的关系。例如，应用开发在云端完成，可以充分发挥云的多语言、多工具、算力充足的优势，应用部署则可以按照需要分布到不同的边缘节点；云游戏的渲染部分放在云端处理，呈现部分放在边缘侧，保证用户的极致体验；对于人工智能的相关应用，可以把与机器学习、深度学习相关的重载训练任务放在云端，把需要快速响应的推理任务放在边缘侧，实现计算成本、网络带宽成本的最佳平衡。

分布式边缘计算可以作为集中式云计算的补充，用于以下典型场景。

① 计算密集型工作负载。

② 数据聚合与存储。

③ 人工智能 / 机器学习。

④ 协调跨地区的运维。

⑤ 传统后端处理。

⑥ 自动驾驶汽车。

⑦ 虚拟现实（Virtual Reality，VR）/ 增强现实（Augmented Reality，AR）。

⑧ 智慧城市。

未来，云边协同将成为主流模式，两者紧密协同才能更好地满足各种需求场景的匹配，从而实现边缘计算和云计算的应用价值。

1.4　未来网络

未来网络的本质将从"尽力而为"的不确定网络发展为"使命必达、说到做到"的确定性网络，以算、网、存深度融合，空、天、地广泛连接，云、边、端多级协同为核心特征，逐步构建一个"万物互联、智慧内生、安全可控、跨越时空"的、物理和网络空间深入融合并交互创造的"元宇宙"

新世界。

"使命必达"的未来网络将提供5个维度的内生能力，具体内容如下。

第一，最广泛的全连接能力，即任何时刻、任何地点的人、机、物的互联互通能力。其连接范围不仅包括人类本身，以及数以亿计的终端设备，也包括物理空间的全部事物和亿万个生命体，甚至包括生命体的精神世界。

第二，超低时延或零时延的沉浸式实时互动能力，即用户在各类场景的服务请求都能以最快的速度得到满足，尤其在车路协同、远程医疗场景中，超低时延本身就是生命线。

第三，全面支撑通用智能和泛在智能的能力，即算力、算法通过网络到达互联网的任何一个角落，为用户及各类终端提供智能计算服务。

第四，内生安全和可控可靠的能力。安全能力将成为未来网络的基础性能力，提供具备主动免疫的内生安全，确保全维度的安全可控。

第五，开放兼容的生态能力。未来网络将继承互联网的开放基因、协同基因，以开放的态度博采众长，在"使命必达"的未来网络底座上构建丰富的崭新世界。

如何构建"使命必达"的未来网络？第一，未来网络将是计算、存储和通信三大基础性资源在资源日益丰富的趋势下不断深度融合的过程；第二，未来网络将采用"云、边、端""空、天、地"多级协同的构架，边缘智能将催生超级应用；第三，未来网络将是以视频智能为主且兼容语音和文本类信息的网络；第四，未来网络必须是内生安全的价值互联网。

1.5 云网融合

近年来，云计算和网络相互渗透，以网络为代表的通信技术（Communication Technology，CT）和以云计算为代表的信息技术（Information Technology，IT）不断实现深度融合。

云网融合既是技术发展的必然趋势，也是用户需求变化的必然结果。云网融合必须适应众多不断发展的用户需求场景，因此，云计算对网络提出了越来越高的需求，网络云化需要提升云计算能力。

云计算对网络的需求主要体现在网络性能、网络可用性、网络智能性、适配能力和网络安全5个维度。目前，传统网络在网络安全、柔性适配能力及网络智能性方面与用户需求的差距较大，需要增强网络的内生安全性、柔性适配能力中的原子能力服务化、网络智能性中的弹性伸缩和网络可编程，从而实现网随云动。

网络对云计算的需求主要体现在统一承载与集约运营、虚拟网元能力开放与增强，以及电信级安全性3个维度。一般来说，网络在可用性、实时性、安全性、低时延等方面依然比云计算强。

云网融合的典型应用是5G网络。5G的核心网已经全面云化，5G具有高速率、大容量、低时延的特点，从而让大型的自动化设备联网成为可能。5G使大量数据存储、处理的速度变得更快，因而云计算的发展需要5G的支持。如今，5G已成为高度云网融合的重要推动力量。

云网融合的发展历程围绕云网的基础资源层，从云内、云间、入云到多云协同和云、网、边、端协同。

云网融合最初发生在云内网络（数据中心内），为满足云业务带来的海量数据的高频、快速传输的需求，引入了叶—脊架构和大二层网络技术，实现DC内部网络能力和云能力的有机结合和一体化运行。随着DC间流量的剧增，云网融合的重点转向云间数据中心互联（Data Center Interconnect，DCI）网络，通过部署大容量、无阻塞和低时延的DCI网络，实现数据中心间东西向流量的快速转发和高效承载。

由于企业上云需求和SaaS流量激增，入云成为云网融合的新重点，以软件定义广域网（Software Defined Wide Area Network，SD-WAN）为代表的新型组网技术，通过软件定义的方式，实现了简单、灵活、低成本的入云连接。

伴随着业务实时性和交互性需求的提升，传统中心化的云部署方式难以满足超低时延等业务的高性能要求和低功耗、低成本的高性能终端要求，需要通过多云协同、云边协同乃至云、网、边、端协同等方式不断提升云的实时性、可用性及终端的性价比。

云网融合的愿景目标是通过实施虚拟化、云化和服务化，形成一体化的融合技术架构，最终实现简洁、敏捷、开放、融合、安全、智能的新型信息基础设施的资源供给。

第 2 章 算网融合

2.1 算力

2.1.1 算力的定义

算力指的是处理器的计算能力，包括很多指标和基准测试，主流的测试软件有很多，例如 SPEC、Linpack、TPC、MLPerf、Terasort 等。在不考虑场景的情况下，计算机性能通常用准确性、效率和程序执行时间来衡量，通常涉及更短的响应时间、更大的带宽、更短的数据传输时间，以及更高的吞吐率、资源利用率、可用性等。针对新型计算任务有一些特定的指标，一些常见的指标如下。

① MIPS（Million Instructions Per Second）：每秒百万条指令，即每秒执行百万级指令数。Intel 80386 计算机每秒可以处理 300 万～500 万条机器语言指令，可以说 Intel 80386 是 3～5MIPS 的中央处理单元（Central Processing Unit，CPU）。

② DMIPS（Dhrystone Million Instructions executed Per Second）：Dhrystone 是测量处理器运算能力的最常见的基准程序之一，常用于测量处理器的整型运算性能，并且它是一种整数运算测试程序。

③ OPS（Operations Per Second）：每秒执行的运算次数，1TOPS 代表处理器每秒可进行一万亿次操作。

④ FLOPS（Floating-point Operations Per Second）：每秒所执行的浮点运算次数，主要用于大量浮点运算的科学计算领域中。比 FLOPS 更大的是 MFLOPS、GFLOPS、TFLOPS、PFLOPS 等量级。

⑤ MLPerf（Machine Learning Performance Benchmark）：针对 AI 领域的一个基准测试体系，主要用来衡量不同软硬件环境下机器学习算法的性能（速度和质量），涉及图像分类、对象识别、翻译、语音识别、推荐、情感分析、增强学习等。

⑥ Terasort：较为主流的大数据排序基准测试。

20 世纪八九十年代，CPU 性能发展飞速，大约每 18～24 个月 CPU 性能就会翻倍，同时价格下降为原来的一半，这就是著名的摩尔定律。如今，CPU 性能的增速每年只有不到 3%，CPU 要想性能翻倍需要 20 年。

对消费者来说，摩尔定律意味着最新的电子设备性能会比一年前有非常显著的提升。而对行业从业者来说，摩尔定律是整个行业的关键绩效指标（Key Performance Indicator，KPI），代表了残酷的竞争法则：一个公司或产品如果能达到或超过摩尔定律，就能够生存；反之，就只能走向消亡。

冯·诺依曼架构模型是计算机系统的经典模型，一个计算机系统包括输入设备、处理部分和输出设备3个部分。处理部分有控制器、运算器和内存，控制器和运算器组成CPU。冯·诺依曼架构模型如图2-1所示。

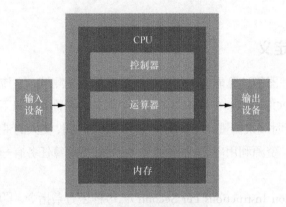

图 2-1　冯·诺依曼架构模型

根据冯·诺依曼架构，我们可以绘制出一个典型服务器的模型。典型服务器的模型如图2-2所示。

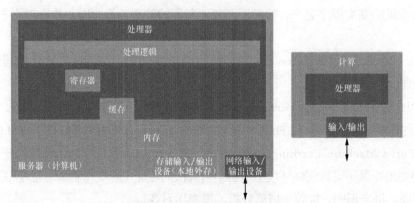

图 2-2　典型服务器的模型

一个服务器由处理逻辑，包括寄存器、缓存、内存、本地外存4级的暂存存储（云服务器本地存储也是暂存，关键的数据必须存储到远程存储集群），以及网络输入/输出（Input/Output，I/O）3个部分组成。

从处理器中的处理逻辑部分来看，不管是在各级暂存还是从网络输入/输出，都是数据的输入/输出。因此，计算模型可以被简单地分为数据处理和数据输入/输出两个部分。

性能是指单位处理器的性能。衡量一个处理器的性能通常有3个因素，即指令复杂度、运行速度（运行频率）、并行度。用公式表示性能和三者的关系如下。

（单个处理器的）性能 = 指令复杂度（单位计算密度）× 运行速度 × 并行度

性能是微观的概念，代表个体的计算能力。而算力则是宏观的概念，是很多个体的计算能力的总和。为了避免混淆，我们采用"总算力"的说法。

实际总算力 = 总算力 × 利用率 = 指令复杂度（单位计算密度）× 运行速度 × 并行度 × 处理器的数量 × 利用率

我们可以从应用规模和使用供需两个方面论述总算力。

① 应用规模

总算力的概念非常直观，一方面是单颗芯片的算力要高，另一方面是芯片要被大规模应用。像CPU、图形处理单元（Graphics Processing Unit，GPU）及数据处理单元（Data Processing Unit，DPU）这样的大芯片，只有得到大规模的应用，才能真正地发挥价值。反之，如果芯片没有大规模落地，即使性能再好，价值也会很低。

② 使用供需

没有云计算的时候，如果我们想部署一套互联网系统向大家提供服务，则需要自己购买服务器，租用电信运营商的机房。整个过程投入成本很高，且弹性不足。我们不知道用户数量，也不知道应该购买多少服务器。如果服务器超过一定数量，就可能需要自己建机房，自己运维硬件，整个业务模式就会很复杂。

云计算帮助用户完成了基础设施的建设，用户只需要按需购买：一方面，不需要关心门槛高且距离业务非常远的基础设施建设；另一方面，可实现完全的按需付费，快速而方便地扩容或者缩容，明显地降低了运维成本。

边缘计算能够提供比云计算更低时延的服务，同时可大幅减轻云的压力。

近年来，一些宏观技术趋势（例如云网融合）实现了跨云和混合云模式。从本质上看，这些都是通过各种各样的技术手段，尽可能提高算力的整体利用率，降低算力的成本。

要提高宏观的实际总算力，就必须做到以下6个方面。

① 提高指令的复杂度（单位计算密度）。创新领域架构（Domain Specific Architecture，DSA），均衡地考虑不同的算力平台，以及通过异构和超异构计算，融合多种平台协作，完成系统级计算。

② 提高运行速度（运行频率）。优化设计，选择最优的流水线级数及工艺等，优化系统的运行频率。

③ 提高并行度。实现更高性能的各层级的互联总线，更高的扩展性，并行更多的处理引擎。

④ 优化 I/O 和处理的匹配度。通过工艺和封装优化，实现更加优化的计算和 I/O 匹配。

⑤ 实现处理器芯片的更大规模落地。均衡芯片的整体性能和灵活可编程能力，实现宏观总算力的最优化。

⑥ 进一步优化宏观算力的利用率。当算力具备一定规模后，通过云计算、边缘计算、超云、云网融合等手段，持续优化算力的利用率，降低算力的成本。

2.1.2 算力的载体——数据中心

数据中心是算力的物理载体。初建的数据中心普遍规模较大。因为，规模大才能具备足够的算力及存储能力来满足集约化业务部署的需求，才能发挥出云计算错峰平谷的规模效应，才能匹配未来我国数字经济发展的巨大市场空间。

与 3G/4G 网络相比，5G 网络的能力有了飞跃发展，催生出大量创新的行业应用。5G 业务呈现出需求多样的特点。增强型移动宽带（enhanced Mobile BroadBand，eMBB）场景提供大流量移动宽带业务，峰值速率超过 10Gbit/s，典型业务包括高速下载、高清视频、VR/AR 等。eMBB 业务将给无线回传网络带来巨大的压力，因此需要将业务尽可能下沉至网络边缘，通过业务的本地分流减轻对回传网络的压力。

超可靠低时延通信（ultra-Reliable and Low-Latency Communication，uRLLC）场景提供超高可靠超低时延通信，例如，自动驾驶、工业控制、远程医疗等，要求端到端 99.999% 的高可靠性和端到端小于 1ms 的超低时延，满足人们对数字化工业的更高要求。这也需要将业务下沉至网络边缘，以减少网络传输和多级业务转发带来的网络时延。

除了大带宽、高可靠、低时延等业务本身的需求，部分用户会考虑数据的安全性问题，通常还会要求数据不出园区。

针对以上场景，传统的大规模云数据中心无法满足需求，而边缘计算可以满足 5G 应用场景大带宽、大连接、低时延、高安全的需求。

与传统云计算相比，边缘计算的部署位置更靠近用户，但不同行业对边缘计算部署位置的理解和认知不同。运营技术（Operational Technology，OT）领域的主流公司纷纷探索现场设备智能化升级的方案，通过向现场设备部署软件开发工具包（Software Development Kit，SDK）的方式使能边缘计算业务。而对于互联网领域，在关注现场设备的同时，部署位置略高的边缘云也是目前的研究热点。

电信运营商掌握了端到端基础设施中的大部分环节，从物理部署位置来看，边缘计算节点布局的选择会更加丰富。边缘计算节点的物理位置部署如图 2-3 所示。

图 2-3　边缘计算节点的物理位置部署

物理位置部署具体可按照业务场景的时延、服务覆盖范围等要求,将所需的网元和边缘部署在相应网络层级的数据中心。

需要强调的是,当设备从配套设施完善的数据中心向靠近用户的方向部署时,其安装空间、环境温度、电力供应、维护力量都会受到限制。因此,边缘计算所采用的设备形态与普通云数据中心所采用的设备形态必然存在差异。常见的设备有边缘服务器、智能边缘一体机等。

(1)边缘服务器

由于边缘机房环境差异较大,且边缘业务在时延、带宽、GPU、AI 等方面存在个性化需求,若使用通用硬件,则需要改造部分边缘机房的风、火、水、电和承重,最终给用户带来额外的成本。边缘节点数量众多、位置分散、安装和维护难度大,应尽量减少工程师在现场的操作,因此还需要有强大的管理运维能力保障,同时需要提供状态采集、运行控制和管理的接口,以支持远程、自动化的管理。

边缘服务器是边缘计算及边缘数据中心的主要计算载体,可以部署在电信运营商地市级核心机房、县级机房楼/综合楼、骨干/普通传输汇聚节点,也可以部署在各行业企业的配电机房、运维机房,具有温度适应性强、便于维护及统一管理等特点。

(2)智能边缘一体机

智能边缘一体机将计算、存储、网络、虚拟化和环境动力等资源能力集成到一个机柜,在交付前已完成预安装与连线,交付时已整合相关资源,只需要上电、集成联调,利用快速部署工具几小时内便可完成初始配置。

智能边缘一体机的特点包括以下 4 个方面。

① 多业务:智能边缘一体机可以实现虚拟化、虚拟桌面基础架构、视频监控、文件共享存储等多种 IT 诉求。

② 免机房:散热、供电等根据办公室环境进行整体设计,不需要部署在专业或独立机房内,节约投资。

③ 易安装:整柜交付计算、存储、网络和不间断电源(Uninterrupted Power Supply,UPS)资源,初始部署快速,节约初始上线时间,缩短项目决策周期。

④ 易管理:支持全图形化界面,体现站点分布和站点运行状态。站点统一接入运维管理中心,

全方位掌握设备的运行状态，也可远程管理与维护设备，远程处理与排除软故障，节省时间和成本。

2.1.3 CPU、GPU 和 DSA 三大主流计算平台

1.CPU——通用灵活的软件平台

近年来，云计算、人工智能、自动驾驶、元宇宙等技术层出不穷，并且已有的技术仍在快速迭代。然而，目前支撑这些技术的硬件依然是以 CPU 为主的通用服务器。

（1）软硬件解耦：硬件性能狂飙，软件生态枝繁叶茂

指令集是软硬件的媒介。CPU 是最灵活的，原因在于 CPU 运行的指令都是最基本的加、减、乘、除，外加一些访问存储及控制类的指令。我们可以随意组合出我们想要的各种形态的功能，形成非常复杂且功能强大的程序（或者软件）。处理器指令集的进化如图 2-4 所示。

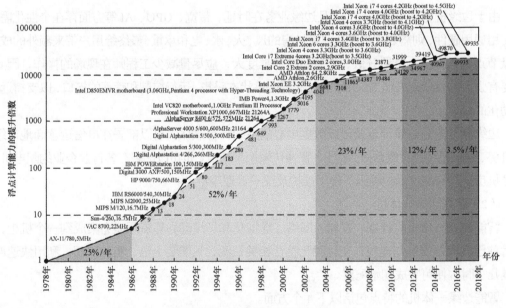

图 2-4 处理器指令集的进化

（2）超大规模复杂计算，灵活性高于性能

超大规模复杂计算场景对硬件灵活性的要求主要体现在以下 4 个方面。

① 硬件的灵活性。硬件处理引擎要能很好地支持软件的快速迭代。CPU 因为其灵活的基础指令编程，比较适合云计算的处理引擎。

② 硬件的通用性。厂商购买服务器时，很难预测服务器会运行哪类任务，较好的方法就是采用通用服务器。CPU 的通用性将使其成为云计算场景的最优选择。

③ 硬件的利用率。云计算通过虚拟化对资源进行切分，实现资源共享，以此提高资源的利用率并降低成本。目前，只有 CPU 能够实现非常友好的硬件级别的虚拟化支持。

④ 硬件的一致性。在云计算场景中，软硬件相互脱离。同一个软件实体会在不同的硬件实体中迁移，同一个硬件实体也需要运行不同的软件实体，而 CPU 是一个一致性较好的硬件平台。

2. GPU——高效的并行计算平台

GPU 是主要用于做图形图像处理的专用加速器。GPU 内部处理是由很多并行的计算单元支持的，如果只是做图形图像处理，则其应用范围太过狭窄。因此，对 GPU 内部的计算单元进行通用化重新设计，GPU 变成了 GPGPU[1]（本书接下来的内容中，如果没有特别说明，GPU 都指的是 GPGPU）。

2012 年，GPU 已经发展为高度并行的众核系统。GPU 有强大的并行处理能力和可编程流水线，既可以处理图形数据，也可以处理非图形数据。特别是在面对 SIMD[2] 类指令时，数据处理的运算量远大于数据调度和传输的运算量，GPU 在性能上远远超越了传统的 CPU 应用程序。

从指令复杂度的角度来看，CPU 是标量指令计算，而 GPU 并行可以看作 SIMD 或 MIMD[3] 的计算，GPU 的指令复杂度更高。CPU 与 GPU 架构的差异如图 2-5 所示。从计算资源占比的角度来看，CPU 把更多的资源用于控制和缓存，而把更少的资源用于计算，因此其计算性能相对较差。而 GPU 等非通用处理器则把更多的资源投入计算中，因此具有更好的性能。CPU 注重的是单核的高性能，而 GPU 注重的是单核的高效能及众核的高性能。

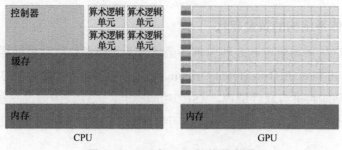

图 2-5　CPU 与 GPU 架构的差异

2006 年，NVIDIA 推出了统一计算设备架构（Compute Unified Device Architecture，CUDA），这是一个通用的并行计算平台和编程模型，它利用 NVIDIA GPU 中的并行计算引擎，以一种比 CPU 更高效的方式解决了许多复杂的计算问题。CUDA 提供了 C++ 作为高级

---

[1] GPGPU：General Purpose computing on Graphics Processing Units，通用图形处理单元。
[2] SIMD：Single-Instruction Multiple-Data stream，单指令多数据流。
[3] MIMD：Multiple-Instructions stream Multiple-Data stream，多指令流多数据流。

编程语言的软件环境，也支持其他语言、应用程序编程接口或基于指令的方法，例如 Fortran、DirectCompute、OpenACC 等。CUDA 的结构原理如图 2-6 所示。

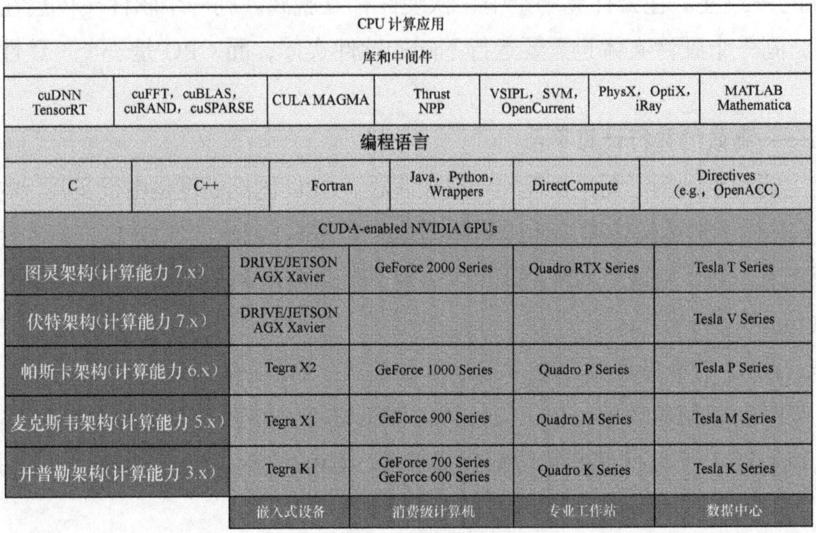

CPU 计算应用					
库和中间件					
cuDNN TensorRT	cuFFT, cuBLAS, cuRAND, cuSPARSE	CULA MAGMA	Thrust NPP	VSIPL, SVM, OpenCurrent	PhysX, OptiX, iRay	MATLAB Mathematica
编程语言					
C	C++	Fortran	Java, Python, Wrappers	DirectCompute	Directives (e.g., OpenACC)
CUDA-enabled NVIDIA GPUs					
图灵架构(计算能力 7.x)	DRIVE/JETSON AGX Xavier	GeForce 2000 Series		Quadro RTX Series	Tesla T Series
伏特架构(计算能力 7.x)	DRIVE/JETSON AGX Xavier				Tesla V Series
帕斯卡架构(计算能力 6.x)	Tegra X2	GeForce 1000 Series		Quadro P Series	Tesla P Series
麦克斯韦架构(计算能力 5.x)	Tegra X1	GeForce 900 Series		Quadro M Series	Tesla M Series
开普勒架构(计算能力 3.x)	Tegra K1	GeForce 700 Series GeForce 600 Series		Quadro K Series	Tesla K Series
	嵌入式设备	消费级计算机		专业工作站	数据中心

图 2-6　CUDA 的结构原理

从指令复杂度的角度来看，我们可以非常清楚地看到，GPU 在提升性能的同时，其通用灵活性变得更加困难。因此，CUDA 成为 NVIDIA GPU 成功的关键，它极大地降低了用户基于 GPU 并行编程的门槛，在此基础上，还针对不同场景构建了功能强大的开发库，逐步建立了 GPU+CUDA 的强大生态。

3.DSA——体系结构的黄金年代

DSA 针对特定应用场景定制处理引擎甚至芯片，支持部分软件可编程。DSA 与专用集成电路（Application Specific Integrated Circuit, ASIC）在同等晶体管资源的情况下性能接近，两者最大的不同是能否进行软件编程。ASIC 功能确定，软件只能通过一些简单的配置控制硬件运行，功能比较单一；DSA 则支持一些可编程能力，其功能覆盖的领域范围比 ASIC 要大得多。

DSA 一方面可以实现 ASIC 的极致性能，另一方面也可以像通用 CPU 一样执行软件程序。当然，DSA 只会加速某些特定领域的应用程序，例如，用于深度学习的神经网络处理器及用于软件定义网络（Software Defined Network，SDN）的可编程处理器。

DSA 架构的一个经典案例是谷歌的张量处理单元（Tensor Processing Unit，TPU），它是谷歌定制开发的 ASIC 芯片，可用于加速机器学习工作负载。谷歌的 TPU 1.0 结构如图 2-7 所示。

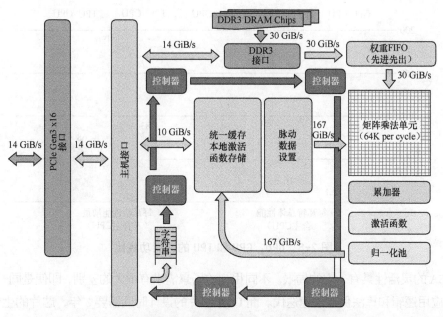

图 2-7 谷歌的 TPU 1.0 结构

TPU 指令通过高速串行计算机扩展总线标准（Peripheral Component Interconnect express，PCIe） Gen3×16 总线从主机接口发送到 TPU 的指令缓冲区。内部模块通过 256 字节宽的总线连接在一起。矩阵乘法单元是 TPU 的核心，它包含 256×256 MAC，可以对有符号或无符号整数执行 8 位的乘法和加法运算，16 位乘积收集在矩阵单元下方的 4 MB 32 位累加器中。

TPU 指令设计为复杂指令集计算机（Complex Instruction Set Computer，CISC）类型，包括一个重复域。这些 CISC 类型的平均执行周期数（Cycle Per Instruction，CPI）通常为 10~20，大约有 12 条指令。

CPU、GPU 和 TPU 的性能功耗比如图 2-8 所示。

TPU 1.0 的性能峰值达到了 92TOPS，TPU 2.0 的性能峰值达到了 180TFLOPS，TPU 3.0 的性能峰值达到了 420TFLOPS。从 TPU 2.0 开始，TPU 不再是一个加速卡，而是定制的 TPU 集群，这样会更有效地发挥 TPU 的加速价值。

DSA 提供了比传统 ASIC 更多的灵活性，但依然难以承担数据中心主力计算平台的重任，主要原因如下。

① DSA 是面向某个特定的领域定制优化的设计，这约束了 DSA 的应用规模和商业价值。一个具有先进工艺的大芯片的一次性研发成本非常高，这就需要芯片的大规模落地来摊薄单个芯片的成本，而面向特定领域的设计和大规模落地是相互矛盾的。

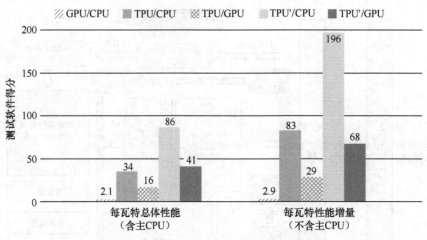

图 2-8 CPU、GPU 和 TPU 的性能功耗比

② DSA 的灵活性具有一定的局限。不同用户的场景需求有很大的差别，即使是同一个用户，其场景的应用逻辑和算法仍在快速迭代。而 DSA 芯片的设计时间需要 3 年，芯片的生命周期大约为 5 年。在 8 年的周期里，DSA 很难支撑众多用户的需求及用户需求的长期迭代。

③ DSA 难以成为"宏场景"的整体解决方案。从系统的角度来看，数据中心为了运维管理，需要尽可能少的服务器类型。

4. 总结

CPU、GPU、ASIC 和 DSA 的优劣势分析见表 2-1。

表 2-1 CPU、GPU、ASIC 和 DSA 的优劣势分析

平台	性能	资源效率	灵活性	软件生态
CPU	★☆☆☆☆ 边际效应递减，增加晶体管资源，性能提升有限	★☆☆☆☆ 与其他硬件加速处理器相比，CPU效率最低	★★★★★ CPU指令最简单，是一些最基础的组件，编程灵活	★★★★★ CPU应用广泛，软件生态庞大而成熟
GPU	★★★☆☆ 与CPU相比，性能大幅提升，但与DSA/ASIC相比有较大差距	★★★☆☆ 与CPU相比，资源效率显著提升	★★★☆☆ 本质是众核并行，编程具有一定的灵活性。同步并行约束，编程相对简单	★★★★☆ GPU的CUDA编程生态比较成熟
ASIC	★★★★☆ 定制无冗余，理论上拥有极致的性能。受限于设计复杂度，难以超大规模设计	★★★★☆ 理论上有最高的资源效率，但不可避免地存在功能超集	★☆☆☆☆ 功能逻辑完全确定。CSR和可配置表项，通过驱动程序控制硬件运行	☆☆☆☆☆ 同一领域、不同厂商的ASIC实现存在差别，需要特定驱动程序。无生态可言

续表

平台	性能	资源效率	灵活性	软件生态
DSA	★★★★★ 具有与ASIC一样极致的性能，具有一定程度的软硬件解耦，能够实现较大规模设计，总体性能优于ASIC	★★★★★ 少量可编程的通用性是需要代价的，但功能利用率高于ASIC	★★☆☆☆ 少量指令，需要强大的编译器，把算法映射到DSA。与ASIC相比，具有一定的可编程性	★☆☆☆☆ 算法和框架经常更新，难以把主流框架完全并且长期地映射到DSA

2.1.4 未来算力的提升

算力成为整个数字信息社会发展的关键。当前要想提升算力，更多的要靠"摊大饼"的方式构建规模更加庞大的现代化数据中心。

1. 提升灵活性

复杂计算场景需要更多的灵活性。越是复杂的场景，对灵活性的要求越高。而当前，只有CPU能够提供云场景所需的灵活性。CPU提供了灵活的软件可编程能力、硬件级别的通用性、更好的虚拟化支持及软硬件交互接口一致性等，这使CPU成为云计算等复杂计算场景的主力算力平台。

CPU是完全通用的处理器，通过最基本细分的简单指令组成的程序可以完成大部分领域的任务。由于并行计算的鲜明特点，GPU在科学计算、图形图像处理、AI等领域具有非常大的优势。而DSA要针对敏感场景定制处理器，且只能覆盖单一的领域。这样，灵活性越高的处理器覆盖的领域也就越多，覆盖的领域越多，就越能实现更大规模的应用。

在同一领域，不同用户的差异化（横向差异）及用户系统的长期快速迭代（纵向差异），对硬件的灵活性提出了较高的要求。要想覆盖大量的横向和纵向的差异化功能需求，就必然需要相对灵活、可编程的平台。反过来说，相对灵活、可编程的平台可以覆盖尽可能多的用户需求，这也就意味着处理芯片可以被更多的用户使用，从而形成更大的规模。

因此，灵活性和规模是基本成正比的关系。灵活性越高，意味着处理芯片可以得到更大规模的商业化落地。不同处理器的性能和灵活性对比如图2-9所示。CPU最灵活但性能差，DSA相对固定但性能较好，GPU则位于两者之间。单个处理引擎的性能和灵活性是矛盾的，获得性能，就会失去灵活性，获得灵活性，就不得不损失性能。

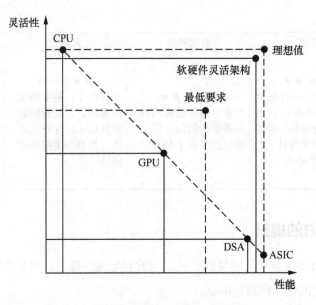

图 2-9 不同处理器的性能和灵活性对比

2. 提升性能

大数据、人工智能、物联网、区块链、元宇宙等技术的应用是未来算力发展的核心推动力。数字经济时代，上层越来越丰富的应用场景对算力有源源不断的需求，这样就需要持续不断地提高单个计算芯片/设备的性能，持续不断地扩大云计算、边缘计算、自动驾驶车辆、智能终端等多层次计算设备的部署规模。

复杂的系统通常是分层的体系。其底层工作任务相对固定，上层工作任务相对灵活。我们可以把底层的工作任务尽可能地放在 DSA 中，把上层工作任务放在 CPU/GPU 中。

不过，把一些底层任务放在 DSA，需要有针对性地设计 DSA 引擎或芯片。而对于数据中心等超大规模的场景来说，任何一点细微的优化都会产生非常大的效益。因此，这种针对性的 DSA 设计是值得的。

比较理想的做法就是通过系统软硬件架构的优化设计，把 90% 以上（算力占比）的基础层工作任务放在 DSA（DSA 负责性能敏感但功能确定的任务）中，而把应用层少于 10% 的工作任务放在 CPU/GPU 中。这样，整个系统就可以很好地兼顾性能和灵活性。

3. 系统架构整合各类性能优化措施

（1）复杂系统，必须要软硬件融合

计算机发展到现在，其架构已经非常成熟。软件和硬件基本上是完全解耦的，甚至形成清晰而稳定的交互边界。

先进工艺和先进封装、AI 对算力的极度渴求、元宇宙整合虚拟和现实的各种先进技术等，使整个系统变得更加复杂,当前已有的软硬件体系难以满足需求。我们要做的就是打破已有的体系和边界,重新定义系统的软硬件,通过再一次的软硬件"博弈",形成新的架构和软硬件划分。

这个新系统一定是由很多个子系统构成的宏系统,一定是多种处理引擎混合共存。软件里有硬件,硬件里有软件,软硬件组成的子系统再整合成一个更大的宏系统。我们把这种情况定义为软硬件融合。

软硬件融合不改变系统层次结构和组件交互关系,但打破了软硬件的界限,通过系统级的协同达到整体最优。软硬件协同的关系如图 2-10 所示。

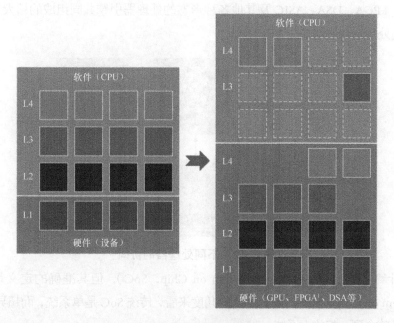

1. FPGA: Field Programmable Gate Array,现场可编程门阵列。

图 2-10 软硬件协同的关系

在复杂的系统分层中,上层灵活软件成分较多,下层固定硬件成分较多。为了持续地提升性能,系统中的上层软件任务应尽可能地在 CPU 中运行,而下层固定的偏硬件计算的任务应转移到 DSA,以更高效的硬件加速方式运行。复杂系统的底层任务逐渐稳定,并且宏观的超大规模使系统底层的任务逐步转移到硬件 DSA。软硬件融合的优化设计,可以使硬件更加灵活、功能更加强大,让更多的层次功能加速向底层硬件转移。

(2)系统持续复杂,量变引起质变,从同构到异构再到超异构

CPU+GPU/FPGA/DSA 的异构并行如图 2-11 所示。这是当前并行计算的主流架构。

图 2-11　CPU+GPU/FPGA/DSA 的异构并行

芯片工艺带来的资源规模越来越大，其所能支撑的设计规模也越来越大，这给架构创新提供了非常坚实的基础。我们可以让多种处理引擎共存，使其协作完成复杂系统的计算任务。另外，CPU、GPU、FPGA 及一些特定的算法引擎，都可以作为 IP，被集成到更大的系统中。这样，构建一个更大规模的芯片设计便成为可能，我们称之为"超异构计算"。超异构指的是由 CPU、GPU、FPGA、DSA、ASIC 及其他各种形态的处理器引擎共同组成的超大规模的复杂芯片系统。不同处理器的协同如图 2-12 所示。

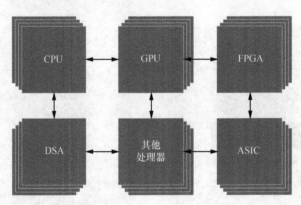

图 2-12　不同处理器的协同

超异构计算本质上是单片系统（System on Chip，SoC），但其准确的定义是宏系统芯片（Macro-System on Chip，MSoC）。从系统的角度来看，传统 SoC 是单系统，而超异构是宏系统，即是多个系统整合到一起的大系统。

（3）需要形成开放融合的软件生态

从硬件定义软件到软件定义硬件如图 2-13 所示。

GPU 和 CUDA 都是硬件定义软件时代的产物。在 GPU 平台中，硬件的 GPU 提供接口给 CUDA，CUDA 再提供接口给应用。CUDA 框架有特定的驱动和硬件抽象层（Hardware Abstract Layer，HAL）屏蔽不同 GPU 的实现细节，并且 CUDA 为了向前兼容和维护生态，最终映射到标准的库。这些标准的库提供了标准的接口给上层的 CUDA 应用程序。

图 2-13　从硬件定义软件到软件定义硬件

当前，进入了软件定义硬件的时代。以云计算场景为例，许多用户场景的服务已经存在，只是这些服务以软件的形式运行在 CPU 中。受限于 CPU 的性能，软件的性能无法被进一步提升，因此需要通过硬件加速的方式来提升性能。

然而，云计算服务提供商很难把整个服务从 CPU 迁移到 DSA 等加速处理引擎。另外，不同厂商的 DSA 呈现的都是不同的访问接口，迁移会形成厂商对芯片供应商的依赖。因此，需要硬件通过软件（或者硬件）的方式，给云计算服务提供商提供一致的标准访问接口。

未来开放融合的平台架构如图 2-14 所示。

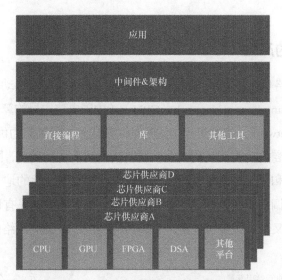

图 2-14　未来开放融合的平台架构

在终端场景，软件通常附着在硬件之上，两者是绑定的。我们可以通过 HAL 等来实现平台的标准化，然后再部署操作系统和应用软件。在云端，虚拟机（Virtual Machine，VM）、容器和函数都是一个个软件运行实体，可以在不同的硬件上迁移，使软件和硬件完全分开。这也就需要硬件具有非常好的一致性。

不同厂商的不同处理引擎，会给软件抽象出一致的接口，使软件可以非常方便地在不同处理引擎之间迁移，从而共建一整套标准的、开放的软硬件生态。

4. 新一代算力革命的目标

经过上述分析，我们给出面向未来十年的新一代计算架构的设计目标——基于软硬件融合架构（Converged Architecture of Software and Hardware，CASH）的超异构计算。

① 性能。持续不断地提升性能，与 GPU 相比，性能提升 100 多倍；与 DSA 相比，性能提升 10 多倍。

② 资源效率。实现单位晶体管资源消耗下的最极致的性能，极限接近于 DSA/ASIC 架构的资源效率。

③ 灵活性。给开发者呈现出的是极限接近于 CPU 的灵活性、通用性及软件可编程性。
④ 设计规模。通过软硬件融合的设计理念和系统架构，驾驭更大规模的设计。
⑤ 架构。基于软硬件融合的超异构计算——CPU+GPU+DSA+ 其他各类可能的处理引擎。
⑥ 生态。具备开放的平台及生态，开放、标准的编程模型和访问接口，融合主流开源软件。

2.2 算力网络

2.2.1 算力网络的产生

不管是算力感知网络（Computing Aware Network，CAN）（中国移动主导的算力感知网络），还是算力网络（Computing Power Network，CPN）（中国电信主导的算力网络）和计算优先网络（Computing First Network，CFN）（中国移动联合华为主导的算力优先网络），都是由电信运营商提出、设备制造商推动的一系列概念，这些概念基于一种预判，即未来企业用户或者个人用户不仅仅需要网络和云，也需要灵活地把计算任务部署到合适的地方。这是一个资源调度问题，涉及复杂的资源调度算法设计。在这个算法中，基本的维度只有计算和网络两个维度，而 5G、边缘、AI 等因素又带来了新的变量，使调度算法复杂化。算力网络的由来如图 2-15 所示。

图 2-15 算力网络的由来

2.2.2 算力网络的分类

算力网络可以分为算力网络技术与算力网络战略。

算力网络技术是指一种新型的网络技术，以网络为平台，连接多维资源，从而为用户提供最优的资源供给。算力网络利用成熟可靠、超大规模的网络控制面（分布式路由协议、集中式控制器等）来实现计算、存储、传送等资源的分发、关联、交易与调配。算力网络的主要架构和内涵技术如图 2-16 所示。

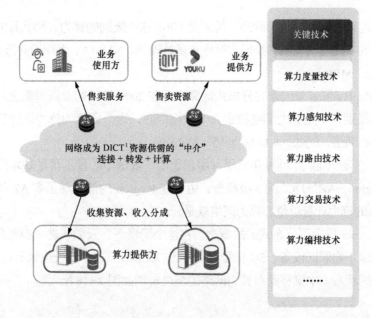

1. DICT：DT（Data Technology，数据技术）、IT（Internet Technology，互联网技术）、CT（Communication Technology，通信技术）。

图 2-16　算力网络的主要架构和内涵技术

算力网络战略是指一种战略，例如，中国移动提出的算力网络战略是以算为中心，以网为根基，网、云、数、智、安、边、端、链（ABCDNETS）等深度融合，提供一体化服务的新型信息基础设施。算力网络是对云网融合的深化和新升级。算力网络的发展目标如图 2-17 所示。

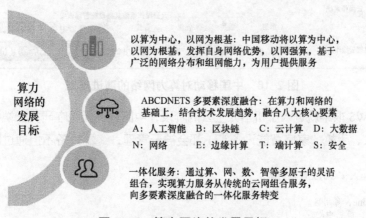

图 2-17　算力网络的发展目标

2.2.3 算力网络的工程案例

如果用狭义的算力来定义算力网络，特别是 CPU 这个级别的算力，那么算力网络就是计算机系统接口里面的多处理器组网，类似于对称式多处理机、NUMA、大规模并行处理（Massively Parallel Processing，MPP）。

以 Google MapReduce 为代表的分布式计算体系在 2000 年年初重新兴起之后，算力基本上被定义为计算机级别，于是算力网络被定义为数据中心，这个层级的算力以计算机为单位，而网络就是数据中心网络，例如，CLOS[1] 网络、SDN 等。

在 AWS 等公有云厂商于 2006 年发展并崛起之后，数据中心就不再是基本的计算单元了，AWS 提出了 Region[2]-AZ[3]-DC[4] 的 3 级概念，由于在 Region 内部实现了多 AZ 的高可用，此时 Region 就成为新的算力计量单位，算力网络就是云。

2019 年，Gartner 提出了分布式云的概念。在这个场景下，云和网进一步融合，计算能力也从中心延伸到边缘（物联网设备、5G 边缘、CDN[5]、城市节点、专属云边缘节点），我们称之为云、网、边协同的状态。中国移动对算力网络的演进规划如图 2-18 所示。

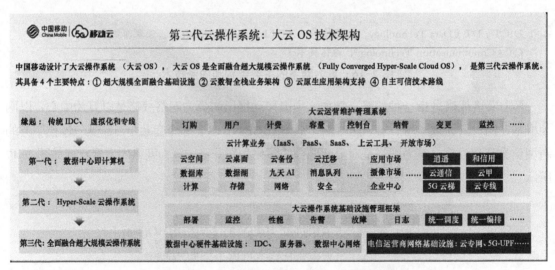

图 2-18 中国移动对算力网络的演进规划

目前看，AWS 很早就进入了机器人上云的阶段，中国移动云也在研究云端机器人。未来，云和端（机器人、手机、家庭智能设备等）都会被云管理，终端设备不但通过网络获得连接，

---

1 CLOS 网络：指接入核心的无阻塞网络。
2 Region：云区域。
3 AZ：Available Zone，可用区。
4 DC：Data Center，数据中心。
5 CDN：Content Delivery Network，内容分发网络。

而且通过网络从云获得算力。算力新增了云端协同，算力网络呈现出一种以网络为脉络的云端全面融合的状态。

2.3 算网融合的过程

概括地说，在全面融合（含云、网、边、端）的场景下，算力网络就是云的一种演进形态。考虑到端在数据安全、安全生产等方面的风险，端和云深度全面融合还需要一些时间。

2.3.1 算网融合的类型

算网融合就是要推动"计算"与"网络"从架构到业务的深度融合。算网融合是以通信网络设施与异构计算设施融合发展为基石，将数据、计算与网络等多种资源统一编排管控，实现网络融合、算力融合、数据融合、运维融合、能力融合及服务融合的一种新趋势和新业态。

从架构上来看，算网融合提出了一整套"4+6"的合作体系，即四大层次和六大融合。四大层次是指算网设施、算网平台、算网应用和算网安全。

① 算网设施负责多元算力的感知、连接与协同，能够实现网络融合、数据融合及算力融合。

② 算网平台以开放化的安全保障、智能管理和服务编排为目标，能够实现运维融合、能力融合及服务融合。

③ 算网应用和算网安全采用内生安全的架构设计，面向各垂直行业，能够满足泛在连接、高效算力、安全可信的应用需求。

六大融合包括服务融合、能力融合、运维融合、数据融合、算力融合和网络融合。

① 服务融合：形成连接即服务、算力即服务及安全即服务的新型服务模式，提供云、算、网、安一体的融合运营平台，为用户提供一键式电商化服务，用户可以订购云、算力、网络、安全等各种服务，并实时了解提供服务的进度、质量等各项内容。

② 能力融合：包含意图感知、数字孪生、敏捷运维、安全交易、故障监控、弹性服务、连接保障及安全内生等算网平台的能力集，根据用户对服务需求的不同，提供差异化的能力组合。

③ 运维融合：通过将所有网络、计算、存储资源池化，资源协同编排，创新应用确定性技术、智能运维技术与算力度量技术，可以快速集成、统一编排、统一运维，提供融合的、智能化的运维体系。

④ 数据融合：算网融合中的各种采集数据、配置数据、安全数据、日志数据等集中在数据池中，形成数据中台，充分发挥AI能力，基于大数据学习和分析，提供安全、运维等多种智能服务。

⑤ 算力融合：向 CPU、GPU 等异构算力提供算力管理、算力计算、算力交易及算力可视等能力，通过算力分配算法、区块链等技术，实现泛在算力的灵活应用和交易，满足未来各种业务的算力诉求，将算力相关能力组件嵌入整体框架中。

⑥ 网络融合：集成云、网、边、端，形成空、天、地、海一体化融合通信。

2.3.2　云网融合和算网融合的关系

早在算网融合出现之前，云网融合就已经提出并承载着加快网络智能化创新发展的重要使命。算网融合是云网融合的下一个发展阶段。与云网相比，算网融合了更多的创新发展内涵，在演进目标、算力类型、关键技术等方面提出了全新的要求。

在演进目标部分，不同于一站式入云的连接需要，算网融合更加关注应用和服务——像水电一样普适的高效算力服务。

在算力类型部分，算网融合加大了云网对云化算力的关注，强调多元算力、多维算力的异构统一。

在关键技术部分，云网融合关心云调网、网随云，研究重心落在资源协同方面。但是，算网融合强调统一的算力度量、全局的算力调度和弹性按需的算力编排，重心不仅停留在资源部分，还扩大到了应用和服务层面的全面协同。

因此，算网融合是更接近智能原生的一个发展阶段。随着数字经济、经济数智化的演进步伐加快，未来云计算将成为一切业务的载体。用户的主要诉求将是寻找高性价比的算力网络来承载其业务。

2.3.3　融合的演进阶段

云网融合方法论定义了云网协同、云网融合和云网一体 3 个阶段。

1. 云网协同阶段

用户用云计算服务提供商采购云主机等 IT 资源，从电信运营商采购网络资源，最后由云计算服务提供商和网络运营商协同开通云网。

2. 云网融合阶段

用户不用自己联系多个云计算服务提供商，而是可以在线上统一订购。这需要云网统一编排能力，但国内和国外相差较大。国外的电信运营商基本上放弃了公有云业务，因此，云计算服务提供商很容易作为网络服务商的代理商代替用户开通网络（预计不全是线上开通），获得性价比更高的网络。国内电信运营商也开展了公有云服务，电信运营商的云网融合有更多优势。

3. 云网一体阶段

中国电信在《云网融合 2030 技术白皮书》中预计，到 2028—2030 年实现"突破传统云和网的物理边界，构筑统一的云网资源和服务能力，形成一体化的融合技术架构"。

从目前来看，大部分用户在网络和算力上的开支大体相当，涉及内容分发的用户网络的开支会更大。因此，明智的用户会考虑选择高效且成本低的云计算服务商。

从原理上看，算力网络需要以云网综合开展调度，不应该以单个要素为中心。但目前的现实问题是云计算成为调度中更重要的因素：一是数据属地化需求，即数据不出省市、不出场的刚性需求；二是云计算更为稀缺，难以替换。

综上所述，算力网络是一种同时提供各种算力和网络的业务，云网融合是同时提供云计算和网络的业务。考虑到云计算正在从中心云、云边协同、云端协同的方向演变，在不久的将来，云计算是一切涉及云业务的整合者。因此，算力网络和云网融合的内涵是一致的。但是，算力网络可以看作云网融合的新阶段，即算力网络是云网融合发展到全面融合阶段的产物（云、网、边、端融合）。

如果把算力网络产品化（云、网、端一体化并产品化），那么就必须梳理清楚电信运营商的核心业务网络和云。这要求一个企业同时运营好 ToC[1] 和 ToB[2] 业务，涉及资源投放、管理主责、条线协调等诸多问题。

算力网络是云网融合走向云、网、端融合的一个产物。分布式云已经在快速演进中，从云网融合逐步走向云、网、边融合，先进的云计算服务提供商（例如 AWS）已经针对点状终端开展云、网、端融合（物联网、机器人、卫星等）。未来，云计算很有可能是一切计算能力的整合者。

---

1 ToC：To Customer，面向客户。
2 ToB：To Business，面向企业。

第 3 章 算力网络的标准体系

2019 年 10 月召开的国际电信联盟（International Telecommunication Union，ITU）SG13 全会上，中国移动主导的"算力感知网络的需求及应用场景"立项获得全会通过，成为算力感知网络首个国际标准项目。项目提出方是中国移动、中国电信、华为、中国科学院声学研究所。在这个会上，中国电信通过了一个算力网络框架和架构的草案，该草案在 2021 年 7 月 14 日被更新。

2019 年 11 月召开的因特网工程任务组（Internet Engineering Task Force，IETF）106 会议上，中国移动联合华为组织了作为算力感知网络路由层关键技术的"计算优先网络"的技术研讨会，主导提交了 3 篇核心提案。会议吸引了国内外电信运营商、知名大学等 23 家单位的近百名专家参会，引发与会专家的热烈讨论，为推进算力感知网络协议技术的标准化工作奠定了坚实的基础。

2019 年 11 月 1 日，中国联通在中国国际信息通信展览会发布了《中国联通算力网络白皮书》。该白皮书介绍了一个完整的人工智能任务包含算法、数据与算力 3 个方面。其中，算法依靠学术界和理论界的持续研究；数据需要通过云平台等方式的聚集发挥作用；算力则要基于相同的算法和成本，在相同的时间内，处理更多的用户数据。近年来，以 SDN/NFV[1]/AI 为重点的云网技术为算力网络赋予了智能和灵活的资源虚拟化能力。而在算网技术方面，不同位置的边缘计算、中心计算，以及算力路由和算力交易，则可以直接盘活电信运营商的 IT 资产，使之成为灵活的算力产品。

2019 年 11 月 28 日，在边缘计算产业峰会（ECIS2019）上，中国移动研究院正式发布了《算力感知网络技术白皮书》。该白皮书由中国移动研究院联合华为撰写，首次向业界介绍了算力感知网络（CAN）的背景与需求、体系架构、关键技术、部署应用场景及关键技术验证等内容。算力感知网络功能架构（2019 年版）如图 3-1 所示，算网一体化演进思路如图 3-2 所示。

---

1 NFV：Network Functions Virtualization，网络功能虚拟化。

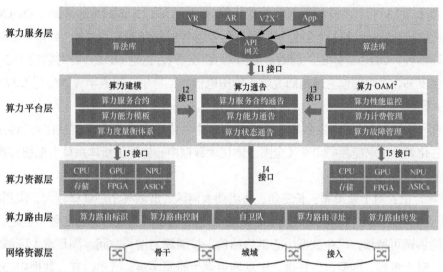

1. V2X：Vehicle to X，车用无线通信技术。
2. OAM：Operation Administration and Maintenance，操作维护管理。
3. ASICs：Application Specific Integrated Circuit，专用集成电路。

图 3-1　算力感知网络功能架构（2019 年版）

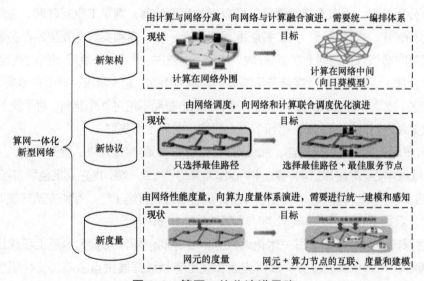

图 3-2　算网一体化演进思路

2020 年 9 月 26 日，国家"东数西算"产业联盟在甘肃省兰州市成立。国家"东数西算"产业联盟由国家信息中心、甘肃省发展和改革委员会、上海市闵行区人民政府、深圳市发展和改革委员会，以及华为、腾讯等知名企业，相关高等院校和科研院所共同发起成立。

2020年12月30日，由开放数据中心委员会（Open Data Center Committee，ODCC）主办，中国信息通信研究院云计算与大数据研究所、《人民邮电》报编辑部承办的"数据中心算力大会"在北京如期举行，ODCC发布了《数据中心算力白皮书》，这是ODCC针对数据中心算力发布的第一部白皮书，由中国信息通信研究院、中国电信、英特尔、超威半导体公司（AMD）等单位的专家共同参与编写。

2021年5月24日，国家发展和改革委员会、中共中央网络安全和信息化委员会办公室、工业和信息化部、国家能源局印发《全国一体化大数据中心协同创新体系算力枢纽实施方案》，该方案主要包括以下4点内容。

① 总体定位：对于京津冀、长三角、粤港澳大湾区、成渝等用户规模较大、应用需求强烈的节点，重点统筹好城市内部和周边区域的数据中心布局，实现大规模算力部署与土地、用能、水、电等资源的协调可持续，优化数据中心供给结构，扩展算力增长空间，满足重大区域发展战略实施需要。对于贵州、内蒙古、甘肃、宁夏等可再生能源丰富、气候适宜、数据中心绿色发展潜力较大的节点，重点提升算力服务品质和利用效率，充分发挥资源优势，夯实网络等基础保障，积极承接全国范围需后台加工、离线分析、存储备份等非实时算力需求，打造面向全国的非实时性算力保障基地。

② 中心布局：引导超大型、大型数据中心集聚发展，构建数据中心集群，推进大规模数据的"云端"分析处理，重点支持对海量规模数据的集中处理，满足工业互联网、金融证券、灾害预警、远程医疗、视频通话、人工智能推理等抵近一线、高频实时交互型的业务需求，数据中心端到端单向网络时延原则上在20ms内。贵州、内蒙古、甘肃、宁夏节点内的数据中心集群，优先承接后台加工、离线分析、存储备份等非实时算力需求。起步阶段，对于京津冀、长三角、粤港澳大湾区、成渝等跨区域的国家枢纽节点，原则上布局不超过2个集群。对于贵州、内蒙古、甘肃、宁夏等单一行政区域的国家枢纽节点，原则上布局1个集群。

③ 城市布局：在城市城区内部，加快对现有数据中心的改造升级，提升效能。支持发展高性能、边缘数据中心。鼓励城区内的数据中心作为算力"边缘"端，优先满足金融市场高频交易、VR/AR、超高清视频、车联网、联网无人机、智慧电力、智能工厂、智能安防等实时性要求高的业务需求，数据中心端到端单向网络时延原则上在10 ms内。

④ 工程保障：组织开展全国一体化大数据中心协同创新体系重大示范工程建设，在数据中心直连网络、一体化算力服务、数据流通和应用等领域开展试点示范，支持服务器芯片、云操作系统等关键软硬件产品规模化应用。支持开展"东数西算"示范工程，深化东西部算力协同。支持对大数据中心相关技术平台研制、资源接入调度、产业应用等共性技术和机制的集成验证。

2021年7月，中国电信研究院在国际电信联盟电信标准化部门（ITU-T）牵头的首项算力网络国际标准获批。在ITU-T SG13报告人会议上，算力网络框架与架构标准（Y.2501）通过，与中国通信标准化协会（China Communication Standards Association，CCSA）算力网络系列标准相呼应，这是首项获得国际标准化组织通过的算力网络标准。

综上所述，多个产、学、研联合组织正在积极研讨算力网络技术，并成立了多个专门的研讨工作组，以ITU-T、CCSA为代表的标准化组织已经接纳算力网络的概念，标准化进程正在持续推进中。IMT-2030中的网络组已成立算力网络子组，并将算力网络技术列为6G潜在关键技术之一。网络5.0产业联盟成立"算力网络"特设工作组。边缘计算产业联盟和网络5.0产业联盟联合成立边缘计算网络基础设施联合工作组。

在CCSA，三大电信运营商联合开展研究的标准包括算力网络需求与架构、算力路由协议技术要求、标识解析技术要求、控制器技术要求、交易平台技术要求、管理与编排要求、开放能力研究等。与此同时，中国联通在面向公共通信网络算网融合业务体验方面，开展了算力量化与建模、统一算力标识、算力服务抽象、异构算力可信认证4项标准研究工作。2020年6月，CCSA TC614（网络5.0产业和技术创新联盟）成立了算力网络特别工作组，依托联盟的平台和资源，联合多方力量，共推、共创算力网络产业影响力，构建算力网络生态圈。CCSA已启动算力网络总体技术要求、控制器技术要求、交易平台技术要求、标识解析技术要求、路由协议要求等相关标准的研究工作。2021年4月，CCSA TC3工作组统一"算力网络"名称，标志着国内三大电信运营商就算力网络标准架构达成共识。

目前，CCSA中由三大电信运营商主导的行业标准立项有6项，涉及算力网络架构、协议、标识和交易等；在2020年第8次网络5.0全会上成立的网络5.0创新联盟算力网络工作小组提出了基于分布式网络系统（Distributed Network System，DNS）的Overlay架构；中国通信学会成立的算网融合工作组也有2项团体标准立项。由此可见，国内产业和学术界对算力网络的投入力度大、研究成果多，部分关键行业标准的推进和成熟将助推算力网络的部署和落地。

在国际上，算力网络标准及研究进展缓慢，对算网融合研发动力不足，因此不排除国内算力网络蓬勃发展后反推国际标准进程的可能。具体来看，互联网研究工作组设立的中心影响网络小组主要进行算网融合场景下的网络编程、新传输层协议架构的研究，但目前尚无实质性进展；IETF提出分布式方案架构，主要由我国的三大电信运营商、中兴、华为推进；ITU进行算力网络架构和场景研究，由中国电信、中国移动主导推进。

算力网络标准制定情况见表3-1。

表 3-1 算力网络标准制定情况

时间	组织	牵头方	内容
2019年10月	国际电信联盟	中国移动	立项通过算力感知网络的需求及应用场景标准
2019年10月	国际电信联盟	中国电信	立项通过算力网络框架与架构标准
2019年11月	互联网工程任务组	中国移动、华为	开展研究计算优先网络
2021年年初	边缘计算网络产业联盟	华为、三大电信运营商	联合出版《边缘计算2.0：网络架构与技术体系》
截至2021年6月	欧洲电信标准组织	华为、三大电信运营商	启动了包括城域算网在内的多个项目
截至2021年6月	中国通信标准化协会	中国通信标准化协会	正有序开展算力网络总体架构和技术要求、标识解析技术要求、集中控制系统技术要求等6项系列标准工作
2021年7月	国际电信联盟	中国电信	开启Y.2500系列编号，通过Y.2501算力网络框架与架构，形成算力网络首个国际标准

第 4 章 算力网络的体系架构

4.1 算力网络与云网融合的关系

从资源匹配的角度来看，算力网络与云网协同都可以做到将算力资源信息与网络资源信息匹配，以实现多类资源的联合优化。

例如，在现有的云网协同方案下，用户可以先选择一个云服务节点，再根据云服务节点与用户接入节点之间的网络情况选择最佳路径，也可以根据网络情况，选择适合的云服务节点，再选择连接路径。虽然算力网络与云网协同所做的事情相差不大，但云网协同与算力网络两者在本质上有很大的差别。

云网协同的核心在于以云为中心，网络连接应该根据云服务的特点进行调整，也称为"网随云动"。常见做法有两种：一种是网络将能力开放给云管系统，由云管系统统一调度算力资源、存储资源和网络资源等；另一种是由云管系统将网络诉求发送给网络控制单元（例如网络协同编排器等），由网络控制单元根据云业务诉求来调度网络，其关键是先选定云服务，再确定网络连接。因此一个云服务商可以连接多个网络，甚至可以利用软件定义广域网（SD-WAN）等技术来实现跨不同网络运营商的跨域连接。

算力网络则从另外一个角度来解决问题。算力池将自身空闲的算力资源信息发送给网络控制面，然后通过网络控制面（集中式控制器或分布式路由协议）分发这些算力信息。当收到用户的业务需求后，即可分析路由表中记录的网络信息与算力信息来选择最合适的算力池与网络路径。显然，算力网络需要先选定网络，再选算力池（云计算服务节点或者边缘计算服务节点）。

如果可选的网络服务商只有一家，可选的云服务商/算力提供方也只有一家，那么云网协同与算力网络没有太大的差异。但在现实中，网络服务商众多，云服务商/算力提供方更多，这时云网协同与算力网络的差异就会很明显。

在云网协同方案中，用户先选定云服务商，甚至选定具体的云资源池或边缘计算节点，然后在多个网络服务商中选择最适合的网络连接产品与最优的网络路径。而在算力网络方案中，用户则需要先确定网络服务商，然后根据业务对时延等指标的要求，结合网络情况从多个算力资源中选择最合适的算力节点。

简而言之，云网协同是"一云多网"，算力网络是"一网多云（算）"。

虽然算力网络的前景值得期待，从 2019 年至今，业界对算力网络的研究也经历了一段时间，但是当前算力网络的发展还处于初级阶段。

算力网络并不是简单地将算力信息放到网络中分发，它还需要与算力交易、网络订购等业务关联起来，形成一个体系架构，才能解决以下两个问题：一是资源关联，根据用户的诉求将算力资源、网络资源等进行有机整合，以满足用户多样化的需求；二是资源交易，让用户能够根据自己对业务的要求及能够承担的成本，在算力交易平台上购买最适合的算力资源与网络资源。算力网络的流量模型演进如图 4-1 所示。算力网络的供需关系模型如图 4-2 所示。

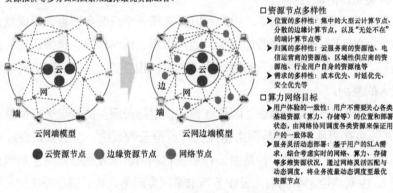

图 4-1　算力网络的流量模型演进

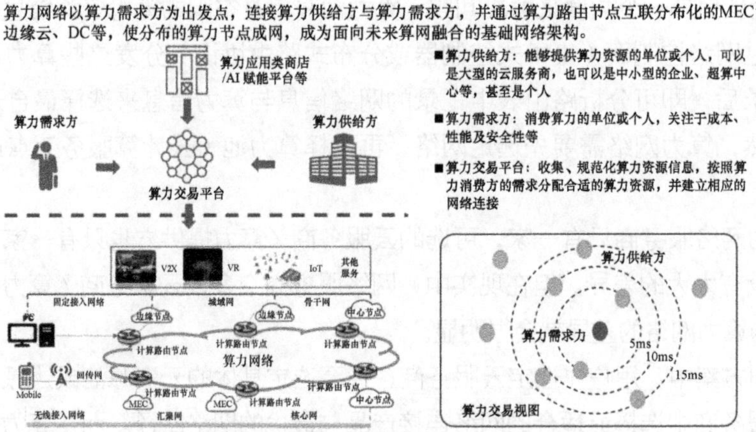

图 4-2　算力网络的供需关系模型

中国电信算力网络与云网融合如图 4-3 所示。

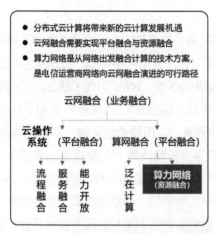
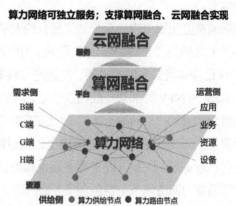

图 4-3　中国电信算力网络与云网融合

当前"产、学、研"各方正在积极探索,共同推动算力网络布局,在行业层面,依托联盟形成"区域协同、政企合作、产研融合"的算力产业创新体系。

4.2　算力网络的主流体系架构

在企业层面,以电信运营商为代表,在标准制定和试验验证方面取得一定进展,三大电信运营商均积极投入算力网络标准化工作,并提出自身算力网络的规划思路和原型系统。算力网络国际化标准情况如图 4-4 所示。

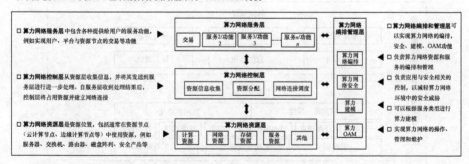

图 4-4　算力网络国际化标准情况

按照中国电信的规划,算力网络体系包括算力需求方、算力供给方、网络运营方、算力网络交易平台、算力网络控制面等,用户可以按照业务发展需求关联算力应用商店、AI 赋能平台等应用提供方。

中国联通高度重视未来计算与网络融合的发展趋势,并将算网一体定位为继"云网融合1.0"(云网协同)之后的"云网融合2.0"阶段。中国联通在《算力网络架构与技术体系白皮书》中提到,SDN已经实现云和网的拉通,特别是专线等级的连接,NFV实现了核心网功能的全面云化。但是SDN与NFV的部署一般相互独立,各成体系。根据5G、泛在计算与AI的发展趋势,以算力网络为代表的"云网融合2.0"时代正在快速到来。中国联通定义的"算力网络体系架构"是指在计算能力不断泛在化发展的基础上,通过网络手段将计算、存储等基础资源在云、边、端之间进行有效调配,以提升业务服务质量和完善用户服务体验的计算与网络融合思路架构。

中国联通算力网络体系主要包含服务提供层、服务编排层、网络控制层、算力管理层和算力资源层/网络转发层等若干功能模块。服务提供层主要实现面向用户的服务能力开放;服务编排层负责对虚拟机、容器等服务资源的纳管、调度、配给和全生命周期管理;网络控制层主要通过网络控制平面实现算网多维度资源在网络中的关联、寻址、调配、优化与确定性服务;算力管理层解决异构算力资源的建模、纳管与交易等问题;算力资源层/网络转发层扁平化融合,并需要结合网络中计算处理能力与网络转发能力的实际情况和应用效能,实现各类计算、存储资源的高质量传递和流动。

中国移动把算力网络建设作为企业转型发展的重要机遇,其2021年发布的《中国移动算力网络白皮书》指出,中国移动将以算力为中心,以网络为根基,打造网、云、数、智、安、边、端、链(ABCDNETS)等多要素融合的新型信息基础设施,推动算力成为与水电一样"一点接入、即取即用"的社会级服务。中国移动的算力网络总体架构如图4-5所示。

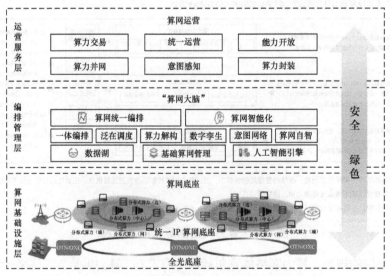

图4-5 中国移动的算力网络总体架构

中国移动的算力网络总体架构主要包括算网底座的算网基础设施层、具备"算网大脑"的编排管理层，以及进行算网运营的运营服务层。

① 算网基础设施层。它是算力网络的坚实底座，以高效能、集约化、绿色安全的新型一体化基础设施为基础，形成云、边、端多层次，立体泛在的分布式算力体系，满足中心级、边缘级和现场级的算力需求。网络基于全光底座和统一 IP 承载技术，实现云、边、端算力的高速互联，满足数据高效、无损传输需求。用户可随时、随地、随需地通过网络接入无处不在的算力，享受算力网络的极致服务。

② 编排管理层。它是算力网络的调度中枢，智慧内生的"算网大脑"。通过将算网原子能力灵活组合，结合人工智能与大数据等技术，向下实现对算网资源的统一管理、统一编排、智能调度和全局优化，提升算力网络效能，向上提供算网调度能力接口，支撑算力网络多元化服务。

③ 运营服务层。它是算力网络的服务和能力提供平台，通过将算网原子能力封装并融合多种要素，实现算网产品的一体化服务供给，使用户享受便捷的一站式服务和智能无感的体验；同时通过吸纳社会多方算力，结合区块链等技术构建可信算网服务统一交易和售卖平台，提供算力电商等新模式，打造新型算网服务及业务能力体系。

中国移动计划把算力网络的建设发展分为泛在协同（起步阶段）、融合统一（发展阶段）、一体内生（跨越阶段）3 个阶段。

在起步阶段，中国移动的算力网络核心理念是"协同"，将打造具有网随算动、协同编排、协同运营和一站服务等"协同"特征的网络，让算力更立体和泛在。

在发展阶段，中国移动将打造具有算网融合、智能编排、统一运营和融合服务等"融合"特征的网络，让网络连接云、边、端泛在的算力资源，满足各类新型业务需求。

在跨越阶段，中国移动推动"以网强算"，用网络实现聚集算力，发挥算力集群的优势。跨越阶段的核心是"一体"，实现算网一体、算网共生、智慧内生、创新运营和一体服务。

第 5 章 算力网络的关键技术

5.1 算力基础设施的关键技术

新一轮科技革命和产业变革正在重塑全球经济结构,算力作为数字经济时代的新生产力,是支撑数字经济发展的坚实基础。随着技术创新步伐的进一步加快,算力成为数字经济新引擎和战略竞争新焦点。

5.1.1 异构计算

由不同芯片组成的算力被称为异构算力,包括 CPU、GPU、DSP、ASIC、FPGA 等。它们使用不同类型的指令集和体系架构。

1. GPU

在传统的冯·诺依曼架构中,CPU 每执行一条指令就需要从存储器中读取数据,根据指令对数据进行相应的操作。从这个特点中我们可以看出,CPU 的主要职责并不只是数据运算,还需要执行存储读取、指令分析、分支跳转等命令。

深度学习通常需要进行海量的数据处理,在用 CPU 执行算法时,CPU 将花费大量的时间在数据/指令的读取分析上,而 CPU 的频率、内存的带宽等条件又不可能无限制地提高,因此处理器的性能受到限制。而 GPU 的控制相对简单,大部分的晶体管可以组成各类专用电路、多条流水线,使 GPU 的计算速度远快于 CPU,同时 GPU 拥有了更加强大的浮点运算能力,可以解决深度学习算法的训练难题,释放人工智能的潜能。

2. FPGA

半定制化的 FPGA 的基本原理是在 FPGA 芯片内集成大量的基本门电路和存储器,用户可以通过更新 FPGA 配置文件来定义这些门电路和存储器之间的连线。

FPGA 能够实现流水线并行和数据并行,能同时做到高吞吐和低时延。另外,由于 FPGA 有高速 SerDes[1] 等丰富的接口,而且能灵活控制实现的粒度和操作数据,非常适合进行协议处理和数据格式的转换。

---

[1] SerDes:SERializer(串行器)/DESerializer(解串器)的简称。

与 GPU 不同，FPGA 同时拥有硬件流水线并行和数据并行处理能力，适用于以硬件流水线方式处理一条数据，且整数运算性能更高，因此常用于深度学习算法中的推断阶段。

FPGA 通过硬件的配置实现了软件算法，因此在实现复杂算法方面有一定的难度。对比 FPGA 和 CPU 可以发现，FPGA 有两个特点：一是 FPGA 没有内存和控制带来的存储和读取部分，速度更快；二是 FPGA 没有读取指令操作，功耗更低。

FPGA 的亮点在于它的可编程性，这给设计实现带来了很大的便利，也为降低专用电路芯片的设计成本提供了可行方案。FPGA 的劣势是速度较 ASIC 要慢，FPGA 单芯片价格较高，编程复杂，整体运算能力不是很高。

3. ASIC

ASIC 是专用定制芯片，即为实现特定要求而定制的芯片。定制的优点是有助于提高 ASIC 的性能功耗比，缺点是开发周期长，功能难以扩展。

目前用复杂可编程逻辑器件（Complex Programming Logic Device，CPLD）和 FPGA 来进行 ASIC 设计是较为流行的方式之一，它们的共性是都具有用户现场可编程特性，都支持边界扫描技术，但两者在集成度、速度，以及编程方式上具有各自的特点。

ASIC 是面向专门用途的电路，专门为一个用户设计和制造，根据一个用户的特定要求，能以低研制成本、短交货周期供货的全定制、半定制集成电路。与门阵列相比，ASIC 具有设计开发周期短、设计制造成本低、开发工具先进、标准产品无须测试、质量稳定，以及可实时在线检验等优点。

谷歌的 TPU、寒武纪的 GPU 和地平线的 BPU 都属于 ASIC 芯片。谷歌的 TPU 比 CPU 和 GPU 快 30～80 倍。与 CPU 和 GPU 相比，TPU 简化了控制电路，因此减小了芯片的面积，降低了功耗。

4. 关于 NPU

神经网络处理单元（Neural-network Process Unit，NPU）具有模拟生物神经网络的计算机制，即神经拟态计算，其研究工作可分为两个层次。

一是神经网络层面，与之相对应的是神经拟态架构和处理器，例如 IBM 的 TrueNorth 芯片，这种芯片把定制化的数字处理内核当作神经元，把内存当作突触。其逻辑结构与传统的冯·诺依曼结构不同，它的内存、CPU 和通信部件完全集成在一起，因此信息的处理在本地进行，解决了传统计算机内存与 CPU 之间的速度问题。同时神经元之间可以方便快捷地相互沟通，只要接收到其他神经元发过来的脉冲动作电位，这些神经元就会同时做动作。

二是神经元与神经突触层面，与之相对应的是元器件层面的创新。例如 IBM 苏黎世研究中心宣布制造出世界上首个人造纳米尺度的随机相变神经元，可实现高速无监督学习。

CPU 主要做通用控制及计算，整个 ALU 占芯片面积的不到 5%。CPU 里面包含很多控制、预测、缓存等逻辑，主要特点是主频高，但核数有限，具有逻辑控制和算术运算单元、大量缓存，主要负责管理和调度任务。

GPU 专门用来做浮点运算，只能作为协处理器配合 CPU 完成特定计算。但 GPU 天然假设所有运算可以并行（GPU 具有数千个计算核），整个芯片中 90% 都是运算逻辑，算力非常高，通常是 CPU 的几十倍甚至上百倍。GPU 的特点是高并发、强浮点能力和大显存带宽。

FPGA 主频低但集成大量计算单元，流水线并行和数据并行，具备硬件编程加速能力和特定应用的 IP 核。然而，ASIC 是针对某一场景优化的专用处理单元，硬件基本不可编程，采用多个 IP 集成，但有高性价比和能效比。各种异构芯片的比较如图 5-1 所示。

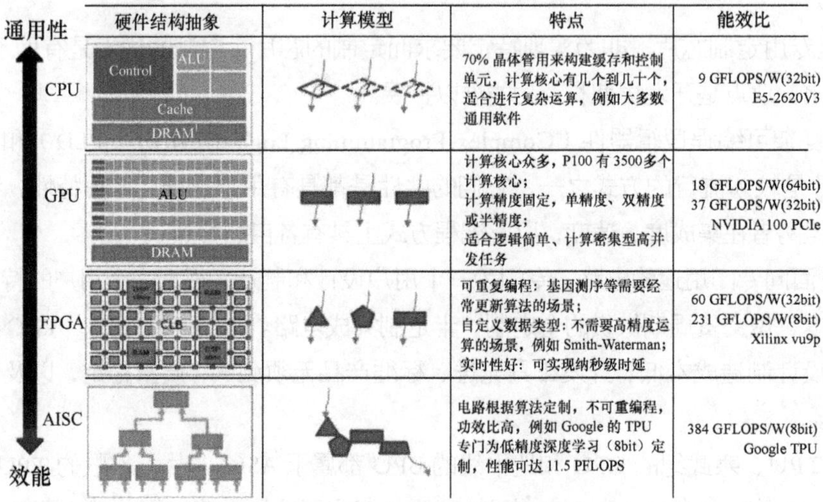

通用性	硬件结构抽象	计算模型	特点	能效比
CPU	Control / ALU / Cache / DRAM¹		70%晶体管用来构建缓存和控制单元，计算核心有几个到几十个，适合进行复杂运算，例如大多数通用软件	9 GFLOPS/W(32bit) E5-2620V3
GPU	ALU / DRAM		计算核心众多，P100 有 3500 多个计算核心；计算精度固定，单精度、双精度或半精度；适合逻辑简单、计算密集型高并发任务	18 GFLOPS/W(64bit) 37 GFLOPS/W(32bit) NVIDIA 100 PCIe
FPGA	CLB / DRAM		可重复编程：基因测序等需要经常更新算法的场景；自定义数据类型：不需要高精度运算的场景，例如 Smith-Waterman；实时性好：可实现纳秒级时延	60 GFLOPS/W(32bit) 231 GFLOPS/W(8bit) Xilinx vu9p
AISC			电路根据算法定制，不可重编程，功效比高，例如 Google 的 TPU 专门为低精度深度学习（8bit）定制，性能可达 11.5 PFLOPS	384 GFLOPS/W(8bit) Google TPU

1. DRAM：Dynamic Random Access Memory，动态随机存储器。

图 5-1　各种异构芯片的比较

随着 5G、工业互联网、人工智能、云计算等技术的快速发展，GPU、FPGA、AI 芯片等异构算力设备迎来繁荣发展期，在满足各场景计算需求的同时，从成本的角度大幅度降低计算门槛。算力的服务对象也将从企业和大客户扩展至小微企业及个人，真正推动算力成为人人可用的普惠资源。

5.1.2　存算一体

随着技术的发展，计算的任务越来越复杂，需要的数据也越来越多，而在冯·诺依曼架构中，数据需要在存储、内存、缓存、计算单元中不断被搬运。大部分时间、带宽、缓存、功耗都消耗在数据搬运上，因此内存墙成了一个越来越严重的问题。数据搬运占据 AI 计算的主要能耗如图 5-2 所示。

	数据带宽	数据搬运能耗
片外 HBM	<960Gbit/s	<10nJ
片外 DDR4	<40Gbit/s	<10nJ
片内 SRAM[1]	10～100Tbit/s	50pJ
计算功耗	—	50pJ

1. SRAM：Static Random Access Memory，静态随机存储器。

图 5-2 数据搬运占据 AI 计算的主要能耗

数据搬运的功耗有时会超过 95% 以上，占用的带宽也会达到 80% 以上，例如片上缓存，1MB 的 SRAM 和 8KB 的 SRAM 在数据搬运上的功耗相差 10 倍。因此，业界都在思考怎样解决内存墙的问题。

存算一体芯片可以解决此类问题。存算一体可以理解为在存储器中嵌入计算能力，用新的运算架构进行二维和三维矩阵乘法／加法运算，而不是在传统逻辑运算单元或工艺上优化。这样能从本质上消除不必要的数据搬运时延和功耗，提高 AI 计算效率，降低成本，打破内存墙。

除了用于 AI 计算，存算技术也可以用于存算一体芯片和类脑芯片。

1. 存算技术的路线

目前存算技术存在以下 4 类路线。

（1）查存计算

GPU 对复杂函数采用了查存计算的方法。查存计算是早已落地多年的技术，其通过在存储芯片内部查表来完成计算操作。

（2）近存计算

近存计算可以理解为通过先进封装拉近存储、内存和计算单元的距离，例如 SRAM。在冯·诺依曼架构中，SRAM 多被用作缓存，多核共同使用，这样缓存到每个核都有一定距离，数据搬运、访问时间、功耗都会增加。近存计算把 SRAM 与计算单元合在一起，这个 SRAM 只供本地计算单元使用，数据访问时间和带宽都有很大的提升。近存计算的典型代表是 AMD 的 Zen 系列 CPU。计算操作由位于存储区域外部的独立计算芯片／模块完成。这种架构设计的代际设计成本较低，适合传统架构芯片转入。将 HBM 内存（包括三星的 HBM-PIM）与计算模组（裸 DIE）封装在一起的芯片也属于近存计算。

（3）存内计算

存内计算比近存计算更高效，同时也更难以实现。存内计算实际上是一个计算的模块，而不是存储的模块，从存储器中读出的数据是运算的结果，而不是存储的数据。典型代表有 Mythic、闪忆、知存、九天睿芯等。计算操作由位于存储芯片／区域内部的独立计算单元完成，存储和计算可以是模拟的，也可以是数字的。这种技术路线一般用于算法固定的场景计算。

（4）存内逻辑

存内逻辑是一个较新的存算架构。这种架构数据传输路径最短，同时能满足大模型的计算精度要求。通过在内部存储中添加计算逻辑，存内逻辑可以直接在内部存储执行数据计算。

主流存算一体的存储器对比见表5-1。

表5-1 主流存算一体的存储器对比

存储器类型	优势	不足	适合场景
Flash	高密度、低成本、非易失、低漏电	对PVT变化敏感，精度不高，工艺迭代时间长	小算力、端侧、低成本、待机时间长的场景
各类NVRAM（包括RRAM/MRAM等）	能效比高、高密度、非易失、低漏电	对PVT变化敏感，有限写次数，相对低速，工艺良率尚在爬坡中	小算力、端侧/边缘推理、待机时间长的场景
DRAM	高存储密度、融合方成熟	只能做近存计算，速度略低，工艺迭代慢	适合现有冯·诺依曼架构向存算一体过渡
SRAM（数字模式）	能效比高、高速、高精度、对噪声不敏感、工艺成熟先进、适合IP化	存储密度略低	大算力、云计算、边缘计算
SRAM（模拟模式）	能效比高、工艺成熟先进	对PVT变化敏感，对信噪比敏感，存储密度略低	小算力、端侧、不要求待机功耗

目前可用于存算一体的成熟工艺存储器有DRAM、SRAM、Flash。

DRAM成本低、容量大，但是可用的eDRAM IP核工艺节点不先进，读取时延也高，且需要定期刷新数据。Flash则属于非易失性存储器，具有低成本优势，一般适合小算力场景。SRAM在速度方面具有极大的优势，有近乎最高的能效比，容量密度略小，在精度增强后可以保证较高的精度，一般适用于云计算等大算力场景。

可用于存算一体的新型存储器有PCRAM[1]、MRAM[2]、RRAM[3]和FRAM[4]等。

目前学术界比较关注各种忆阻器在神经网络计算中的引入。RRAM使用电阻调制来实现数据存储，读出电流信号而非传统的电荷信号，可以获得较好的线性电阻特性。但目前RRAM工艺良率爬坡还在进行中，而且依然需要面对非易失存储器固有的可靠性问题，因此主要用于小算力、端侧、边缘计算等。

1　PCRAM：Phase Change Random Access Memory，相变随机存储器。
2　MRAM：Magnetic Random Access Memory，磁性随机存储器。
3　RRAM：Resistive Random Access Memory，阻变式存储器。
4　FRAM：Ferroelectric Random Access Memory，铁电存储器。

2. 存算技术的发展趋势

存算技术的未来发展趋势包括提升计算精度、多算法适配和存算/数据流编译器的适配。

（1）提升计算精度

模拟内存计算精度受到信噪比的影响，精度上限在 4～8bit，只能做定点数计算，难以实现浮点计算，并不适用于需要高精度的云计算场景和训练场景，适用于对能效比有较高要求而对精确度有一定容忍度的场景。

数字存算技术不受信噪比的影响，精度可以达到 32bit 甚至更高，可支持浮点计算，是云计算场景存算的发展方向。

（2）多算法适配

目前大部分存算芯片还是针对特定算法的领域专用加速器（Domain Specific Accelerator，DSA），因此当客户算法需求改变时，很难做到算法的迁移和适配。这使一款存算芯片可能只能适配优先的细分市场，难以有较大的销量。特别是在端侧市场，这一现象尤为明显。

为了解决多算法适配的问题，目前产业界开始使用可编程或可重构的技术来扩展存算架构的支持能力。其中可重构存算的能效比高于可编程存算的能效比，具有更大的发展潜力。

（3）存算/数据流编译器的适配

存算一体芯片产业化处于起步阶段，目前仍面临编译器支持不足的问题，大部分存算芯片采取 DSA 的方式进行落地，以规避通用编译器的适配问题。但随着存算技术的高速发展和落地，对应的编译器技术也在快速进步。存算技术在海量数据计算场景中拥有天然的优势，将在云计算、自动驾驶、元宇宙等场景拥有广阔的发展空间。存算技术正处在从学术领域到工业产品落地的关键时期，随着存算技术的不断进步和应用场景的不断增多，预计存算一体技术将成为 AI 计算领域的主要架构。

5.1.3 云原生

算力最终是为应用服务的。算力的基础硬件架构在不断地演进与优化，上层的应用软件构建技术也需要优化，才能互相匹配，最终服务好业务。

在数智化时代，软件正变得越来越复杂，终端对于响应速度的要求越来越迫切，对运行稳定性的需求变得越来越高，这给开发工作带来了很大的压力。

在原有技术的基础上，功能复杂程度、交付周期和可靠性不可能同时实现，而云原生或许带来了解决办法。

云原生是一种构建和运行应用程序的方法，是一套技术体系和方法论。云原生（Cloud Native）是一个组合词，即 Cloud+Native。Cloud 表示应用程序位于云中，而不是传统的数据中心；Native 表示应用程序从设计之初便要考虑到云的环境，原生为云而设计，在云上以最佳姿势运行，充分利用和发挥云平台的"弹性 + 分布式"优势。云原生的概念一直在变化。云原生技术有利于各组织在公有云、私有云和混合云等新型动态环境中，构建和运行可弹性扩展的应用。Pivotal 公司官网对云原生概括为 4 个要点：DevOps+ 持续交付 + 微服务 + 容器化。云原生的 4 个要点如图 5-3 所示。

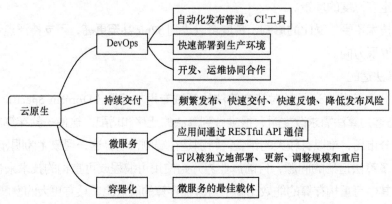

1. CI：Continuous Integration，持续集成。

图 5-3 云原生的 4 个要点

① 微服务：大部分云原生的定义中都包含微服务，与微服务相对的是单体应用，微服务有理论基础，即康威定律，它指导服务怎么划分。微服务架构的好处是按"功能"划分后，服务解耦，内聚更强，变更更容易。微服务作为一种应用架构，可以让每个服务独立开发、部署、运行。除了具有解耦的优点，这种构建方式可以让应用按需迭代，像细胞分裂再生一般不断更新，实现演进式设计。这一特性使应用的内在组织结构是动态变化的，而不可变基础设施（例如容器、Pod）让这一变化方式更容易实现。微服务应用的各个组成部分可以独立演进与扩展，如图 5-4 所示。

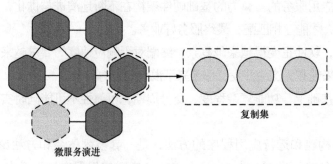

图 5-4 微服务应用的各个组成部分可以独立演进与扩展

② DevOps：它是一个组合词，Dev+Ops，即开发和运维的合体，DevOps 为云原生提供持续交付能力。

③ 持续交付：持续交付是不误时开发，不停机更新，小步快跑。它是反传统瀑布式开发模型。持续交付开发流程如图 5-5 所示。它要求开发版本和稳定版本并存。

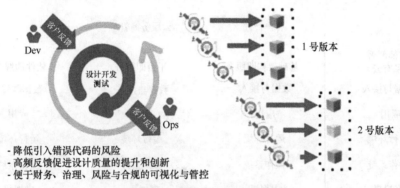

图 5-5　持续交付开发流程

④ 容器化：Docker 是应用最为广泛的容器引擎，在思科、谷歌等公司的基础设施中被大量使用，是基于 Linux Container 的技术，容器化为微服务提供实施保障，起到应用隔离作用，K8S 是谷歌公司研发的容器编排系统，用于容器管理、容器间的负载均衡。Docker 和 K8S 都采用 Go 语言编写。

在算力时代，大量应用将部署在云基础设施之上。这一方面缓解了客户硬件部署、运维方面的压力，另一方面为应用的调度提供了基础。当然，这需要一个过程。当前第一阶段工作是将原先传统的本地应用通过使用云原生技术进行重构。

构建一个分布式系统通常要实现 3 个部分的内容：业务逻辑、控制逻辑、技术框架。

业务逻辑是重中之重，是为客户实现商业价值的核心所在，也是主要的开发活动。

控制逻辑用来辅助业务逻辑完成一些特定的需求，我们称之为非功能性需求，例如把数据切分成多段进行传输，用循环实现一个重试功能等。控制逻辑通常会利用中间件、类库的方式实现复用。

技术框架提供了封装好的模型、流程和工具库，提升了开发效率。当然框架并不是必需的，完全可以基于语言特性直接开发应用。

在这 3 个部分的工作中，只有业务逻辑是客户要求的，即实现客户的商业价值。但出于性能、可用性、可扩展性等一系列质量属性的需要，我们不得不开发一系列与业务无关的非功能性需求。

从 2006 年 AWS 推出 EC2 到现在，云平台的职能发生了巨大的变化。一开始它只能提供单一的计算资源，应用开发的整个流程和依赖项依然需要开发人员实现和管理。而现在，云平台的计算、存储、网络、安全等各种资源和能力面面俱到，大量的非功能性需求都下沉到基础设施层面。越来越多的资源、特性、能力通过云平台实现，开发者只需要管理好自己的数据，即业务本身。云平台的职能演进过程如图 5-6 所示。

内部部署（私有云）	基础架构即服务	平台即服务	软件即服务
	客户管理	云服务商管理	
数据与接入	数据与接入	数据与接入	数据与接入
应用	应用	应用	应用
运行环境	运行环境	运行环境	运行环境
操作系统	操作系统	操作系统	操作系统
虚拟机	虚拟机	虚拟机	虚拟机
计算	计算	计算	计算
网络	网络	网络	网络
存储	存储	存储	存储

图 5-6 云平台的职能演进过程

因此，云原生应用应该以业务构建为核心，利用云的能力获取，而不是自己开发非功能性的需求，从而让开发过程变得纯粹而高效。

应用构建需要遵循流程，应用演进亦是如此。AWS 提出的现代化应用构建理论是开发云原生应用的实践方法，它将应用构建分为以下 3 个阶段。

1. 第一阶段：应用平移

应用平移阶段主要包括两个方面的内容：一是从单体应用到微服务的改造，这个过程中我们用到了"绞杀者"模式；二是容器化。

（1）"绞杀者"单体应用

"绞杀者"模式是一种系统重构技术，它的名称来源于一种叫"绞杀无花果"的植物。这种植物会缠绕在宿主树上吸收养料，然后慢慢向下生长，直到在土壤中生根，最终杀死宿主树使其成为一个空壳。在软件开发行业中，这成为一种重写系统的方式，即围绕旧系统逐步创建一个新系统，让它慢慢成长，直到旧系统被完全替代。

"绞杀者"模式的优势在于它是一个渐进的过程，容许新旧系统共存，并给予新系统成长的时间，还能够降低风险。一旦新系统无法工作，我们可以迅速地把流量切换回旧系统。

"绞杀者"应用的开发过程如图 5-7 所示。

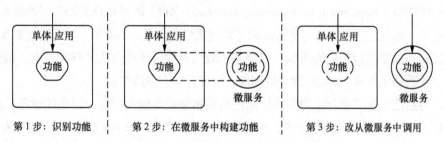

图 5-7 "绞杀者"应用的开发过程

"绞杀者"应用的开发过程如下。

① 转换：创建一个新应用。

② 共存：逐渐从旧系统中剥离功能并由新应用实现，使用反向代理或其他路由技术将现有的请求重新定向到新应用中。

③ 删除：当流量被转移到新应用后，逐步删除旧系统的功能模块，或者不再维护。

（2）应用容器化

微服务让应用具有按需演进的能力，容器的这种能力变得更容易实现。

一方面，容器允许我们使用更小的计算单元，降低构建成本；另一方面，容器定好了应用的构建标准，让不同的团队基于不同技术栈的服务以统一的方式部署运行，降低了对基础设施的维护压力，并让 CI/ 持续交付（Continuous Delivery，CD）流水线的构建变得统一和便捷。

根据云原生计算基金会于 2020 年进行的问卷调查，超过 90% 的受访组织和团队已经使用容器进行应用的构建和部署。应用容器化已经成为业界标准。

2. 第二阶段：云上重构

容器化仅仅是基础，应用还需要通过编排实现生命周期管理。例如，可以选择 AWS 托管的 K&S 产品 EKS 作为容器编排和管理平台。

将应用从容器转变为以 K&S Pod 为载体的过程如下。

首先针对应用特性选择对应的资源类型，例如，常用的无状态服务选择使用 Deployment，有状态服务选择使用 StatefulSet，守护进程选择使用 DaemonSet，任务相关选择使用 Job、CronJob。然后将服务暴露出去使集群内或者集群外能够访问。

进入应用的外部流量有两种：一种是页面访问，另一种是 OpenAPI。

内部流量也有两种：一种来自集群外部，是其他存量系统对应用的访问，可以通过 DNS 域名绑定来实现；另一种是微服务之间的调用，可以直接通过服务名方式访问实现。

随着微服务的不断增多，服务之间的调用拓扑也越加复杂，流量控制、治理和监控等需求也越来越重要。

Service Mesh 可用于管理服务间的流量。我们通过它实现了按类型的流量切分，将来自页面和应用程序接口（Application Programming Interface，API）的请求分发到不同的端点去处理；而超时、重试、熔断这些弹性能力也可以通过声明式配置实现，不需要手动编写控制逻辑。

存储层面也需要进行相应的重构，以便基于数据特性选择最合适的解决方案。例如把广告库存信息等元数据迁移到 NoSQL 键值数据库，以提升其查询效率。

另外，与监控平台的整合让微服务应用的可观察性获得极大提升。应用的业务日志和请求日志都会存储在 ELK[1] 中，流量指标被统一收集到监控平台的 Prometheus 系统，并通过仪表盘展示。还可以基于 Jaeger（一种分布式调用链跟踪工具）构建一个分布式追踪系统，方便查看服务的调用链路并进行根本原因分析。

至此，云原生应用形态逐渐清晰。从微服务架构、容器化，到 K&S 容器编排，再到使用 Service Mesh 实现流量控制，应用已经使用了所有云原生定义中的核心技术。

3. 第三阶段：构建新应用

在应用架构不断完善的同时，我们还可以积极探索更加灵活和轻量级的 Serverless 解决方案。

云原生业务场景一般是异步的、计算型的任务，不需要实时在线。

为这种业务构建一个微服务显然不合理（异步、离线计算任务不需要实时在线，运行完即结束，一个总是在线的守护进程服务空闲时间太多，浪费资源）。而 Serverless 按需启动、根据流量自动伸缩的能力非常适合这些场景。同时，因为不需要对服务器等基础设施进行管理，运维效率也有所提高。

完成应用的云原生改造后，直接以云原生的方式开发应用，即在设计思路上优先基于云原生技术和编程范式进行应用的构建。例如，利用 K&S 控制器模式以声明式配置的方式管理应用资源，优先选择服务网格的能力实现服务治理，而不是手动开发控制逻辑，通过服务的可观察性以开发者视角主动关注应用的运行状态。

上述这些都需要开发人员摒弃传统开发习惯，以云原生的设计理念和方法来构建应用。也只有这样，才能实现云原生技术以业务为核心的愿景，回归软件开发的本源。

5.2 网络基础设施的关键技术

5.2.1 SRv6

基于第 6 版互联网协议（Internet Protocol Version 6，IPv6）的段路由（Segment Routing

---

1 ELK 是 Elasticsearch、Logstash 和 Kibana 这 3 个开源软件的缩写。这 3 款软件都是开源软件，通常配合使用，故简称为 ELK 协议栈。

IPv6，SRv6）是段路由（Segment Routing，SR）的一种，即在 IPv6 转发平面应用的 SR 技术。SRv6 同时继承和发展了 SR 技术高效可编程的优势和 IPv6 技术易于大规模扩展的优点。

1. SRv6 产生的背景

国际电信联盟（ITU）综合考虑了峰值速率、用户体验速率、频谱效率、移动性、时延、连接数密度、网络能量效率和流量密度 8 个技术指标，将 5G 的主要应用场景划分为增强型移动宽带（eMBB）、大规模物联网（massive Machine-Type Communication，mMTC）和超可靠低时延通信（uRLLC）。而中国 IMT-2020（5G）推进组也将 5G 技术场景划分为连续广域覆盖、热点高容量、低功耗大连接和低时延高可靠。

对于 5G 承载网来说，无论技术场景如何划分，更大带宽、超低时延、大规模且复杂的网络连接，以及适配灵活的业务连接模型都是 5G 目标网络为承载网提出的基本诉求。通过光传送技术的升级和灵活以太网（Flexible Ethernet，FlexE）、灵活光传送网（Flexible OTN，FlexO）等切片技术的引入，提供大带宽承载，在一定程度上实现灵活的业务连接是 5G 承载网最容易满足的需求，也是 5G 部署初期的目标需求，而其他需求则要进一步对承载网进行改造。为解决传统 IP/多协议标签交换（Multi-Protocol Label Switching，MPLS）网络应用于 5G 网络时，在转发性能提升、跨域部署难度、网络/业务/协议配置和管理上的复杂度等问题，SR 技术被引入 5G 技术体系。5G 技术场景如图 5-8 所示。

IP/MPLS 本质上是对传统 IP 网络的优化。MPLS 在一定程度上解决了按业务属性提供不同服务质量（Quality of Service，QoS）等级、路由转发效率、虚拟专用网络（Virtual Private Network，VPN）配置管理等问题，但随着路由表查找算法的改进、路由芯片性能的升级、IP 网络规模的持续扩大、业务对网络连接复杂度需求的进一步提升，IP/MPLS 网络所能提供的功能、性能与不断涌现的新业务场景需求之间的"剪刀差"在不断扩大，需要从另一个视角重新审视网络与承载技术解决方案。

此时借鉴了源路由思想的 SR 技术出现在技术专家们的视野中。SR 的核心思想是，在一张极为复杂的网络中，从源地址至目的地址的可能通达路径有许多条，既然在当前的技术水平下暂时无法做到集中控制网络内所有节点快速收敛路由，那么不妨将报文的端到端转发路径分割为不同的段（Segment），

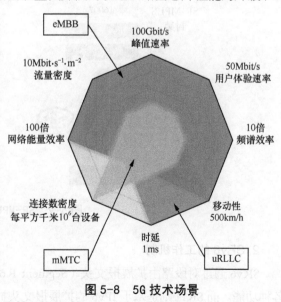

图 5-8 5G 技术场景

通过段标识（Segment Identifier，SID）进行标识，在报文转发路径的头节点处对不同的段进行组合，确定完整的转发路径，并插入分段信息下发至下游节点，各个中间节点仅按照报文中携带的分段信息进行转发，而不是像传统 IP 网络那样，各个网络节点根据自己的路由表选择最短路由。这种机制无须重新部署现网的网络设备，而是通过增量式的演进很好地实现业务快速响应与网络架构演进之间，以及集中控制与分布转发之间的平衡。

受 5G 技术场景、物联网等"万物互联"应用的启发，人们将云、网络等一系列原本解耦的硬件设施抽象为算力与调度运送算力的连接能力，连接能力的快速增长能满足未来带宽容量和连接数的需求。

IPv4 的地址空间问题限制了所有基于 IP 的网络、业务的发展，而 IPv6 具有极大的地址空间，能够轻松地解决 IP 地址短缺的问题。此外，IPv6 的简约化控制管理、功能可扩展性强等特性还满足了灵活、高效、快速适配各类细分业务场景的需求。这一点在业内早已达成共识，基于 IPv6 的网络也在广泛部署中。

由此，融合了 SR 与 IPv6 的 SRv6 技术应运而生。基于 MPLS 传送平面的 SR 被称为 SR-MPLS，其使用的 SID 为 MPLS 标签。基于 IPv6 传送平面的 SR 被称为 SRv6，其使用的 SID 为 IPv6 地址。SR-MPLS 与 SRv6 如图 5-9 所示。

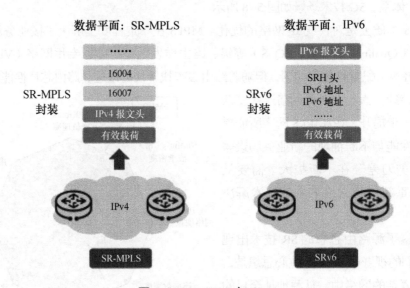

图 5-9　SR-MPLS 与 SRv6

2. SRv6 的工作机制

SRv6 通过对段路由扩展报文头（Segment Routing Header，SRH）的处理来实现设想中的各种功能。而 SRH 则是基于 IPv6 的扩展报文头扩展而来，这使 SRv6 报文与 IPv6 报文的封装结构完全一致，任何 IPv6 网络设备均可识别，不影响 SRv6 报文在网络中的转发。

相较于 IPv4 的报文格式，IPv6 的报文格式更为简单，字段大大减少，其根本原因在于 IPv6 引入了基本报文头和扩展报文头的概念。IPv6 基本报文头共 40 字节，扩展报文头为 0 字节及以上。当需要有 1 个及以上的扩展报文头时，IPv6 基本报文头中的下一报文头（Next Header）字段将会指向下一个扩展报文头的类型，而每个 IPv6 扩展报文头中的 Next Header 字段也将指向下一个扩展报文头的类型，如果后续不再有扩展报文头，那么该 Next Header 字段将指向上层协议类型。IPv4 的报文格式如图 5-10 所示，IPv6 的报文格式如图 5-11 所示。

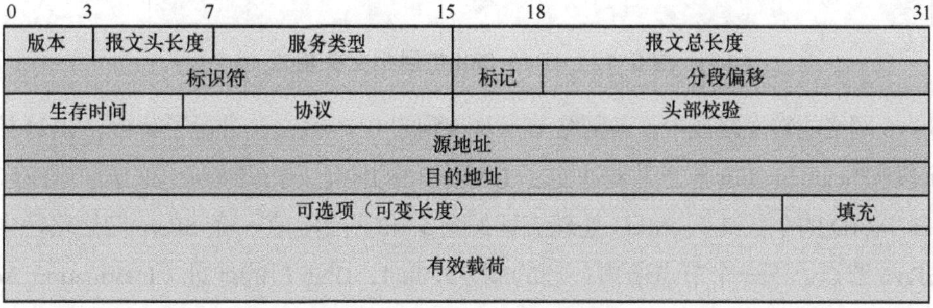

图 5-10　IPv4 的报文格式

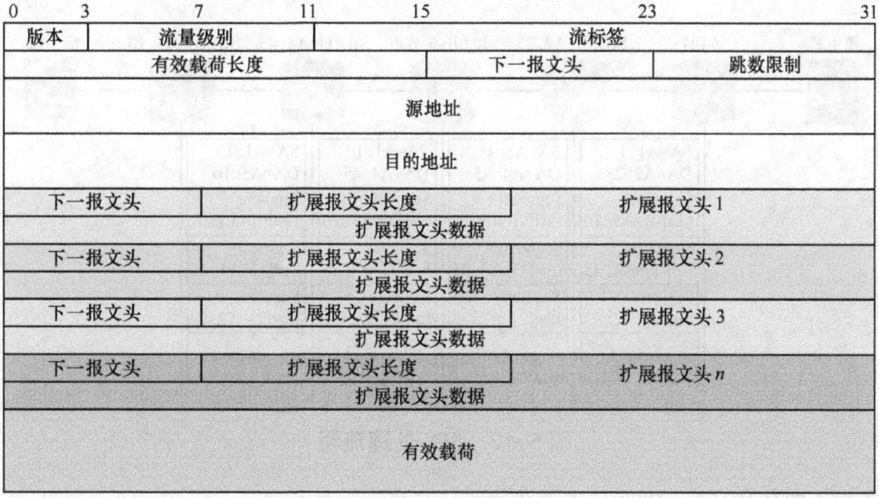

图 5-11　IPv6 的报文格式

SRv6 在 IPv6 的扩展报文头中新增了一种类型，即 SRH。SRH 存储了 IPv6 的路径约束信息（Segment List），转发路径的中间节点通过解析就可以按照 SRH 中包含的路径约束信息进行转发。IPv6 SRH 扩展报文头格式如图 5-12 所示。

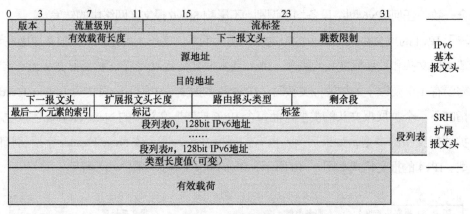

图 5-12　IPv6 SRH 扩展报文头格式

在 SRv6 网络的转发路径中，各网络节点对收到的 IPv6 报文头进行了解析，SRH 扩展报文头的剩余段和 Segment List 信息共同决定了 IPv6 的目的地址。指针剩余段的最小值为 0，最大值为 SRH 中 SID 的个数减 1。SRH 处理流程如图 5-13 所示，在一条 SRv6 网络路径中，每经过一个 SRv6 节点，下一个节点所需处理的剩余段减 1，IPv6 目的地址（Destination Address，DA）的信息相应变换，DA 值将被赋予指针当前指向的 SID。剩余段和 Segment List 字段共同决定了 IPv6 DA 的取值。

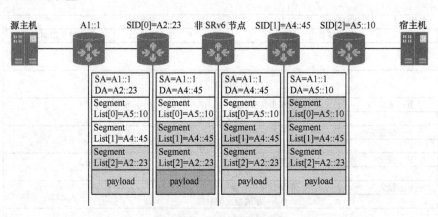

图 5-13　SRH 处理流程

① 如果剩余段的值为 n，则 DA 的值为 SID[0] 的值。

② 如果剩余段的值为 $n-1$，则 DA 的值为 SID[1] 的值。

③ 以此类推，如果剩余段的值为 1，则 DA 的值为 SID[$n-1$] 的值。如果剩余段的值为 0，则 DA 的值为 SID[n] 的值。

④ 如果网络节点不支持 SRv6，则不执行上述动作，仅按最长匹配查找 IPv6 路由表转发。

与 SR-MPLS 对标签的处理流程不同，SRv6 网络节点对 SRH 的处理是自下而上的，并且经转发后前一个段（Segment）不会弹出。SRv6 报文头自始至终保留了完整的路径信息，可以实现路径回溯。

路径约束信息在头节点处生成，相对于分布式处理的 IP/MPLS 机制，更容易实现 SDN 集中控制。SRv6 的工作流程如图 5-14 所示。

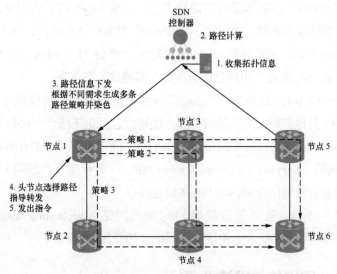

图 5-14　SRv6 的工作流程

SRv6 的主要工作流程如下。

① 控制器收集网络拓扑信息，包括节点、链路信息、开销、带宽、时延等，它们作为基础参数进行集中计算。

② 控制器按业务需求计算转发路径。

③ 控制器将路径信息下发给该条业务的头节点。

④ 头节点为业务选择适合的策略及路径。

⑤ 头节点向下游节点发布 SID 指令。

由于转发路径在控制器集中计算，而控制器掌握了全网的相关信息，所示计算结果对于单条链路来说可能不是最佳，但从网络全局来看却是最优方案。

此外，SRH 中封装了完整的控制信息，即使通过非 SRv6 节点也不会丢失，可以对业务的端到端路径实现精细控制，满足低时延、大带宽、高可靠等服务等级协定（Service Level Agreement，SLA）需求，并且在业务需求改变时能够快速响应、快速调整，实现真正的业务驱动网络。

3. 从 SRv6 到 IPv6+

2021 年 7 月 8 日，工业和信息化部联合中央网信办发布了《IPv6 流量提升三年专项行动计划（2021—2023 年）》。2021 年 7 月 9 日，中央网信办、国家发展和改革委员会、工业和信息化部联合印发了《深入推进 IPv6 规模部署和应用 2021 年工作安排》。这两份文件均明确提到 IPv6+，体现了我国以内生驱动力推进 IPv6 规模部署和应用的思路，也揭示了打造 IPv6+ 产业生态、有效提升 IPv6 对其他产业数字化赋能的重大意义。

SRv6 是组成"IPv6+"创新体系的关键技术之一。受 SRv6 技术的启发，业界提出了更多基于 IPv6 扩展报文头的创新思路，并定义了"IPv6+"发展的 3 个阶段，具体介绍如下。

第一阶段（IPv6+1.0）：主要包括 SRv6 基础特性，例如 TE、VPN、FRR 等。这是 3 个现网应用最广泛的特性，SRv6 将利用自身优势来简化网络的业务部署。

第二阶段（IPv6+2.0）：面向 5G 和云的新特性。这些新特性可能需要 SRH 引入新的扩展，也可能基于 IPv6 其他扩展报文头进行扩展。新特性包括但不限于 VPN+ 网络切片、随流信息检测（in-situ Flow Information Telemetry，iFIT）、确定性网络（Deterministic Network，DetNet）、业务功能链（Service Function Chain，SFC）、软件定义广域网（SD-WAN）、位索引显示复制 IPv6 封装、通用化的 SRv6 和 SRv6 路径段等。

第三阶段（IPv6+3.0）：重点是应用感知的 IPv6 网络（Application-aware IPv6 Network，APN6）。IPv6 作为最具优势的媒介，将促进云网融合的深入发展。

5.2.2 数据中心网络的关键技术

1. Spine-Leaf（脊—叶）架构

传统 IP 网络的常用组网拓扑是经典的三层结构，即"核心—汇聚—接入"。大到电信运营商的骨干数据承载网，小到企业内部局域网，基本沿用这种拓扑结构。三层结构的设计理念源于业务南北向的显著流向特征、TCP[1]/IP 的运行机制、设备的性能及端口受限。

具体来说，在 IP 网络相当长的一段发展时期内，路由器、交换机等网络设备的物理端口、转发性能均极为有限，在一台网络设备上配置较多的端口，不但会大幅提高硬件采购成本，而且该设备的转发性能、稳定性将给整个网络带来较大的风险，因此，网络设计者往往倾向于按某些规则对网络进行划分，流量层层收敛汇聚，区域间的流量通过上一层网络设备进行转接，以此将风险控制在一定的范围内，并根据网络层级配置不同性能的设备，降低网络的整体造价。

采用传统三层网络架构进行内部组网的数据中心，其目的是为南北向数据传送提供高效的承载能力，确保数据中心向外的数据输出，并通过高收敛比节约网络建设的直接成本。在传统的网络架构下，数据中心内部和外部之间的数据流量占比较大，而仅在数据中心内部传输的数据占比较小，业务流向模型与传统的电信运营商承载网络非常相似。传统三层网络架构如图 5-15

1　TCP：Transmission Control Protocol，传输控制协议。

所示。

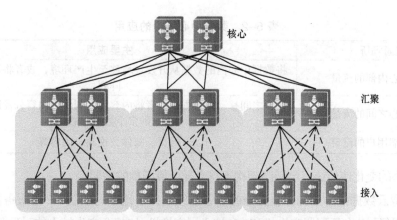

图 5-15　传统三层网络架构

在传统的三层网络架构中，最上层的核心层部署核心路由器，性能最强，数量最少，一般为 2 台或 4 台。

中间的汇聚层部署汇聚路由器，一般成对配置，向上连接一对核心路由器，向下连接多台接入交换机，负责同一汇聚区域内多个接入交换机之间的数据转发，或者跨汇聚区域的数据转发。汇聚层作为服务器网关，还可以增加防火墙、负载均衡和应用加速等应用优化设备。核心层、汇聚层是数据中心网络的骨干部分，为数据中心的数据提供高速的转发服务。

底层的接入层则通常部署接入交换机，主要连接数据中心服务器。

在传统业务模式中，某一个特定服务要访问的资源均集中在一台服务器上，服务器在向客户端提供服务的过程中，并不需要向其他服务器发出处理请求。随着服务请求的增加，需要提升的是网络中南北向数据的传送转发能力和单台服务器的运算能力，网络中东西向的流量负载并不会增加。

随着云数据中心的兴起，数据中心内部的服务器体量与网络规模不断扩大，对网络的需求也已发生变化。

① 虚拟化技术在云数据中心得到大规模使用，引起数据中心网络东西向流量的快速增加。

② 软硬件解耦已经成为趋势，服务将分散部署在数据中心的多台服务器上，服务器之间产生频繁的通信需求。

③ 上万台服务器的存储、计算能力被逻辑化后分配给数据和应用，任务需要在服务器形成的算力池中进行分发、计算、汇总、返回，大大增加了网络的东西向流量。

思科公司的《2020 全球网络趋势报告》显示，2021 年数据中心网络的东西向流量占比达到 86%，其中数据中心内部的东西向网络流量占 77%，数据中心之间的东西向网络流量占 14%，与之相对的传统数据中心到用户端的南北向网络流量仅占14%。数据中心流量的应用见表5-2。

表5-2 数据中心流量的应用

流量场所	主要应用
数据中心内部的流量	将数据中心内的数据从开发环境移至生产环境，或者将数据写入存储阵列
数据中心之间的流量	在云之间移动的数据，或者将内容复制到作为内容分发网络组成部分的多个数据中心
流向终端用户的流量	网页、邮件、视频、内容等

流量模型的变化使传统三层网络架构不符合云计算架构的需要。

对于大型云数据中心来说，服务器的部署已经超出了地域的限制，2台服务器之间的数据传输可能需要经过2台汇聚层交换机和1台核心层交换机，这将会产生较大的时延甚至发生拥塞。在传统三层网络架构下，当存在大量的东西向流量时，汇聚交换机和核心交换机的负载会大大增加，网络规模扩大，维持转发性能的瓶颈聚焦在核心层、汇聚层网络设备上。

想要支持更大规模的网络，必须部署性能优越、端口密度高的网络设备，设备的直接成本将大大提高。为避免核心层、汇聚层割接时对网络造成大面积影响，就要在网络建设时预先设定网络的目标规模，并按目标架构规划好相关配置和演进方案。

在运营初期，网络规模小，抑或是网络的发展达不到预期，配置高性能网络设备会导致设备资产不断折旧，无法形成与性能相匹配的产出，造成资源浪费。而当网络规模持续扩大，抑或是业务发展势头迅猛时，初期配置比较低端的网络设备将导致业务发展受限，此时平滑扩容比较困难。这让数据中心的运营方陷入成本与可扩展性的两难选择之中。

在业务模型与网络架构的矛盾中，网络扁平化需求愈加强烈，更适应东西向流量承载的脊—叶（Spine-Leaf）式网络架构兴起。Spine-Leaf架构如图5-16所示。

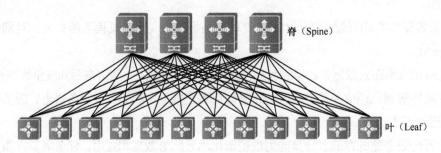

图5-16 Spine-Leaf架构

Spine-Leaf架构将传统的三层网络架构折叠为两层，即上层的Spine与下层的Leaf。不再设置核心层作为南北向网络出口和汇聚层间的转发调度，其功能由Spine层接替。Spine交换机替代了原来的汇聚交换机，Leaf 交换机替代了原来的接入交换机。

Leaf 交换机与服务器等设备直接互联，每台 Leaf 交换机都与所有的 Spine 交换机相连，因此，任意 2 台服务器之间传送数据都只需要经过 1 台 Spine 交换机和 2 台 Leaf 交换机，减少了网络层级和中间节点的数量，极大地提高了数据传送效率。

Spine-Leaf 架构具有极高的横向扩展性。由于 Spine 交换机之间、Leaf 交换机之间的网络地位是相同的，没有直接互联关系，所以可以在不影响当前网络正常运行的情况下，极其方便地在现有网络中扩容新的 Spine 交换机或 Leaf 交换机。

当在网络中新增 1 台 Spine 交换机时，只需要对现网每台 Leaf 交换机新增上连至新 Spine 交换机的链路，Spine 层的容量不足问题即可得到解决。当在网络中新增 1 台 Leaf 交换机时，也只需要将其连接到每台 Spine 交换机上，Leaf 层下连端口不足的问题即可得到解决。相比于传统三层网络架构，Spine-Leaf 架构不需要大幅调整网络二层/三层配置，也不需要担心对现网业务造成大面积影响，快速部署能力大大提升。

从网络全局视角来看，当带宽不足时，仅需要通过新增 Spine 交换机在 Spine 层水平方向上扩展带宽，当服务器数量增加导致 Leaf 层接入能力不足时，仅需要增加 Leaf 交换机。这使数据中心规模的扩大变得更加简单，不需要准确预判网络规模及在运营初期就部署高性能交换机进行组网，只需要根据周期性的业务分析和网络报告适度超前进行网络扩容。

此外，Spine-Leaf 架构对单个高性能网络节点或关键网络节点的依赖性显著降低，这使运维部门的压力减轻，也使网络设备白盒化的进程得以加速。

2. IP-CLOS 架构

CLOS 架构起源于贝尔实验室，是一种用多级设备来实现无阻塞电话交换的方法。其核心思想是用多个小规模、低成本的单元来构建一个复杂的、大规模的架构。

CLOS 架构首先在传输网领域为我们所熟知。SDH 技术进入大规模发展时期后，大量业务对交叉矩阵的容量提出了挑战。受芯片技术的限制，采用单级架构无法制造出大容量交叉矩阵芯片，而两级架构则可能会出现阻塞，为 SDH 交叉配置带来了不便，三级 CLOS 架构能够以较小的成本大幅提升交叉矩阵容量，并能构造出无阻塞矩阵。朗讯公司研发了 WaveStar 系列分插复用（Add/Drop Multiplex，ADM）设备和 DACS 设备，其无阻塞的大容量虚拟容器交叉矩阵一度成为业界标杆。$n \times m$ 三级 CLOS 架构如图 5-17 所示。

在解决数据中心规模和东西向流量不断增加而导致网络扩展困难的问题时，CLOS 架构又一次出现在业内人士的选择名单中。凭借 CLOS 架构在 SDH 时代的出色表现，不难想象，采用 IP-CLOS 架构，可以让网络的设计者们不需要考虑数通产品性能的限制，不再依赖主流厂商对高性能、高密度设备的研发及商用进度，在极限情况下，即使使用廉价的、低容量的盒式设备，也能够组建一张规模庞大的网络。

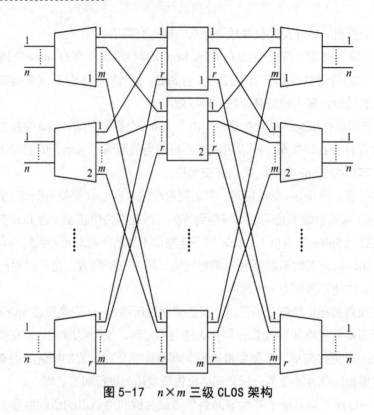

图 5-17　$n \times m$ 三级 CLOS 架构

基本的三级 IP-CLOS 网络架构如图 5-18 所示。

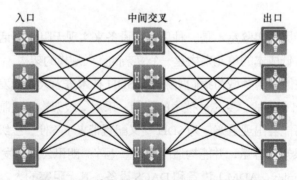

图 5-18　基本的三级 IP-CLOS 网络架构

从图 5-18 中不难发现，当这个通信模型为双向通信系统时，入口功能与出口功能在同一台物理设备上实现，相当于沿着中线将 CLOS 结构折叠，折叠后的系统结构与 Spine-Leaf 架构相同。中间交叉即 Spine 层，而入口/出口即 Leaf 层。因此，Spine-Leaf 架构实际上是一个对称三级 IP-CLOS 架构。

当数据中心规模进一步扩大，例如，扩展到同一园区内的多个建筑、同一座城市的多个园区，甚至是多座城市的多个园区，又该如何去有序地规划 Spine-Leaf 架构，并能够简单地部署和维护它呢？

Facebook 数据中心的 Fabric 架构设计给出了一个清晰而经典的答案，相关人员采用了一个五级的 IP-CLOS 架构来规划其下一代数据中心网络，并且其他公司也采用了类似的五级 IP-CLOS 架构，例如思科公司的 MSDC、博科公司的 Optimized 5-Stage L3 Clos Topology。

Facebook 对其数据中心网络进行重构的驱动力与绝大多数数据中心相同，即流量的指数级增长，尤其是数据中心内部服务器之间的流量（前文所描述的东西向流量）比数据中心与外部互联网之间的流量（南北向流量）高出几个数量级。

Facebook 基础设施设计团队的核心理念包括两个：网络快速演进和支撑快速增长。同时，Facebook 基础设施设计团队一直致力于保持网络基础设施足够简单，以便小型的工程师团队可以实施高效的管理。即使网络规模不断扩大、数据流量呈指数级增长，网络的部署和运营也变得越来越简单、快速。

因此，在进行下一代数据中心网络设计时，Facebook 基础设施设计团队提出了一个大胆的想法，将整个数据中心建筑构建成一个高性能网络，而不是一个分层的超额订阅集群系统。他们还希望为快速网络部署和可扩展性能提供一条清晰而简单的路径，不需要在每次网络扩容时都拆除或定制大量的已部署的基础设施。

为了达到这个目标，该设计团队采用了一种分解方法：摒弃大型设备和集群，将网络分解为很多标准化的小型单元，即服务器 POD，并在数据中心所有的服务器 POD 之间创建统一的高性能连接。

每个服务器 POD 的规格、配置都相同，包含 48 个服务器机架和 4 台 Fabric 交换机，服务器 POD 的外形尺寸统一，这个标准化的网络模块远小于 Facebook 传统数据中心的网络单元，但能够适应各种数据中心的平面布置，并且每个服务器 POD 只需要较低配置的中型交换机就能够对架顶（Top Of Rack，TOR）交换机进行汇聚。这意味着重新设计的服务器 POD 不但能够在各种数据中心建筑内快速复制，而且服务器 POD 内部的网络结构简单、模块化、稳健，Fabric 交换机也不需要特别依赖主流厂商的某些高端型号。

为了获得无阻塞的网络性能（即使是理论上的），Facebook 基础设施设计团队将 TOR 交换机的端口设置为上下行对等，即每个下联架内服务器的端口都设置了等量的上连至 Fabric 交换机的容量。

在 F4 架构中，Facebook 基础设施设计团队创建了 4 个独立的 Spine 平面，每个平面最多可设置 48 台 Spine 交换机。每个服务器 POD 内的每台 Fabric 交换机都与其归属的 Spine 平面内的所有 Spine 交换机全连接。服务器 POD 与 Spine 平面共同构成一个模块化的网络拓扑，可容纳十万台以上的 10G 服务器接入，并提供 PB 级的跨 POD 连接带宽。

除了服务器 POD，F4 架构还配备了数量灵活的边缘 POD，每个边缘 POD 都能够为整个网络框架连接外部的骨干网或连接同数据中心的其他建筑内的网络，还可升级到100GB或更高速率的端口。

Facebook下一代数据中心网络F4架构如图5-19所示。

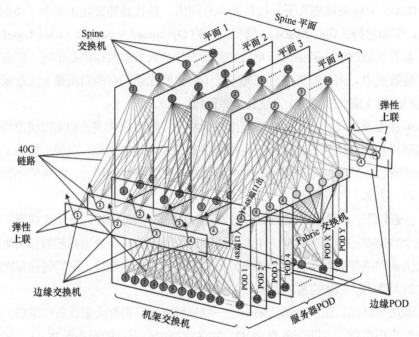

图5-19　Facebook下一代数据中心网络F4架构

这种高度模块化的创新设计使Facebook数据中心能够在简单、统一的框架内快速扩展任意维度的网络容量。

① 当需要更多的算力时，可以添加服务器POD。

② 当需要更多Fabric架构内的网络容量时，可以在所有平面增加Spine交换机。

③ 当需要更多Fabric架构外的连接带宽时，可以增加边缘POD，或者对现有的边缘交换机扩容上行链路。

仔细观察F4架构，我们可以发现，POD与Spine平面是正交结构，我们可以从两个维度切分Fabric框架，无论是沿着POD平面切分，还是沿着Spine平面切分，总是能够得到相同拓扑结构的切面。因此这种设计保障了Fabric框架具有良好的连接性和扩展性。

尽管有海量的光纤连接，但在实际交付中F4架构的物理和布线基础设施远没有逻辑网络拓扑图看起来那么复杂。Fabric的设计团队与基础设施团队合作，对第三代数据中心Fabric网络的建筑设计进行了优化，缩短了线缆长度，并实现了快速部署。

从服务器机架或数据大厅总配线架（Main Distribution Frame，MDF）的视角来看，网络几乎没有变化。TOR 交换机仍然只是连接到服务器 POD 的 4 台汇聚交换机，这与之前传统网络的连接方式相同。

对于 Spine 交换机和边缘交换机，在数据中心建筑的中央设计了特殊的独立位置，被称为大楼配线架（Building Distribution Frame，BDF）房间。在建筑物的建造初期，BDF 就已经预先配备了 Fabric 的相关基础设施。数据大厅一旦建成就会立刻连接到 BDF，这大大减少了网络部署的时间。

连接数据大厅 MDF 中 Fabric 交换机与 BDF 中 Spine 交换机的大量光纤实际上只是简单且无差别的直连干线。Fabric 架构所有的复杂性都聚集在 BDF 中，易于管理。通过将每个 Spine 平面及其相应的主干和路径视为一个故障域，在发生故障事件时，随时可以安全地让故障域退出服务且不会影响网络的正常运行。为了进一步优化光纤长度，骨干设备可放置在专门设置于 Fabric BDF 上方的主入口房间内。这使 Fabric 架构能够在简单而有物理冗余的拓扑中使用更短的垂直干线。

此外，BDF 中所有 Fabric Spine 平面在设计上都是完全相同的，并且布线位于每个独立的 Spine 平面内。端口布局是可视化的、可重现的，所有端口映射均由软件自动生成并加以验证。

随着 Facebook 业务的突飞猛进，数据中心的规模更加庞大，原有的 F4 架构设计面临着更大的机架间连接带宽和覆盖更大区域的双重压力。在权衡了叠加网络硬件、提升光模块带宽至超 100Gbit/s 等方案之后，最终采用了新的 Fabric 架构——F16。数据中心物理拓扑示意如图 5-20 所示。Facebook 下一代数据中心网络 F16 架构如图 5-21 所示。

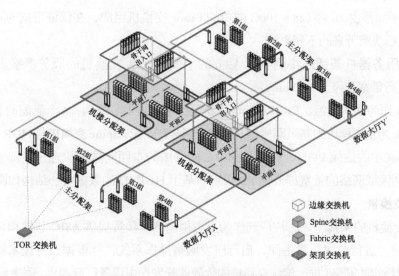

图 5-20　数据中心物理拓扑示意

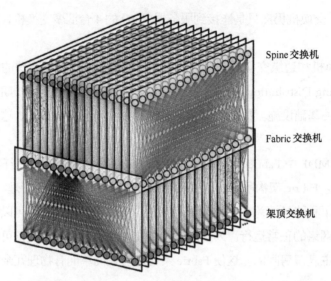

图 5-21 Facebook 下一代数据中心网络 F16 架构

F16 的总体架构思路与 F4 一脉相承，但其通过硬件关键技术上的革新，削弱了结构扩张带来的连接复杂度、功耗倍增及光器件的天然限制。

F16 架构的主要特点包括以下 3 个。

① 新设计了一种 128×100G 端口的 Fabric 交换机，作为所有网络基础设施新的标准模块。Minipack 基于灵活的、单 ASIC 设计，它只使用了 Backpack 一半的功耗和一半的空间。此外，单芯片系统更易于管理和操作。

② 每个平面都由 16 台 128×100G 端口的 Fabric 交换机组成，在保证带宽的同时，减少了采用 400G 光模块所带来的不利影响。

③ 每个服务器机架都连接到 16 个独立的平面。TOR 交换机的服务器接入容量升级至 1.6Tbit/s，上行带宽升级至 1.6Tbit/s。

基于 F16 作为基本模组，Facebook 也重新设计了数据中心结构，6 个满配的 F16 Fabric 通过以 Minipack 为基本模块的高级网格（HGRID）聚合在一起，Spine 交换机与 HGRID 直接相连，替代了 F4 架构中的边缘 POD，这使数据中心网络中的东西向数据流进一步扁平化，并将每个 Fabric 行到区域网络的带宽提升到 PB 级别。基于 HGRID 的数据中心结构如图 5-22 所示。

3. 白盒交换机

在传统交换机的架构下，芯片厂商作为上游供应商，负责提供 ASIC 芯片和 SDK，各设备厂商在此基础上进行二次开发适配，自行研发网络操作系统，并根据自身技术能力开发各类 App 用于实现特定的网络功能。传统交换机的软硬件开发均由设备厂商提供，致使系统完全封闭，无法适应新功能快速开发部署的需求，且采购成本较高。

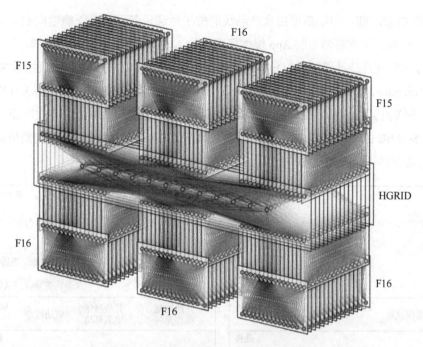

图 5-22 基于 HGRID 的数据中心结构

随着云计算的蓬勃发展，云数据中心成为承载云计算业务发展的基石，内外部网络均围绕数据中心进行规划，甚至传统的电信运营商也提出了网络由以中心交换局（Center Office，CO）为中心转向以数据中心（DC）为中心。相较于数据中心之间的骨干网，数据中心内部网络的复杂程度更高，为了降低东西向流量和设备数量快速增加而带来的网络管理难度，充分发挥自身的软件技术优势，并尽量弱化对硬件制造厂商的依赖，云计算厂商不约而同地倾向于"开放硬件"思想。

在"开放硬件"思想的推动下，白盒化与开放化成为云数据中心服务器、交换机的重点发展方向。典型白盒交换机与其他类型交换机的对比见表 5-3。

表 5-3 典型白盒交换机与其他类型交换机的对比

类型	裸金属交换机	品牌裸金属交换机	白盒交换机	品牌交换机
定义	仅有硬件，ODM[1]提供基础技术支持	仅有硬件，OEM[2]提供贴牌和技术支持	商品化硬件，预装网络操作系统	品牌专门化硬件，预装操作系统
硬件成本	低	低	低	高
硬件种类	商品化硬件（包括 ASIC）	商品化硬件（包括 ASIC）	商品化硬件（包括 ASIC）	品牌硬件（系统化 ASIC）
网络操作系统	无（用户自行选择安装）	无（用户自行选择安装）	预装厂商自有系统或第三方系统	品牌商自有操作系统

1. ODM：Original Design Manufacture，原厂委托设计，一般指原始设计制造商。
2. OEM：Original Equipment Manufacture，原厂委托制造，一般指原始设备制造商。

新入场的白盒厂商（包括新增白盒产品线的传统数通设备厂商）既需要向底层适配不同供应商的 ASIC 平台，又需要为上层 App 提供标准化的 API，从而实现软硬件解耦。

2017 年，微软在开放计算项目（Open Compute Project，OCP）提交了交换机抽象接口（Switch Abstraction Interface，SAI），并正式发布 SONiC 开源网络操作系统。SONiC 将 SAI 作为白盒交换机架构中关联上层 App 与底层硬件的中间件，消除了不同 ASIC 解决方案之间驱动软件的差异，从而使 SONiC 的网络功能应用能够适配多个芯片供应商的 ASIC。传统交换机架构与基于 SONiC 的白盒交换机架构如图 5-23 所示。

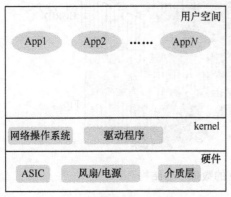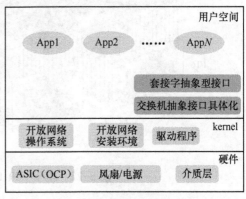

图 5-23　传统交换机架构与基于 SONiC 的白盒交换机架构

数据中心交换机的白盒化从谷歌公司布局 WAN 自研交换机开始加速。最终谷歌 B4 项目以自研的 WAN 交换机操作系统为核心，通过成熟的 ODM 批量生产硬件平台得以实施。

随后 AWS 也开始了自己的网络交换机操作系统研发，云计算厂商自研交换机大多通过 OpenFlow 协议来对流量进行精细规划，以提升 WAN 出口的带宽利用率。其中谷歌 B4 项目使链路带宽利用率提高了 3 倍以上，接近 100%，并基于对每一条数据流的精确控制，实现了网络的监控和报警。

B4 项目成功后，谷歌启动了数据中心网络交换机的自研项目，项目的核心目标是用白盒交换机支撑大二层数据中心网络架构的实现。这种交换机仍然使用 OpenFlow 作为管理面与控制面对接，并让 IDC 和 WAN 在上层抽象成一张网络，以便于监控网络流量。交换机的硬件在功能特性上简约化，保证开发周期和稳定的质量。交换芯片的转发机制仍是使用 FDB 和路由表，最大限度地挖掘了交换芯片的硬件能力。这一自研项目非常成功，成为谷歌第 5 代数据中心架构的基础构件。这种完全依赖云计算厂商进行软件驱动的交换机，被称为裸金属交换机，与之对应的是以 Arista 为代表的自研操作系统 + 商用交换芯片的白盒交换机。

白盒化对于互联网行业、数据中心行业的大型企业来说，能够提升自身对网络架构演进的掌控，因而产生极大的吸引力，对于一些具有开发能力的中小型企业，借助 SONiC，也有机会参与细分市场的竞争。

4. 存储网络

随着云计算技术的发展，数据中心采用的存储系统设备形态从传统的磁盘阵列逐步向分布式存储系统转变。

传统的磁盘阵列设备有光纤通道（Fiber Channel，FC）SAN 磁盘阵列、IP SAN 磁盘阵列、NAS 磁盘阵列等，其存储协议多为块存储接口方式及文件存储接口方式。FC SAN 磁盘阵列和光纤交换机通过光纤互联，采用光纤通道协议通信，组成 FC SAN 存储网络。FC 互联端口目前采用的速率以 8Gbit/s、16Gbit/s 居多。IP SAN 磁盘阵列、NAS 磁盘阵列和 IP 交换机通过光纤互联，采用 IP 通信，组成 IP 存储网络。以太网模块可以支持更快的传输速率，例如 1000Mbit/s、10Gbit/s、25Gbit/s、40Gbit/s、100Gbit/s 等，目前存储系统中采用 10G 端口的居多。传统 FC SAN 存储架构示意如图 5-24 所示。

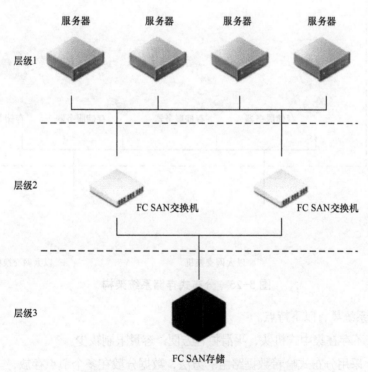

图 5-24 传统 FC SAN 存储架构示意

近年来，软件定义存储由于其较强的扩展性和灵活性、良好的性价比等优势，开始在云数据中心得到广泛应用。软件定义存储通过软件实现存储的诸多特性，并且能够基于策略灵活地与应用的存储需求进行匹配，同时可简化存储管理方式，实现在统一的可视化管理界面上对存储进行全局管理。

作为软件定义存储的一种典型实现方式，分布式存储软件将多台 x86 服务器的硬盘聚合起来并行工作，并采用应用软件或应用接口，对外提供数据读写和业务访问的功能。分布式存储系统采用多台服务器组成服务器集群，和 IP 交换机互联。近年来，互联端口以 10GE 光口居多，并逐步向更高速率的光口演进。

分布式块存储系统是基于 x86 服务器的分布式块存储，在数据中心的应用越来越普遍；应用在网盘、云盘业务领域的云存储系统也属于一种分布式存储，其显著特点是采用了对象存储接口方式，支持多租户、大规模、高并发的数据存储，访问便捷、管理高效。此外，分布式文件存储也是一种分布式存储。分布式存储系统架构如图 5-25 所示。

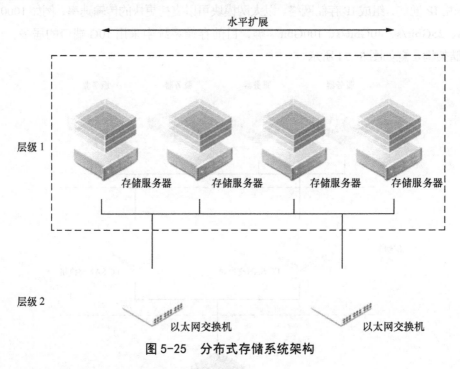

图 5-25　分布式存储系统架构

分布式存储系统具有以下特点。

① 高扩展。不存在集中式机头，平滑扩容方便，容量限制较少。

② 高性能。采用分布式哈希数据路由的方法，数据分散在多个节点存放，全局负载均衡，没有集中的数据热点和性能瓶颈。

③ 高可靠。采用集群管理方式，解决了单点故障问题，不同数据副本存放在不同的服务器和硬盘上，如果单台设备发生故障，那么系统检测到设备故障后可以自动重建数据副本，对业务的影响较小。

④ 易管理。摒弃了存储专用硬件设备,存储软件直接部署在服务器上,软件配置和管理可以通过 Web UI 的方式进行,配置简单方便。

随着服务器虚拟化、软件定义存储等技术的进一步发展,市场上出现了超融合架构的设备。它结合了服务器虚拟化平台、软件定义存储、软件定义安全等多重特性,是更加精简和可控的 IT 架构。超融合架构也以集群方式部署,在通用服务器硬件上安装超融合软件,多台通用服务器之间通过以太网互联,构成一个分布式集群。该架构的扩展模式不依赖提高单台服务器的硬件配置,而是通过不断扩大服务器集群数量提升性能。超融合架构如图 5-26 所示。

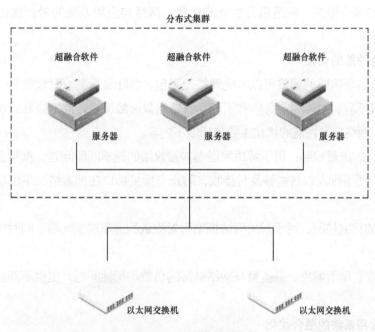

图 5-26　超融合架构

超融合产品更多地具备了分布式架构和软件定义属性,从而更加凸显了存储和计算资源的整合、按需扩展和按需投资的"云"特性。融合部署方式也进一步简化了 IT 基础架构,降低了系统的总拥有成本。近年来,越来越多的企业在搭建私有云时考虑采用超融合架构产品。

5.2.3　无损网络

数据中心是算力资源的生产端,随着算力需求的飞速增长,数据中心内部计算集群的规模也在不断扩大,对连接计算节点的网络性能要求也越来越高。算力的高质量调用无法接受各个环节出现细微的不同步，这就催生了计算与网络的深度融合。

狭义上的算力即计算能力和存储能力，而计算、存储、网络则是广义算力的 3 个要素，这 3 个要素是共生关系。从计算、存储的发展来看，GPU／AI 芯片异构计算正在进入加速发展阶段，5 年内计算性能有望提升 600 倍，而存储技术则借助芯片技术先一步得到了突破。固态硬盘相较于机械硬盘，读写性能提升了 100 倍，采用 NVMe 技术的固态硬盘相较于传统固态硬盘，读写性能又提升了 100 倍。计算和存储的发展，算力性能外溢，对网络提出了新的要求，即海量带宽、超低时延。

无损网络是满足算力高速发展的解决方案之一。我们可以从以下几个方面来理解无损网络对应用性能的提升措施：网络自身性能的优化、网络与应用系统的融合优化、网络运维的优化。

1. 网络自身性能的优化

对网络设备各项策略的调整可以实现网络无丢包、吞吐量最高、时延最低。此外，不同种类业务的优先级不同，对不同业务应有不同的服务质量保障策略，使等级高的业务能够获得更多的网络资源。网络自身性能的优化主要包括以下内容。

① 基于端口的流量控制：用于解决发送端与接收端的速率匹配问题，抑制上行出口端发送数据的速率，以便下行入口端能够及时接收，防止交换机端口在拥塞情况下出现丢包，从而实现网络无损。

② 基于流的拥塞控制：用于解决网络拥塞时对流量的速率控制问题，同时实现高吞吐与低时延。

③ 流量调度：用于解决业务流量与网络链路的负载均衡性问题，提供不同业务流量的服务质量保障。

2. 网络与应用系统的融合优化

网络与应用系统的融合优化是指通过充分利用网络设备具备的有利于连接的优势，与计算系统进行一定层次的配合，以提升应用系统的性能。

3. 网络运维的优化

随着计算、存储、网络的资源池化和自动化，智能运维开始成为数据中心网络的重要运维手段。智能运维通过标准的 API 将网络设备的各种参数和指标发送至控制面，云化的控制面包含专门的网络分析工具，实现自动排除网络故障、自动开局扩容等功能。

智能无损网络的技术架构主要分为流量控制层、拥塞控制层、流量调度层、应用加速层和硬件层。智能无损网络技术架构 (华为) 如图 5-27 所示。此处只介绍前 4 个层次。

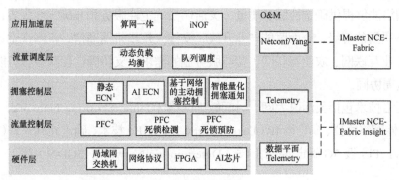

1. ECN：Explicit Congestion Notification，显示拥塞通知。
2. PFC：Priority-based Flow Control，优先级流控制。

图 5-27　智能无损网络技术架构（华为）

① 流量控制层：包含 PFC、PFC 死锁检测和 PFC 死锁预防技术。PFC 是由 IEEE 802.1 Qbb 定义的一个优先级流控协议，主要用于解决拥塞导致的丢包问题。PFC 死锁检测技术和 PFC 死锁预防技术主要是为了解决和预防 PFC 风暴导致的一系列网络断流问题，提高网络可靠性。

② 拥塞控制层：包含静态 ECN、AI ECN 和 iQCN[1] 技术。静态 ECN 是在 RFC 3168（2001）中定义的一个端到端的网络拥塞通知机制，允许网络在发生拥塞时不丢弃报文，而 AI ECN 是静态 ECN 的增强功能，可以通过 AI 算法实现 ECN 门限的动态调整，进一步提高吞吐量和降低时延。iQCN 则是为了解决 TCP 与通过以太网汇聚承载的远程直接数据存取（RDMA[2] over Converged Ethernet，RoCE）混跑场景下的一些时延问题。

③ 流量调度层：主要是为了解决业务流量与网络链路的负载均衡问题，做到不同优先级的业务流量可以获得不同等级的服务质量保障。

④ 应用加速层：该层是可选的，需要根据相应的应用场景选择合适的应用加速技术，提升整体性能，在 HPC 高性能计算场景下，可以采用网算一体化技术，让网络设备参与计算过程，减少任务完成时间。

5.2.4　确定性网络

确定性网络可提供实时数据传输，保证确定的通信服务质量（例如，超低时延、抖动、丢包率）、上下界可控的带宽及超高可靠性。确定性网络可以满足各产业中新兴系统的高质量通信需求，在未来网络架构和业务发展中的作用越来越重要。

1　iQCN：intelligent Quantized Congestion Notification，智能量化拥塞通知。
2　RDMA：Remote Direct Memory Access，远程直接存储器访问。

确定性网络能够提供确定性服务质量，灵活切换确定性服务和非确定性服务，自主控制提供确定性服务质量的等级，全面赋能产业升级，支撑大规模机器通信、机器视觉、远程操控、人工智能、工业互联网、农业互联网、智能服务业的需求，支持确定性网络服务能力一体化与多样化跨域全局协同。

确定性网络技术包括灵活以太网、时间敏感网络（Time-Sensitive Network，TSN）、确定性网络、确定性网络协议、确定性IP（Deterministic IP，DIP）技术、确定性Wi-Fi（Deterministic Wi-Fi，DetWi-Fi）及5G确定性网络（5G Deterministic Network，5GDN）等。

1. FlexE

FlexE是由光互联网论坛发布的通信协议，其基本思想是通过增加时分复用的FlexE Shim层实现MAC层与PHY的解耦，使物理通道速率更加灵活，从而实现链路捆绑、子速率和通道化3种应用模式，承载各类速率需求业务。

FlexE技术旨在实现业务速率与物理通道速率的解耦，多个客户端可以共享FlexE组中物理通道的总速率，这一核心功能在传统以太网架构的L1（PHY）层的物理编码子层和L2（MAC）层中间插入一个额外逻辑层FlexE Shim层，通过时隙分发机制来实现。Shim层将业务逻辑层和物理层隔开，在FlexE 1.0标准中可以把FlexE组中的每个100GE PHY划分成20个时隙的数据承载通道，每个时隙对应的带宽为5Gbit/s。

（1）链路捆绑

链路捆绑是指将多个物理通道捆绑起来，形成一个总速率的逻辑通道，利用多个低速率物理管道来支持更高速率的客户端，实现大流量的业务传输，可以替代链路聚合组，并且能够避免哈希算法带来的低效率。

（2）子速率

当单条客户业务速率小于一条物理通道速率，多条客户业务流共享一条物理通道时，能够在一条物理通道的不同时隙上分别传递多个客户业务，多条客户业务流采用不同的时隙，实现等效于物理隔离的业务隔离。这是一种不需要流量控制的物理通道填充方法，可以提高物理通道的带宽利用率与物理通道的传递效率，实现网络切片功能。

（3）通道化

客户业务在多条物理通道上的多个时隙传递。多个客户共享多条物理通道。客户业务在FlexE上传递时，可以根据实际情况选择不同的时隙组合，合理利用物理通道带宽。

可以说，FlexE的核心功能就是由FlexE Shim层实现的，从而实现灵活的网络切片。此外，其核心技术还包括实现端到端的传输交叉传送技术、监控端到端传输的操作维护管理机制和提供传输可靠性的隧道保护技术。

2. TSN 技术

TSN 技术通过精准的时间同步机制控制时延，利用帧抢占和流量整形机制在以太网链路中实现确定的传输路径，精确的资源预留机制和准入控制机制实现对时间敏感流量的优先调度，通过定义流的优先级来配置 TSN 流量，从而提供路径冗余和多路径选择等方式，实现确定的网络时延保障。

在产业领域，华为、思科、新华三等厂商均在研发 TSN 交换机，BroadCom、Marvell、ADI 等厂商已发布用于 TSN 交换机的不同规格的芯片。

3. 确定性网络

确定性网络可提供三层端到端的确定性方案。确定性网络允许单播或多播流的确定性转发及确定性网络流与其他业务流共网传输。确定性网络的实现方法包括资源预留、释放/重用闲置网络资源、集中控制、显性路由、抖动消减、拥塞保护、多径路由等。通过网卡可完成确定性网络相关的数据封装。

确定性网络为网络提供了一种低丢包率、有界端到端时延的数据流传输能力，可用于承载实时的单播或多播数据流。在确定性网络架构中，终端应用业务流通过网络用户接口与确定性网络的边缘路由相接，确定性网络域内由骨干路由与边缘路由组成，确定性网络域间由不同的边缘路由连接。确定性网络通过边缘路由的时延抖动测量、骨干路由的确定路径与资源预留，以及端到端显式路由与无缝冗余实现终端业务流的三层确定性传输。

确定性网络致力于将超低时延和高可靠性的服务扩展到三层网络，以及正常业务流量与确定性网络流共网传输。因此，基于确定性网络的技术需要满足 3 点技术要求：时钟同步和频率同步、零拥塞损失、可靠性和安全性。

4. 确定性 IP 网络

确定性 IP 网络是华为和紫金山实验室共同提出的一种适用于三层大规模网络的确定性网络技术架构，在数据面上引入周期调度机制进行转发技术的创新突破，在控制面提出免编排的高效路径规划与资源分配算法，真正实现大规模可扩展的端到端确定性低时延网络系统。

确定性 IP 网络可通过控制每个数据包在每跳的转发时机来减少微突发，消除长尾效应，最终实现端到端时延的确定性。确定性 IP 网络技术可以保证在最差情况下的端到端时延依然有界，且最小时延与最大时延之间的差距处在可控的范围内。确定性 IP 网络在核心节点上进行标签交换和周期转发聚合调度，解决了传统 IP 网络的突发累积问题，实现了 IP 网络的端到端确定性低时延和微秒级抖动。此外，确定性 IP 网络技术中的核心节点无逐流状态，设备之间不需要精准的时间同步，因此具有良好的大网可扩展性。

5. 5G 确定性网络

5G 确定性网络是指利用 5G 网络资源打造可预期、可规划、可验证、有确定性传输能力的移动专网，且提供差异化的业务体验。5G 确定性网络有 3 种能力：差异化网络、专属网络、自助网络。差异化网络包括带宽、时延、抖动、丢包率、可用性、高精度定位、广域/局域组网等的差异性；专属网络包括网络安全、资源隔离、数据/信令保护等特性；自助网络包括线上/线下购买、网络自定义、快速开通、自管理/自维护、网络自运营等特性。

为保障确定性服务的提供，5G 确定性网络架构分为确定性服务管理、确定性网络调度与控制中心、保障与度量 3 个层面。5G 确定性网络的核心模块包括 5G 核心网、高性能异构 MEC 和动态智能网络切片等。当前的 5G 确定性网络架构已经通过第三代合作伙伴计划（3rd Generation Partnership Project，3GPP）R16/R17 版本进行了定义，并在 R18 版本中进一步增强。

5G 确定性网络可以集成其他确定性网络技术，利用 FlexE、TSN、DetNet 等技术强化其端到端确定性传输能力和网络切片能力，从而进一步保证确定性端到端传输质量。

5.2.5 应用感知网络

应用感知网络（Application-aware Network，APN）能够通过使用度量和反馈自动调整网络要素、特性甚至网络架构，来自动适应应用性能或者负载的需要，从而进一步提高网络的智能化。基于 IPv6 的应用感知网络可以利用 IPv6 的可编程空间，在用户侧将应用信息和需求封装在业务报文中，在网络侧进行标记识别和应用质量保障，使网络可以有效地感知应用的差异化需求，从而提供应用级网络服务。

5.3 算网一体关键技术

算力网络在工程实际应用中首先面临的是算力的感知与度量，进而才能实现对算力的编排并合理快速匹配业务需求。目前，如何感知算力并通过有效建模形成统一度量的算力资源，最终通过合理编排来满足实际的业务需求，是算力网络研究的重点和难点之一。

随着 5G、人工智能等技术的发展，算力网络中的算力提供方不再是专有的某个数据中心或计算集群，而是通过网络连接在一起的云、边、端泛在化算力，真正实现了算力的高效共享。因此，算力网络中的算力资源将是泛在化的、异构化的。目前，市面上不同厂家的计算芯片形式各异，例如英伟达的 GPU、寒武纪的 ASIC，以及 NPU、TPU 等，这些芯片的功能和适用场景各有侧重，需要准确感知这些异构的泛在芯片的算力、不同芯片所适合的业务类型及在网络中的位置，并且进行纳管和监督。对于泛在算力，不再适合采用统一调度的方式来进行纳管，目前业界正在研究两级联动的调度模式。

感知到的算力资源需要映射到统一的度量单位，屏蔽不同算力类型的差异性，以形成上层资源调度器或编排器可理解、可量化的资源层。但是对于业务运行，不光要有足够的算力，同时也需要配套的存储能力、网络能力，甚至还需要编解码能力、吞吐能力等来联合保障用户的业务体验。同时因为基础算力难以度量，无法直观合理地给出基础算力的统一度量方法，因此建议从微服务的角度来衡量算力，并建立相应资源调度分配的标准和机制，降低算力网络中业务和应用部署的复杂度，简化业务管理流程和机制。

5.3.1 算力标准化度量与建模

如何对算力进行统一、标准化的度量和建模是构建算力网络的基础。算力度量可以对算力需求和算力资源进行统一抽象描述，并结合网络性能指标形成算网能力模板，为算力路由、算力管理和算力计费等提供标准统一的度量规则。算力度量体系包括对异构硬件芯片算力的度量、对算力节点能力的度量和对算网业务需求的度量。算力度量要求量化异构算力资源和多样化的业务需求，并形成统一的描述语言，在赋能算力流通属性的同时，为算力的感知、管控、服务提供基础和标准。

目前，业界尚未统一算力度量单位，通常采用FLOPS[1]、TOPS[2]衡量算力大小（例如，超级计算机）。现有应用案例中，以采用虚拟机、容器等粗粒度的衡量单位为主。

算力标识是全局统一、可验证的，用于标识算力资源、函数、功能和应用等不同维度的算力。用户通过算力标识可获取目标算力服务、算力需求等信息。

算力标准化度量和建模体系具体需要满足以下4点技术要求。

① 支持异构硬件算力的度量，即对不同芯片、芯片的组合，以及不同形态的硬件进行统一的算力度量。

② 支持多样化算法算力的度量，即通过对不同的算法（例如，神经网络、强化学习、深度学习等算法）所需的算力进行度量，可以有效地了解应用调用算法所需的算力，从而有效地服务应用。

③ 支持对用户算力需求度量，通过对不同的算法（例如神经网络、强化学习、深度学习等）所需的算力进行度量，可以有效地了解应用调用算法所需的算力，从而高效地服务应用。

④ 支持对不同的计算类型进行统一的抽象描述，形成算力能力模板。

1. 算力度量

算力是在完成不同的计算任务过程中衡量单位时间内计算设备可处理数据量的指标，数据处理方式包括但不限于浮点计算、稠密矩阵计算、向量计算、并行计算等，数据处理过程受硬件、算法、数据提供方式等方面的影响。

从设备性能的角度来看：首先，对异构硬件设备进行算力度量，可以有效地展示设备对外提供计算服务的能力；其次，由于计算过程受不同算法的影响，我们可以对不同算法进行算力

1　FLOPS：Floating-point Operations Per Second，每秒浮点运算次数。
2　TOPS：Tera Operations Per Second，每秒亿万次运算。

度量的研究，从而获得不同算法运行时所需算力的度量；最后，用户需要的不同服务会产生不同的算力需求，通过构建用户算力需求度量体系，可以有效地感知用户的算力需求。

2. 算力建模

对异构计算资源进行建模，可以建立统一模型描述语言，从而探索节点资源性能模型，实现异构节点的统一模型化功能描述；结合节点资源性能模型，探索不同算法算力需求的功能，构建服务能力模型，实现节点服务能力的多维度展示。

在算力建模过程中，首先，需要对异构的物理资源进行建模，将FPGA、GPU、CPU等异构的物理资源构建成统一的资源描述模型；其次，从计算、通信、存储等方面对资源性能建模，构建统一的资源性能指标；最后，通过构建资源性能指标与服务能力的映射完成对服务能力的建模，算力建模的最终目的是实现对外提供统一的算力服务能力模型。

① 异构资源建模：现有的FPGA、GPU、CPU等异构的物理资源通常采用不同的架构，具备的能力也各不相同，通过对不同计算设备中异构的计算资源进行建模，可实现服务屏蔽底层物理资源的异构性，建模过程需要考虑现有的CPU、GPU、FPGA、ASIC等多维异构资源。

标准化语言描述如下。

- 名称：提供了属性名称。
- 符号：提供了属性缩写，采用驼峰命名的方式。
- 类型：提供了对应属性的类型。
- 描述：提供了针对属性的简要说明。

② 资源性能建模：从计算、通信、存储等方面对资源性能建模，构建统一的、可度量的资源性能指标，从而统一标识不同算力设备在各个方面的性能。

③ 服务能力建模：算力建模的最终目标是实现对外提供统一的算力服务能力模型，通过建立服务能力指标与资源性能映射机制，构建服务能力模型。

5.3.2 算力感知与路由

1. 算力感知

算力感知是指在算力进行统一度量与标识的基础上，捕捉业务算力需求信息和算力资源信息的技术，从而为算力网络调度编排提供基础，实现资源配置的最优。算力感知是指网络对算力资源和算力服务的部署位置、实时状态、负载信息、业务需求的全面感知。一方面，各算力节点将算网信息度量建模后统一发布，网络通过对多节点上报的算网信息进行聚合，构建全局统一的算网状态视图；另一方面，网络完成对业务算网需求的统一解析，实现对业务的全面感知，为基于业务需求进行算力调度提供保障。

目前业界对于算力感知的概念仍未达成共识，技术路线尚未统一。中国移动基于华为CFN

发布了《算力感知网络技术白皮书》，中国电信已制定算力感知技术发展路线并初步实现第一阶段的目标，中国联通处于算力感知技术和标准研究阶段，6G 网络 AI 联盟等前瞻技术研究组织正在推进基于意图网络的业务需求感知研究工作。

算力感知需要感知用户业务需求，即入口网络节点接收用户业务请求并感知用户业务需求，包括网络需求（带宽、时延、抖动等）和算力需求（算力请求类型、算力需求参数等）。例如，通过扩展 IPv6 协议字段携带应用和需求信息（带宽、时延、抖动和丢包率、算力需求等），让网络进一步了解用户的算力需求，综合网络和算力需求进行路由调度，提升算力服务的网络效率。

多维资源和服务的感知是实现动态、按需调度资源的前提，不同的边缘计算节点将其资源状态信息或部署的服务状态信息发布至就近的网络节点，网络节点将以上信息在网络中予以通告和更新。我们可通过扩展现有的路由协议，将算力节点的服务状态信息封装在数据包中，使网络可实时感知算力节点的信息。

算力感知技术的实现分为两个阶段：网络弱感知阶段和网络强感知阶段。目前，多种算力资源感知的技术路线已被提出，在自主研发的集中式方案中，已实现网络弱感知方案，下一个阶段将融入 AI 算法，研究网络强感知的算力资源感知方法。

2. 算力路由

算力路由是指将网络资源信息与算力资源信息进行有机整合，通过某种方式进行分发，以实现全网资源信息的通告，实现全局信息的共享。算力路由基于对网络、计算、存储等多维资源、服务的状态感知，将感知的算力信息全网通告，通过"算力 + 网络"的多因子联合计算，按需动态生成业务调度策略，将应用请求沿最优路径调度至算力节点，提高算力和网络资源效率，保障用户体验。

算力路由实现了"网络 + 计算"的联合调度，并将业务调度到最佳的服务节点。算力路由功能主要包括算力路由控制和算力路由转发功能。

算力路由控制主要将算力信息引入路由域，进行算力感知的路由控制，将网络和计算高度协同优化，具体需要支持用户需求感知、算力信息和网络信息通告、算力路由生成，以及算力、网络联合调度等功能。

目前，算力路由主要分为集中式、分布式及混合式 3 种。集中式方案包括基于 SDN/NFV 的算网编排管控及基于域名解析机制的编排管控；分布式方案实现目前基于 CFN 等的协议，需要对现有网络设备升级，因此对网络影响较大。

算力路由技术方向的研究前期以集中式方案为主，目前正在推动分布式方案研究，混合式方案在前两者成熟后开展。

分布式和混合式路由方案主要基于 CFN。CFN 是指位于网络层之上的 CFN 薄层，将当前的计算能力状况和网络状况作为路由信息发布到网络，网络将计算任务报文路由到相应的计算节点，实现用户体验最优、计算资源利用率最优、网络效率最优的目标。计算优先网络承载算力路由如图 5-28 所示。

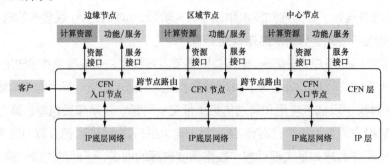

图 5-28　计算优先网络承载算力路由

CFN 具有以下关键技术特征。

① 构建计算与网络融合的新架构：云网融合、网随云动、云在网中，将让用户尽快获得计算结果作为第一设计原则的全新网络架构。

② 计算路由器连接分布式的计算集群联邦，其基本功能是基于请求中服务 ID 和数据 ID 的路由，高级功能包括数据预取等能够提高效率和用户体验的功能。

③ 定义 CFN 与服务之间的通用计算接口，与应用无关，语义不感知，使 CFN 与千变万化的应用创新解耦，保持自己的稳定性。

④ 开放路由协议：基于抽象后的计算资源，可实现类似于 IP 技术的针对计算资源的算力网络拓扑和路由，同时针对算力路由故障也可以实现路由的愈合，拓扑和路由不仅包含 IP 可达性，还包含计算资源的动态变化和可服务性，愈合不仅是路由的愈合，还是对一个计算任务的重新路由和调度，使之能够在一个新的计算服务节点上完成计算。

CFN 能够为应用提供的核心价值是基于当前网络可用的算力和算法，结合网络的实时状况，通过 CFN 灵活匹配、动态调度计算资源，将终端的计算卸载到合适的计算节点、边缘或者中心云，满足业务的计算需求，保证业务的用户体验。物联网场景中的物联网终端设备因资源受限，具有计算能力较弱、存储空间较小的特点，将终端侧采集的数据，在边缘节点进行数据预处理，减少上行传输的数据量，在中心云完成数据存储和数据同步等任务，利用边缘和中心节点的计算能力最大限度地降低物联网受限终端设备的计算负载。

5.4　编排管理与运营服务的关键技术

5.4.1　算力网络编排调度的构想

算力网络编排中心主要涉及算力服务建模设计、算力服务封装、算力服务编排等部分。

算力服务调度中心主要涉及算力服务的发现、算力服务路由、算力服务调度、算力服务协同（包括区域内调度和区域间调度）等部分。

算网综合能力网关主要由算网服务运营管理和综合能力网关组成，包括服务的目录、服务的注册、服务的发布和注销、服务的接入和路由管理、服务的配置和调度策略、服务的生命周期管理，同时，可以实现服务的访问授权、运营监控、交易规则、服务合约及计费管理策略等。

算网资源管理中心主要实现对各种云网、网算资源的纳管和监控等，包括对NFV、云虚拟资源、云物理资源的虚拟、物理及承载连接关系的管理等。

算网服务编排中心可以调用算网资源管理中心的服务能力完成服务开通和调整等。算网综合能力网关为算网资源管理中心提供服务注册、服务鉴权、服务调用控制，实现服务能力扁平化。算网资源管理中心向编排调度中心提供网络查询、资源分配和调整能力。

借鉴电信管理论坛规范和开放的网络自动化平台社区（Open Network Automation Platform，ONAP）关于产品、服务和资源的定义，整个算力网络服务体系分为产品、服务、资源（Product Service Resource，PSR）。其中，产品是面向客户提供最小可销售单元的功能和操作能力，产品涉及的网络属性和网络服务通过服务层获取。服务可以分为面向客户的服务（Customer Facing Service，CFS）和面向资源的服务（Resource Facing Service，RFS）。CFS即客户可感知端到端的算和网的能力，由面向算网的服务组装而成，包括点到点、点到网等能力（点可以是用户、计算资源、存储资源或其他逻辑资源等，网可以是各种形式的网络资源等）。RFS是由资源提供的原子能力组装而成，也可以直接提供给客户；资源是算力网络中涉及的物理资源（网络设备、线路）、逻辑资源（IP、端口、链路）等的实体归类。算力网络编排调度系统通过对CFS/RFS/R（资源）的管理和编排，可实现对算力、网络及服务的创建、发布、调用、维护和保障等。

同时，ONAP项目也定义了设计态框架和运行态框架。设计态是指对CFS/RFS/R进行业务规则设计的过程，包括对组成业务的各类对象和关系进行建模，制定指导业务行为的策略规则，梳理业务弹性管理所需的应用、分析和闭环事件。运行态是指针对CFS/RFS/R实例进行全生命周期管理和控制的过程。运行态接收设计态分发的业务规则，根据外部客户商业需求和内部网络运维需求自动化执行网络就绪、开通、维护、排障流程。ONAP关于设计态框架和运行态框架的关系如图5-29所示。

1. 算网服务设计中心

算网服务设计中心构建了产品、服务、资源分层解耦体系，主动封装算网运营能力，拉通产品、服务和资源，由被动响应业务向快速组装业务转变。实现算网服务编排、运营保障、资源服务和操作控制API的一点设计、全网动态加载执行，快速响应算网及业务运营需求。

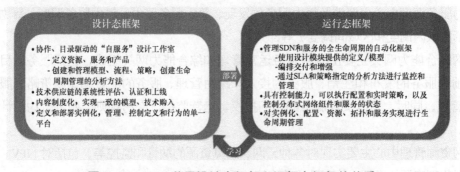

图 5-29 ONAP 关于设计态框架和运行态框架的关系

算网服务设计中心负责全网编排包的设计与创建，编排包的设计内容包括：规格定义，特征属性定义，约束定义，事件、流程、接口定义，服务模板设计，设计测试模型、监控模型、策略模型和配置模型；产品、服务、资源体系的 CFS、RFS、RES 对象及对象拓扑关系设计，网络服务编排的 API 及 API 流程、策略设计，算网操控的 API 设计，资源服务能力的 API 设计。

算网服务设计中心可以在中心节点统一部署，中心节点负责标准设计框架和标准插件建设，其他区域节点和边缘节点可负责个性化插件建设和编排包的配置，在部分区域设置产品服务设计创新基地，基地可以按照统一规范建设算网服务设计中心，开展产品服务创新工作，取得成果后由全网设计中心进行一点配置并在全网推广。

算网服务设计中心根据定义好的产品生成编排包后，按需通知算网服务编排中心，算网服务编排中心根据各自的实际情况向算网服务设计中心发起编排包订阅，算网服务设计中心接收到订阅请求后，通过算网基础数据共享平台（也可能是算网资源管理中心）将编排包下发给算网服务编排中心，算网服务编排中心将编排包进行解包、校验和加载，注册需要算网服务编排中心实现的 API 能力。最后将编排包的加载情况反馈给算网服务设计中心，以便通知相关业务系统进行业务测试和上线。

算网服务设计中心的目标是输出 CFS/RFS/R 的业务规则，包括对 CFS/RFS/R 的规格定义，并对它们进行管理和控制操作的一套控制行为和流程执行的规范和策略。CFS/RFS/R 的网络服务设计采用标准的设计流程。

① 对象设计：对对象的基本信息进行描述。

② 对象拓扑设计：对服务内部的拓扑结构进行设计。

③ 事件定义：对服务的生命周期事件进行定义，包括外部客户触发的运营生产事件和内部客户触发的网络运维管理事件。

④ API 设计：定义对外提供的标准化能力接口。

⑤ API 实现设计：定义 API 的逻辑实现设计过程，包含编排设计、控制设计。

⑥ 策略设计：设计编排策略、流程策略、异常策略等。

⑦ 指标设计：对 API 具备的 SLA 进行设计。

2. 算网服务编排中心、算网服务调度中心

算网服务编排中心统一编排入口，作为运行态，根据算网服务设计中心提供的编排包，调用下层开放的网络和其他资源自动化能力（必要时调用算网调度中心能力完成人工施工环节）完成算网服务端到端编排。一点承接客户、算网调度中心等的编排请求，把 RES/RFS/CFS 三层对象的运营能力封装成 API，打通云管、算管、网管、安管（也可能是算网资源管理中心），实现算网及业务的部署、开通、排障、维护编排，实现新老网络协同运营，为网络随选、自助服务、快速开通、智能排障和运维提供必要的支撑手段，并可以将编排能力注册到算网综合能力网关上对外开放。

同时，算网服务编排中心负责 SDN/NFV/算/网的端到端编排及新老网络、异构网络的协同编排，负责算网 RES/RFS/CFS 三层的编排包执行和跨层编排调用，负责算网及业务的部署、开通、排障、维护的端到端编排，编排需求发起方负责跨集群、跨区域的端到端编排。原则上，省及区域分别部署编排运行节点，基于服务设计中心下发的编排包加载运行，负责所辖范围的业务和网络编排。

算网服务调度中心主要提供能力用于算网服务编排中心调度业务单和算力服务的具体开通。算网服务设计中心根据业务需求设计完 API 能力后，通过线下或接口的方式将编排包下发给算网调度中心，算网调度中心根据编排包实现相关 API 并反馈给算网服务设计中心。

业务创建是从业务产生、编排包生成、编排包测试、编排包上线，再到编排包发布的完整过程。业务创建的标准流程如下。

① 业务产生的过程是通过算网服务设计中心实现的。

② 业务产生后，通过打包工具生成新的编排包，并记录新产生编排包的版本号。

③ 将编排包放在沙箱环境中进行测试，验证版本的可靠性与可用性。

④ 在服务目录中注册记录在编排包中的 API，供外部服务调用。

⑤ 发布可用的编排包版本。

算网服务编排中心负责接收算网服务设计中心发布的编排包并进行解析、验证、测试与服务发布，将设计态的编排包转变成可被外部发现和使用的运行态服务，并对服务执行的实例进行统一的调度和管理。算网服务编排中心的整个运行过程主要包括以下 6 个方面。

① 编排包验证和加载。

② 服务接收和适配。

③ 规格、规则、流程模板实例加载。

④ 根据实例数据驱动整个服务编排过程。

⑤ 服务执行流程调度。

⑥ 多层服务的控制执行与协同调度。

详细流程如下。

（1）编排包下发：编排包获取、校验

在算网服务编排中心收到算网服务设计中心发布的编排包上线广播通知后，如果确认业务需要加载，则订阅该编排包。在算网服务编排中心收到编排包下发通知后，到指定地址下载并自动导入编排包，导入过程中会自动对编排包进行合规性校验，确保编排包的编写规范与算网服务编排中心的解析器能够匹配。在编排包设计完成后，算网服务设计中心按照完整的业务，将 CFS/RFS/R 生成编排包，通过算网基础数据共享平台（也可能是算网资源管理中心自身）下发给算网服务编排中心。

（2）编排包转换、实例化

算网服务编排中心导入编排包并完成校验后则启动对编排包的自动解析，解析器会遵循标准规范将编排包拆解成编排过程所需要的数据，包括业务规格数据、业务规则数据、流程模板数据、SLA 数据等，并将拆解的数据进行实例化入库。

（3）编排包测试、反馈、上线

编排包解析完成并加载了必要的数据之后，需要对编排包进行上线测试，如果测试不通过，则退回重新组织测试或者由算网服务设计中心进行重新设计。在测试通过之后，算网服务编排中心将从编排包中解析的服务自动发布到算网综合能力网关，并正式接受外部的访问和调用。

在编排包下发完成后，算网服务编排中心按 CFS/RFS/R 分别解析，加载服务对象、服务属性、策略、流程等相关数据，发布结果并在算网综合能力网关注册相关的服务 API。

（4）编排运行

算网服务编排中心在算网综合能力网关注册相关的服务 API，北向提供端到端算网服务编排能力，内部实现各个层级能力服务的编排，南向调用各个网管、网元提供的原子网络能力。

（5）流程协同

在整个算网服务编排中心流程运行过程中，因涉及多层的流程实例，需要从最上层对所有流程的运行情况进行协同控制，包括依赖关系的控制、执行失败的回滚和处理、流程的执行顺序等。

3. 算网综合能力网关

为实现整个算力网络中服务的"全网服务一点，一点服务全网"的服务目标，建议设置算网综合能力网关，算网综合能力网关是整个算力网络体系的服务底座，支持微服务架构模式的服务访问，为八大枢纽节点及各种应用提供统一的服务框架，实现服务的统一注册、安全接入、集中管理（例如，服务调用管理和服务权限管理等）、共享开放、高效运营。算网综合能力网关包含服务运营管理和综合能力网关两个部分，服务运营管理系统可以部署于全国中心级节点，综合能力网关则可以按需部署于全国中心级节点和各区域级节点。

服务运营管理完成了服务的注册、测试、上线、发布、注销等全生命周期的统一管理，通过构建统一的服务目录，形成统一的服务视图，实现服务的统一管理、动态加载、按需调度。具体功能包括服务目录，服务的接入、发布、策略、配置、调度、策略、生命周期管理；服务监控、服务异常处理、告警管理、服务调用跟踪机制等；路由管理中的网络拓扑管理、路由规则管理、路由寻址、路由下发等。同时，服务运营管理可以实现服务的访问授权、运营监控、交易规则、服务合约，以及生成相应的计费管理策略，并由统一的算力计费管理中心进行管理。具体需要满足以下技术要求。

① 支持算力服务合约管理，即提供经服务提供商和用户双方之间协商确定的关于算力服务质量等级的协议或合同。

② 支持算力计费管理，即需要具备多维度、多量纲的算力服务计费功能，例如按照 API 调用次数的计费、按照资源使用情况计费或者根据用户等级计费等。同时，算力计费管理中心可以与现有的网络计费中心合设，提供算网一体的新型算力系统。

③ 支持算力和网络融合的计费方式，网络节点从算力节点获取算力计费信息后，向计费节点发送计费请求，该请求中包含上述算力计费信息和网络计费信息，可用于指示计费节点进行算力资源和网络资源的计费。

- 算力计费信息应包括用于算力资源计费的算力资源的使用初始值和使用结束值、算力资源使用量或算力资源计费信息等。
- 算力资源需要包含算力 SLA 指标、用户信息、业务信息等。

④ 支持基于 SLA 的算网融合精细化计费方式，SLA 业务信息包括用户设备标识、服务标识、SLA 等级和使能算网融合计费功能的使用标记、可使用的增值功能信息等。认证计费节点获取用户的 SLA 业务信息并确定对应的 SLA 业务策略（包含可使用的算力资源和网络资源信息），将 SLA 业务策略发送至用户的服务节点（支持算力和网络资源的节点），并接收服务节点基于用户上线发送的认证请求，该请求中携带 SLA 业务信息。

全国中心级算网综合能力网关主要负责区域间算力服务的综合调度与协同，通过综合能力网关，打通各个区域之间的服务通道，使各区域间的服务无阻碍调用，实现互联互通。全国中心级算网综合能力网关的能力主要是服务的注册和接入，包括服务注册、服务发现、服务心跳、API 信息采集、服务上报、协议适配、数据转换。服务路由包括服务路由的转发、路由信息的解析等。服务鉴权包括服务优先级管理、服务流量控制管理、服务频度控制、访问鉴权认证等。

区域级算网综合能力网关负责汇集区域内所有的同构、异构"端/云"发出的算网流量，通过网关与区域内的各服务商自身的网络管理平台和云管理平台进行对接。这样做一方面将区域内遍布多地的可调度的算力资源全部汇总至算网资源管理平台统一纳管、调度，实现将区域算力资源细分为可调度资源和不可调度资源；另一方面与云平台对接，完成对算力及网络资源的权限管理交割。其功能基本等同于全国中心级算网综合能力网关。

4. 算网资源管理中心

算网资源管理中心负责算网资源服务能力封装和服务全生命周期动态管理，实现算网融合、跨域衔接。算网资源管理中心基于网络数据共享平台（也可能是算网资源管理中心自身）的资源数据，对外封装算网资源服务能力，支撑算网资源应用。算网资源管理中心负责管理网络资源，例如 IP 网资源、传输网资源等；管理云内资源，例如云虚拟资源、云物理资源、NFV 资源、机房设施、IDC 资源等；管理跨云、跨网、跨区域的端到端资源。原则上，算网资源模型全网统一，数据在全国中心/区域/边缘中心就近存储。对于纳入全国一体化大数据中心体系的存量数据中心，如果已经建设了相应的资源管理系统，可以通过资源管理系统对接算网资源管理中心，而对于未来新建的数据中心则可以直接纳入算网资源管理中心进行统一纳管。

其中，算网基础数据共享平台（也可能是算网资源管理中心自身）主要承载数据存储和文件管理功能。算网服务设计中心将设计好的产品服务模板、CFS、RFS、RES 等对象数据通过算网基础数据共享平台提供的 API 实现数据入库操作，编排包则通过算网基础数据共享平台提供的文件 API 完成包的存储。算网基础数据共享平台按照统一模型，建立动态网络镜像，实时反映算网拓扑路径和状态变化，并提供算网数据存储和交换能力，提供准确、实时、动态、开放的算网数据。算网基础数据共享平台负责共享的数据包括算资源数据、网资源数据、编排运行数据、空间地域数据等，并支持跨域数据调度。

算网资源管理中心可以实现对 NFV、云虚拟资源、云物理资源的虚拟、物理及承载关系、连接关系的管理。其中，云物理资源主要实现对数据中心机房内的物理设备的管理，包括计算资源、存储资源、网络资源的管理，以及数据中心的管理、节点管理、IP 地址配置等。云虚拟资源主要实现对虚拟资源的管理，包括虚拟机管理、虚拟磁盘、磁盘快照、虚拟防火墙、虚拟负载均衡、虚拟网络、网络拓扑、IP 地址配置、虚拟机与物理主机承载关系、磁盘与物理存储承载关系、RFS 实例等。同时，算网资源管理中心还需要实现对虚拟资源的生命周期过程的管控，包括虚拟机的设计、分配部署、停闭回收等。NFV 管理主要实现对虚拟网络功能（Virtual Network Function，VNF）网元、网的管理，包括网络服务（Network Service，NS）实例管理、VNF 实例管理、VNFC、VL、网络拓扑、VNF 与虚拟基础设施管理器（Virtual Infrastructure Manager，VIM）承载关系、IP 配置、RFS 服务实例等网络资源管理功能，同时要支撑对 NS 生命周期、VNF 生命周期的管理。

5.4.2 算力网络编排管理和运营的关键技术

算力网络编排管理和运营可能涉及的关键技术、理念主要包括虚拟化、容器技术、SDN 技术、NFV 技术、云迁移技术、RDMA 技术、微服务、分布式集群、分布式缓存、分布式消息、负载均衡、统一建模、自动化技术、无服务器架构技术、异构计算、区块链技术、SRv6、APN6 等，本节和相关章节将会对指定技术分别展开介绍。

1. 统一建模技术

算网服务编排调度涉及很多关键技术、理念或组件能力，其中统一建模技术是算力网络运营实现网络自动化的关键技术。

算网服务设计中心通过一套完整的服务模型对全网的设备和网络进行描述，并封装成 RFS/CFS 支撑整个算力网络的运营、运维操作，在运行态依照标准的服务模型自动化执行管理和控制整个网络。

快速定义 CFS/RFS/R 的云应用拓扑编排标准（Topology and Orchestration Specification for Cloud Application，TOSCA）数据模型，可以提供一套通用的、开放的、可互操作的北向表述性状态传递（Representational State Transfer，REST）接口，支持 YANG 和 TOSCA 数据模型来提高业务的敏捷性。

（1）服务对象统一建模

算力网络采用统一的服务对象，对 CFS/RFS/R 的规格实体进行描述，用对象拓扑对网络组网和服务构成进行刻画。在对象拓扑中设计对象之间的构成关系、连接关系、承载关系、支撑关系，以此构建出全网的服务对象树，呈现服务对象的组成关系。

（2）服务 API 统一建模

服务对象（CFS/RFS/R）定义了统一的、开放的、可互操作的北向管理与控制接口。资源的北向接口包括部署、配置、测试、采集，CFS/RFS 的北向接口包括网络就绪、开通、维护、排障。基于 CFS/RFS/R 的北向接口，可构建出全网的服务 API 树结构，供编排器按需灵活调用，实现跨层跨域编排。

（3）业务规则统一建模

为了实现 CFS/RFS/R 的服务 API，算力网络内部需要有一套业务执行流程来做支撑。为满足不同客户的需求，业务执行流程需要进行差异化调整，因此业务执行流程是动态变化的。为满足灵活和自动化的网络服务编排目的，采用统一的业务规则来描述不同情况对网络的控制行为和流程执行操作。

动态的业务执行流程基于事件进行定义，由依赖关系和策略规则驱动。依赖关系包括服务对象拓扑设计中的子对象依赖关系和服务子对象 API 依赖关系。基于这两种依赖关系注入动态的策略规则，可实现对流程动态路由的控制。在设计态，可基于事件的依赖关系与策略规则生成默认的全局执行流程。在运行态，可根据 API 请求中的商业需求，由流程中的路由应用策略规则，动态决策执行流程的分支走向。

2. 软件定义网络技术

软件定义网络（SDN）是对传统网络设备进行的一场封闭性革命，通过软件实现网络功能，采用通用硬件实现底层转发或功能承载。广义的软件定义网络范畴包括 SDN 和网络功能虚拟化（Network Functions Virtualization，NFV）。SDN 强调控制和转发的分离，可采用更强的网络控制集中与开放，重构现有网络。NFV 则强调网元功能的虚拟化承载，软件从专用硬件分离，可承载通用 x86 服务器的虚拟化基础设施。

SDN 颠覆了传统的网络架构，具有控制转发分离、逻辑集中控制和开放 API 3 个主要特点，可以在网络中增加自定义规则，实现基于流量流向及特定标识的差异化路由，达到构建多个虚拟网络的目的。

SDN 整体架构如图 5-30 所示。

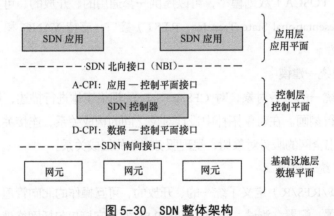

图 5-30 SDN 整体架构

从网络架构层次上看，SDN 典型的网络架构包括应用层、控制层和基础设施层。采用 SDN 架构后，网络底层只负责数据转发，可以使用低价、通用的商用设备进行构建；上层负责集中的控制功能，由独立的软件系统实现，网络设备的种类与功能由上层软件决定，通过远程自动配置实现部署和运行，并提供所需的网络功能、参数及业务。

SDN 涉及的关键技术如下。

（1）网络建模和开放应用程序接口

随着网络规模不断扩大和网络复杂性不断增加，采用简单网络管理协议进行逐点业务配置烦琐且易出错，难以满足网络业务自动化部署的需求。采用 SDN 技术实现自动化主要依赖 SDN 控制器及协同层软件系统。通过逐层向上抽象网络建模以屏蔽下层技术实现细节，基于网络模型的多层开放 API 可以用来分解 SDN 软件系统的复杂性，简化可编程的相关问题，从而构建开放、可演进并支持多技术、多厂商、多域的 SDN 软件系统平台。网络建模是对网络抽象的过程，网络模型因其抽象层次、抽象目标的不同而形成不同的网络抽象模型。

业务模型是描述用户网络业务需求和目标的高层次统一抽象模型，其特点是面向用户业务需求的抽象，屏蔽技术实现细节，只提供与平台无关、与方案无关的端到端业务描述。

网络模型是描述网络功能方案的抽象模型，其特点是面向各种网络功能方案和实现技术，提供一个与方案相关的网络功能描述。

设备模型是描述物理或虚拟设备配置、接口协议等的抽象模型，其特点是提供面向物理设备的特定配置和控制接口的具体描述。

其中，网络模型和设备模型是传统网络的研究重点，已经形成比较全面的模型定义及使用接口，业务模型是 SDN 开放网络能力的核心要素。面向用户需求的网络业务模型提供了统一的开放框架与网络抽象，使开发者在一致的业务抽象模型的基础上根据需求开发应用与服务，描述网络维护配置需求和业务发放需求，适应多厂商、跨平台的要求，消除因厂商差异化实现带来的困惑和障碍。

（2）网络虚拟化

下一代网络虚拟化平台的核心理念是将云计算的虚拟化思想应用到网络领域，为用户提供一个充分自控的虚拟网络环境，解决基础网络能力的开放问题，允许用户自定义拓扑、自定义路由及自定义转发。

从架构上讲，基于网络 Hypervisor 的 SDN 是一种二级控制器的架构。网络 Hypervisor 本身是一种专门做虚拟化的基础控制器，主要负责管理基础物理网络资源，并完成虚拟化资源到物理资源的映射。它在设计上通过虚实映射算法完成全局虚拟网络需求与物理网络资源的最优分配，用户虚拟网络中的节点和链路实际映射到物理网络的节点和链路上，算法按照一定的约束原则保证网络资源得到充分利用。

（3）多维路由算法

在传统 IP 网络中，每个路由器节点会根据内部网关协议（Interior Gateway Protocol，IGP）获得网络拓扑和链路度量等信息，采用最短路径算法计算到达目的 IP 地址的最短路径。数据报文沿着该最短路径进行逐跳转发。但是，IGP 计算最短路径时并不会考虑链路拥塞状态，即使最短路径上的链路非常拥塞，数据报文仍会从这些链路上进行转发，造成网络中有的链路拥塞，有的链路空闲。为了改变这种状态，业界提出了在 MPLS 网络上部署流量工程 MPLS-TE，它在计算最短路径时会考虑剩余带宽情况。但 MPLS-TE 有两个缺点：网络的带宽利用率和业务到达的前后顺序有关，易造成网络利用率下降；当分布式协议造成倒换时，各个节点独立计算恢复路径，在关键链路上会发生抢占导致恢复时间过长。

SDN 集中式控制的出现使上述问题迎刃而解,其关键技术是多维度路由算法(Multi Criteria Routing Algorithm,MCRA)。MCRA 基于 SDN 控制器获得全网拓扑信息和链路使用信息,为每条业务计算满足业务 SLA 需求的合理路径,同时尽可能满足一定的整网工程目标。例如,语音业务要求时延短,MCRA 就会尽可能将其调度到最短路径上;VPN 业务要求低时延、低丢包率,MCRA 就会尽可能地将其调度到带宽有保证的次短路径上;互联网业务属于"尽力而为"业务,对时延容忍度较高,MCRA 就有可能将其调度到较长的路径上。MCRA 克服了分布式路由"单个业务最优,但全网不优"的固有缺点。

(4)可编程转发平面

与传统 IP 网络转发平面相比,控制与转发分离后的 SDN 转发平面具有更简单的硬件结构、更精细的流量控制能力,以及更开放的配置接口等特点。目前,主流的 SDN 转发平面主要由 OpenFlow 专用交换机,或支持 OpenFlow 协议的交换机组成。前者专用于独立的 OpenFlow 网络环境,后者保留通用交换机控制和管理功能,同时支持 OpenFlow 协议及其流表定义,因此又称为混合交换机。这里的交换机是一种逻辑概念,可以由硬件实现,也可以由软件实现。此外,交换机内部采用流表机制,可同时支持二层至四层转发。

OpenFlow 软件交换机主要应用于虚拟化网络中虚拟机之间的通信,以及虚拟机与外部网络间的通信,既可以支持传统交换机模式,也可以支持 OpenFlow 模式。软件交换机技术实现机制和用户流量封装具有极大的灵活性,因此受到业界重点关注。在 Netmap、DPDK 等开源技术的推动下不断得到优化,目前很多软件交换机技术已经达到万兆以上网卡的线速转发性能。

(5)控制器相关技术

SDN 采用逻辑集中的控制平面获取网络全局信息,对网络资源动态调配和优化,因此,SDN 控制器的性能对网络的整体性能具有重要影响。随着网络规模的不断增长,单个控制器的处理能力和 I/O 能力有限,将无法满足 SDN 控制平面的扩展性和可靠性需求,因此产生了多控制器架构和层次化控制器架构。

在多控制器架构下,网络被划分为不同的区域,每个区域部署一个或多个控制器,控制器通过保证网络状态的一致性,实现了对网络的协调统一管理。在控制平面的实现功能上,可以表现为单台转发设备由多个控制器控制,或者单个控制器控制多个转发设备。在层次化控制器架构下,多个控制器按功能进行垂直划分,对网络进行分布式管理和控制。不论哪种架构,其控制器的核心都是保证网络状态的一致性,只有提供一致的全局网络视图,才能保证应用和控制解耦合。

在 SDN 的实际部署中,为了满足扩展性、隐私性、网络故障隔离等需求,通常将大的网络划分成多个自治域。每个域由一个或者多个控制器控制,每个 SDN 控制器只能直接掌握本地的网络视图(例如网络拓扑、可达性、交换机处理能力、流表项及网络状态等)。为了向网络用户提供端到端的服务,不同域中的控制器之间需要进行交互,从而构建全局的网络视图。东西向接口即 SDN 控制器之间的接口,主要用于交换相关的控制信息。

目前,SDN 已逐渐形成以 OpenFlow、Overlay 和 I2RS 为代表的 SDN 三大技术流派,它们在技术成熟度、商品成熟度、适用性及发展判断等方面有所不同。SDN 三大技术流派对比见表 5-4。

表 5-4 SDN 三大技术流派对比

技术	技术成熟度	商品成熟度	适用性	发展判断
OpenFlow	在特定场景下的可行性已被证明;转发面、控制面、算法和架构等方面仍有诸多问题,暂不具备规模应用能力	业内已有商用产品(商业OF交换机、控制器、应用)和解决方案,但整体水平有待提高	适合应用于云数据中心;未来可能规模应用于数据中心、接入网、无线网等	整体成熟度不高,在复杂场景的应用还有漫长的路要走,面临算法、架构、硬件等问题
Overlay	方案可行,隧道技术相对成熟;兼容性较差	有大量商用解决方案,商品化程度和产品功能、性能有待提高	场景相对明确,可以满足数据中心对虚拟化、多租户承载的需求	数据中心场景的SDN主流方案
I2RS	标准进展缓慢,技术远未成熟	除了思科ONEPK,暂无其他商业解决方案	现有网元设备级控制能力开放,可以根据业务需求进行定制开发	完全依赖传统产业链,严重依赖厂家的具体实现

3. 网络功能虚拟化技术

网络功能虚拟化(NFV)是一种网络架构的概念,利用虚拟化技术,将网络节点的功能,分割成几个功能区块,分别以软件方式实现,不再局限于硬件架构。网络功能虚拟化(NFV)的核心是虚拟网络功能。它提供只能在硬件中找到的网络功能,包括很多应用,例如路由、用户驻地设备、移动核心、IP多媒体子系统、CDN、安全性、策略等。但是,虚拟化网络功能需要把应用程序、业务流程和可以进行整合及调整的基础设施软件结合起来。网络功能虚拟化(NFV)技术的目标是在标准服务器上提供网络功能。

NFV 主要是利用虚拟化技术来解耦传统电信设备的功能和相关硬件,实现电信功能节点的软件化,通过通用硬件的有效运用来改善传统电信设备的架构方式,实现网络价值由专用硬件设备向软件+通用硬件方式的迁移和调整,使其由原有的竖井式体系逐步向节点式、软件化的方向发展,实现快捷的网元部署、更新及容量的按需调整。NFV 技术的引入有利于降低系统部署和管理维护成本,提供更好的网络弹性,快速支持功能变化及扩展,加快新业务上线速度。

NFV 从整体架构上可以分为 NFVI 域、VNF 域,以及管理和编排(Management And Orchestration,MANO)域。NFV 整体架构示意如图 5-31 所示。

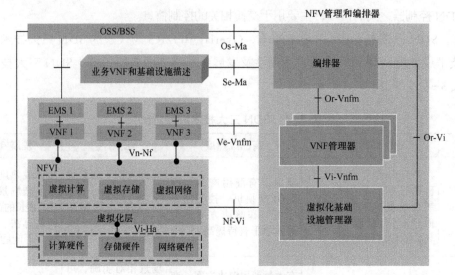

图 5-31 NFV 整体架构示意

① NFVI 域：NFVI 可以理解为云计算中的基础设施资源池，NFVI 采用虚拟化技术，将物理计算/存储/网络资源转变为虚拟资源。NFV 标准架构中并未对 NFVI 定义特殊需求，主要利用 IT 领域当前技术。

② 虚拟网络功能（VNF）域：VNF 可以实现传统电信网元功能；VNF 所需的资源需要分解为虚拟的计算/存储/网络资源，并由 NFVI 来承载。多个 VNF 间的接口依然采用传统网络定义的接口（例如 3GPP、ITU-T 等），VNF 的网管依然采用网元—网元管理系统—网络管理系统（NE-EMS-NMS）方式。

③ MANO 域：MANO 是 ETSI NFV-ISG 提出的创新架构，是实现电信级网络虚拟化的重要技术手段。MANO 负责管理和编排 NFVI 和 VNF，以及业务和 NFVI 资源间的映射关联、运维管理系统业务资源流程的实施等。MANO 内部包括 VIM、VNF 管理器（VNF Manager，VNFM）和 NFV 编排器（NFV Orchestrator，NFVO）3 个功能实体，分别完成对 NFVI、VNF 和 NS 3 个层次的管理。

• NFVO：NFVO 是 MANO 域的控制中心，负责统一管理和编排 NFV 基础设施资源和软件资源；实现网络业务（分解到多个网元的组合）到 NFVI 的部署；一般整个网络部署一套编排器，可以采用分布式、集群式部署，从而提升编排器的处理能力和可靠性。

• VNFM：VNFM 负责管理 VNF 的生命周期，包括实例化、升级、扩容、缩容、下线等；VNFM 与 VNF 间关系可以是 1:1，也可以是 1:N；VNFM 可以管理同类 VNF，也可以管理不同类 VNF。

• VIM：包括资产管理功能、资源管理和分配资源池化功能，以及资源管理、分配和运维功能。

资产管理功能包括物理资产（服务器/交换机/存储）和软件资产[Hypervisor，基本输入输出系统（Basic Input Output System，BIOS）等]管理；资源池化功能将硬件资源虚拟化，形成计算、网络、存储资源池；资源管理和分配功能支持 VM 分配、调整，管理 VM 生命周期；运维功能提供 NFVI 的管理和可视化，对 NFVI 性能和故障进行监测、统计分析，对故障信息进行收集、上报，对资源进行隔离，对 NFVI 容量进行规划优化等。

NFV 应用主要有以下 5 个关键问题。

① 服务编排。NFV 编排是自动化部署和提供多个网络组件的过程，编排能够为特定服务创建部署蓝图。这些服务包括服务交付自动化、提供所需资源、物理和虚拟资源管理。

编排能够将多个 VNF 与物理网络组件组合成服务链，向业务或用户提供服务。同时还提供 VNF 配置和链接，以及动态扩展和弹性服务。

只有实现了服务编排，才可以打通专业壁垒，疏通业务需求—网络设计—网络能力部署的自动化流程，充分发挥 NFV 网络建设的优势。

② 计算能力优化。NFV 技术加快了网络柔性部署能力，但也增加了系统的基础消耗。为了提高部署在 NFV 平台之上的业务系统处理性能，需要采用相应的优化技术。现在，通用的优化技术包括 CPU 绑定、NUMA 及巨页内存等。

• CPU 绑定隔离。采用虚拟机和物理 CPU 绑定的方法，防止虚拟机对物理 CPU 的无序抢占，保证一些关键电信业务不受其他业务的干扰，从而提高这些电信业务的性能和实时性。

• 非统一内存访问（Non-Uniform Memory Access，NUMA）技术。NUMA 技术将全局内存打散，分给每个 CPU 独立访问，避免多个 CPU 访问内存时，因资源竞争导致性能下降。在部署虚拟机时，云平台尽量将其虚拟 CPU 与内存部署在一个 NUMA 节点内，避免虚拟机跨 NUMA 节点部署，以此来降低内存访问的时延。

• 巨页内存。虚拟机使用巨页内存机制，减少用户程序缺页次数，从而提高访问性能。

③ 转发能力提升。为了实现 NFV 真正大规模落地部署，满足 CT 系统对性能更高的要求，CT 网元大体可以分为控制类网元和转发类网元，控制类网元需要提供高可靠性保证，转发类网元需要提供高吞吐量线速转发。

• 数据平面开发套件。英特尔公司提供了 x86 平台报文快速处理的库和驱动的套件，通过旁路内核协议栈，采用轮询、大页内存机制、基于流识别的负载均衡等技术，实现高性能网络报文转发能力。

• 单根 I/O 虚拟化（Single Root I/O Virtualization，SR-IOV）。SR-IOV 是一种基于硬件的虚拟化通道技术。虚拟机直接连接到物理网卡上，获得等同于物理网卡的 I/O 性能和低时延，并且多个虚拟机之间可以高效共享物理网卡。

④ NFV 解耦和标准化。NFV 期望实现的统一基础设施、新业务快速部署、更加开放的生

态系统等优势，都必须依靠解耦来实现。软硬两层解耦是最基本的目标，否则与传统的一体化专有设备没有本质区别。但是实际上按照 ETSI 定义的 NFV 框架和产业发展情况，目前 NFV 产业链可以划分为更多层次的阵营。

- 硬件：服务器厂商。
- 平台：Hypervisor 厂商。
- 功能软件＋管理：VNF+VNFM+VIM 厂商。这 3 个模块间交互频繁，存在一定的绑定关系，因此通常 VNF 厂商也同时提供 VNFM 和 VIM。
- 编排：NFVO。由于需要对跨厂商的网络业务和资源进行全局管理，很多电信运营商选择自研 NFVO，或者选择相对中立的第三方厂商进行深度定制开发。

为了不被少数厂商绑定，需要进行跨厂商的编排管理，上述 4 个部分必须进行解耦。成功解耦有两条评判标准：一是来自不同厂商的各个模块能够正常互操作，实现 NFV 网络的基本业务功能；二是功能软件在不同的硬件和平台上可以实现稳定一致的性能表现，符合 NFV 网络的性能要求。

⑤ 自动化故障诊断。传统网络设备由单一厂商提供，出现任何问题厂商都责无旁贷。NFV 将网络分层解耦后引入了更多厂商，一旦发生故障，首先需要定位是哪一层出现了问题，否则极易出现不同厂商互相推卸责任的情况。软件问题比硬件问题更难定位，涉及多厂商软件配合，究竟由哪一方来修改，需要多方沟通与交流。

采用 NFV 后，电信运营商应增加自动化故障诊断及预警工具，提高网络故障定位、故障关联及故障分析能力，切实提高网络运维能力。

4. 容器技术

（1）容器的概念

容器是一种基于操作系统内核的轻量级虚拟化技术，能够在单一宿主机上同时提供多个拥有独立进程、文件和网络空间的虚拟环境（即容器）。同时，容器也是一种敏捷的应用交付技术，将应用依赖的软件栈整体打包，以统一的格式交付运行。

容器是一种新的轻量级虚拟化技术。每个容器共享同一个操作系统，容器有自己独立的命名空间（例如，进程、网络、用户名称），可以实现互相隔离，并通过共同的操作系统（基于容器引擎）实现对 CPU、内存、网络 I/O 的共享。

容器比服务器虚拟化更"轻"。服务器虚拟化将一台物理服务器虚拟成多台虚拟服务器，每台虚拟机都包括自己完整的操作系统，而容器共享同一个操作系统内核，容器本身只包含了运行库和应用，因此部署效率更高。

虚拟机包含操作系统、二进制代码、系统库及应用程序等，其镜像文件大小约为几 GB 到几十 GB。而容器仅包含应用运行所需的二进制代码、系统调用库及应用程序等，其镜像文件约为几十 MB 至几百 MB。

容器具有以下技术特点。

① 轻量级。镜像体积小、占用资源少，单机一般可以同时运行上百个容器。

② 易部署。应用整体打包成标准格式、仓库存储、单命令部署的组件。

③ 快速启停。不需要加载整个操作系统，仅受进程自身启动时间的影响。

④ 高性能。直接通过内核访问磁盘和网络 I/O，I/O 性能接近物理机。

⑤ 弱隔离。依赖 Linux 内核机制隔离资源，内核隔离机制的成熟度较低。

（2）容器技术架构

容器技术架构自下而上可以分为服务器层、资源管理层、运行引擎层、集群管理层和应用层。

① 服务器层。当运行容器镜像时，容器本身需要运行在传统操作系统之上，而这个操作系统既可以基于物理机，也可以基于虚拟机。服务器层泛指容器运行的环境，包含物理机和虚拟机两种场景。容器并不关心服务器层是如何提供和管理的，它只是期望能获得这些服务器资源。

② 资源管理层。资源管理包含对操作系统、服务器等资源的管理。如果是物理服务器的话，会涉及物理机管理系统；如果是虚拟机的话，则需要使用虚拟化平台。此外，无论是物理服务器还是虚拟机，都需要对其中的操作系统进行管理，而且传统的存储和网络管理也属于资源管理层。

总而言之，资源管理层的核心目标是对服务器和操作系统资源进行管理，以支持上层的容器运行引擎。

③ 容器运行引擎层。容器运行引擎层主要是指常见的容器系统，包括 Docker、CRI-O、Hyper、rkt。这些容器系统的共同作用包括启动容器镜像、运行容器应用和管理容器实例。运行引擎又可以分为管理程序和运行时环境两个模块。需要注意的是，运行引擎类似于虚拟化软件的基于内核的虚拟机（Kernel-based Virtual Machine，KVM）和 Xen，是单机程序，不是集群分布式系统。引擎运行于服务器操作系统之上，受上层集群系统的管理。

④ 集群管理层。容器的集群管理系统和针对虚拟机的集群管理系统相似，都是对一组服务器运行分布式应用。而这两者的区别在于，虚拟机的集群管理系统需要运行在物理服务器上，而容器集群管理系统既可以运行在物理服务器上，也可以运行在虚拟机上。

常见的容器集群管理系统包括 Kubernetes、DockerSwarm、Mesos。这三者各有特色，但随着时间的推移，三者的融合越发明显。Kubernetes 在这三者中比较特殊，它的地位更接近 OpenStack。因为 CNCF 正向着容器界的 OpenStack 基金会发展，已经围绕 Kubernetes 建立了一个非常强大的生态体系，这是 DockerSwarm 和 Mesos 都不具备的优势。

⑤ 应用层。应用层泛指所有运行于容器之上的应用程序，及所需的辅助系统，包括监控、日志、安全、编排、镜像仓库等。

（3）容器的关键技术

容器涉及的关键技术如下。

① 镜像。容器的镜像通常包括操作系统文件、应用本身的文件、应用所依赖的软件包和库文件。容器的镜像采用分层形式存放，以提高容器镜像的管理效率。容器的镜像底层通常是 Linux 的 rootfs 和系统文件，再往上则是各种软件包层。这些文件层在叠加后可形成完整的只读文件系统，最终挂载到容器里面。在运行过程中，容器引擎会创建一个可写层，加在镜像的只读文件系统中，实现容器应用的文件数据写入。使用分层的容器镜像之后，镜像的下载和传输更加方便，因为只需要在宿主机上把缺少的镜像文件层次下载即可，不需要下载整个镜像文件。在 Linux 中，联合文件系统 Union FS 能够把多个文件层叠加在一起，并透明地展现成一个完整的文件系统。常见的联合文件系统有 AUFS、Btrfs、OverlayFS 和 Device Mapper 等。

② 运行时引擎。容器运行时引擎和容器镜像的关系类似于虚拟化软件和虚拟机镜像的关系。容器运行时引擎的技术标准主要是由开放容器摆放（Open Container Initiative，OCI）基金会领导的社区制定的。目前，OCI 基金会已经发布了容器运行时引擎的技术规范，并认可了 runC（Docker 公司提供）和 runV（Hyper 公司提供）两种合规的运行时引擎。

③ 容器编排。容器编排工具通过对容器服务的编排，决定容器服务之间如何交互。容器编排工具一般要处理以下 3 个方面的内容。

- 容器的启动：选择启动的机器、镜像和启动参数等。
- 容器的应用部署：对应用部署提供方法。
- 容器应用的在线升级：对平滑地切换到应用新版本提供方法。

容器的编排一般是通过描述性语言 YAML 或 JSON 来定义编排内容。目前，主要的编排工具有 Docker Compose 和基于 Google 的 Kubernetes Helm 等。

④ 容器集群。容器集群是将多台物理机抽象为逻辑上单一调度的实体的技术，为容器化的应用提供资源调度、服务发现、弹性伸缩、负载均衡等功能，同时监控和管理整个服务器集群，提供高质量、不间断的应用服务。容器集群主要包含以下技术。

- 资源调度。以集中化的方式管理和调度资源，为容器提供按需 CPU、内存等资源。
- 服务发现。通过全局可访问的注册中心实现任何一个应用能够获取当前环境的细节，自动加入当前的应用集群中。
- 弹性伸缩。在资源层面，监控集群资源的使用情况，自动增减主机资源；在应用层面，可通过策略自动增减应用实例来实现业务能力的弹性伸缩。
- 负载均衡。当应用压力增加，集群自动扩展服务将负载均衡至每一个运行节点；当某个节点出现故障时，应用实例重新部署运行到健康的节点上。

⑤ 服务注册和发现。在构建自动化运维场景中，服务注册和发现是两个重要的环节，一般通过一个全局性的配置服务来实现。其基本原理类似公告牌信息发布系统，A 服务（容器应用或者普通应用）启动后在配置服务器（公告牌）上注册一些对外信息（例如，IP 和端口），B 服务通过查询配置服务器（公告牌）获取 A 注册的信息（例如，IP 和端口）。

⑥ 热迁移。热迁移又称为实时迁移或者动态迁移，是指将整个容器的运行状态完整地保存下来，同时可以快速地在其他主机或平台上恢复运行。容器热迁移主要应用在两个方面：一是有多个操作单元执行任务，热迁移能迅速地复制和迁移容器，做到无感知运行作业；二是可以处理数据中心集群的负载均衡，当大量数据涌来无法运行计算时，可利用热迁移创建多个容器处理运算任务，调节信息数据处理峰谷，配置管理负载均衡比例，降低应用时延。

PaaS 主要以容器云的形式实现，容器云依赖容器基础技术，目前常见的有 Docker 和 Garden 两种类型，其中百度、腾讯、阿里巴巴、京东、华为和网易等公司，还有一些大型商业银行更多地选择 Docker 技术。容器要以云化的形式提供服务，必须以多个容器形成集群的方式。如何管理和调度集群是一个重要的任务，这个任务由编排引擎实现，目前比较流行的有 Kubernetes、Swarm 等。因此"容器技术＋编排引擎"构成了容器云的初始框架，当然要实现企业级应用还需要做更多企业级的功能。

5. 云迁移技术

（1）进行云迁移的原因

云迁移可以为用户节省管理资金、维护费用和升级费用。以前的 x86 服务器，体积比较大，而现在的服务器，体积比以前小了许多，迁移技术使用户可以用一台服务器来同时替代以前的许多台服务器，这样就节省了大面积的机房空间。另外，虚拟机中的服务器有着统一的虚拟硬件资源，不像以前的服务器有着许多不同的硬件资源（例如，主板芯片组、网卡、硬盘、RAID 卡、显卡等）。迁移后的服务器，不仅可以在一个统一的界面中进行管理，而且通过某些虚拟机软件（例如，VMware）提供的高可用性工具，在这些服务器因为各种故障停机时，可以自动切换到网络中其他相同的虚拟服务器中，从而实现不中断业务的目的。总之，迁移的优势在于简化系统的维护管理，提高系统的负载均衡，增强系统错误容忍度和优化系统电源管理。

（2）云迁移的衡量指标

一个优秀的迁移工具，目标是最小化整体迁移的时间和停机时间，并且将因迁移对被迁移主机上运行的服务与性能造成的影响降至最低。当然，这几个因素互相影响，实施者需要根据迁移针对的应用需求进行衡量，选用合适的工具软件。虚拟机迁移的性能指标包括 3 个方面：整体迁移时间，即从源主机开始迁移到迁移结束的时间；停机时间，即在迁移过程中，源主机和目的主机同时不可用的时间；对应用程序的性能影响，即迁移对被迁移主机上运行服务性能的影响。

（3）云迁移的分类及原理

① 物理机到虚拟机的迁移（Physical-to-Virtual，P2V）。P2V 是指迁移物理服务器上的操作系统及应用软件和数据到虚拟机监视器（Virtual Machine Monitor，VMM）管理的虚拟服务器中。这种迁移方式主要是使用各种工具软件，把物理服务器上的系统状态和数据镜像到 VMM 提供的虚拟机中，并且在虚拟机中替换物理服务器的存储硬件与网卡驱动程序。只要在虚拟服务器中安装好相应的驱动程序并且设置与原来服务器相同的地址（例如，TCP/IP 地址等），在重启虚拟机服务器后，虚拟服务器即可替代物理服务器工作。

② 虚拟机到虚拟机的迁移（Virtual-to-Virtual，V2V）。V2V 迁移是在虚拟机之间移动操作系统和数据，照顾主机级别的差异和处理不同的虚拟硬件。虚拟机从一个物理机上的 VMM 迁移到另一个物理机的 VMM，这两个 VMM 的类型可以相同，也可以不同。V2V 迁移还可以通过多种方式将虚拟机从一个 VM 主机系统移动到另一个 VM 主机系统。V2V 按照在线和离线又分为两种类型。

• V2V 离线迁移。离线迁移也叫常规迁移、静态迁移。在迁移之前将虚拟机暂停，如果共享存储，则只复制系统状态至目的主机，最后在目的主机重建虚拟机状态，恢复执行。如果使用本地存储，则需要同时复制虚拟机镜像和状态到目的主机。从用户角度来看，V2V 离线迁移会有明确的一段服务不可用的时间。这种迁移方式简单易行，适用于对服务可用性要求不高的场景。

• V2V 在线迁移。在线迁移也叫实时迁移，是指在保证虚拟机上服务正常运行的同时，虚拟机在不同的物理主机之间迁移，其逻辑步骤与离线迁移几乎一致。不同的是，为了保证迁移过程中虚拟机服务可用，迁移过程仅有非常短暂的停机时间。迁移的前期阶段，服务在源主机上运行。当迁移进行到一定阶段时，目的主机已经具备了运行系统的必需资源，经过一个非常短暂的切换，源主机将控制权转移到目的主机，服务在目的主机上继续运行。对于服务本身而言，由于切换时间非常短暂，用户感受不到服务中断，因而迁移过程对用户是透明的。在线迁移适用于对服务可用性要求很高的场景。

另外，在某些没有使用共享存储的场景中，可以使用存储块在线迁移技术实现 V2V 的虚拟机在线迁移。与基于共享存储的在线迁移相比，数据块在线迁移需要同时迁移虚拟机磁盘镜像和系统内存状态，在迁移性能上打了折扣。但是在采用分散式本地存储的环境下，数据块在线迁移仍然能够利用迁移技术转移计算机环境，并且保证迁移过程中操作系统服务的可用性，扩展了虚拟机在线迁移的应用范围。V2V 在线迁移技术消除了软硬件的相关性，是进行软硬件系统升级、维护等管理操作的有力工具。

③ 虚拟机到物理机的迁移（Virtual-to-Physical，V2P）。V2P 是指把一个操作系统、应用程序和数据从一个虚拟机中迁移到物理机的主硬盘上，是 P2V 的逆操作。它可以同时迁移虚拟

机系统到一台或多台物理机上。尽管虚拟化的基本需求是整合物理机到虚拟机中，但这并不是虚拟化的唯一应用。例如，有时虚拟机上的应用程序问题需要在物理机上验证，以排除虚拟环境带来的影响。

V2P 的迁移可以通过确定目标的物理环境来手动完成，例如，把一个特定的硬盘加载到虚拟系统中，然后在虚拟环境中安装操作系统、应用程序和数据，最后手动修改系统配置和驱动程序。

专业化的云迁移工具包括云迁移分析工具、主机迁移工具、NAS 存储迁移工具、对象存储迁移工具及数据库迁移工具等。可以应对物理迁移与逻辑迁移、离线迁移与在线迁移、X2X（P2V、V2V、V2P 等）等多种迁移场景，提供灵活多样的云迁移解决方案。这样做能保障业务的连续性、安全性。专业迁移工具可以快速高效地满足用户个性化的特定需求，实现对生产系统无感知的在线平滑迁移。目前主流的在线迁移工具，例如 VMware 的 VMotion、Xen 的 XenMotion，都要求物理机之间采用存储区域网（Storage Area Network，SAN）、网络接入存储（Network Attached Storage，NAS）之类的集中式共享外存设备，因而在迁移时只需要考虑操作系统内存执行状态的迁移，从而获得较好的迁移性能。

6. 远程数据直接存取技术

远程直接存储器访问（RDMA）是远程数据直接存取技术之一，是从直接内存访问（Direct Memory Access，DMA）衍生出的一种技术，该技术的特点在于不需要 CPU 干预而直接访问远程主机内存，重点是为解决网络传输中服务器端数据处理的时延。所谓直接是指可以像访问本地内存一样，绕过传统以太网复杂的 TCP/IP。本质上，RDMA 是一种硬件技术，它通过网络把数据直接传入计算机的存储区域，并将数据从一个系统快速传输到另外一台远程主机的存储器中。此传输过程只需要网卡参与，基本上不耗费 CPU 的处理功能，节省了大量的 CPU 资源，同时又消除了操作系统操作外部存储器的复制及内存空间切换的开销，减少了 CPU 周期的占用及内存控制器的耗费，从而明显提高传输性能，为保障上层应用的性能提供极好的基础。

（1）RDMA 技术产生的背景

传统网络大多使用 TCP/IP 协议栈处理网络数据，网络数据在传递过程中经过操作系统、中间件和驱动等。这种处理方式需要占用大量的系统资源及设备的内存总线带宽资源。因数据在应用内存、系统内存、处理器缓存和网络控制器缓存之间会进行多次复制和移动，进而会导致大量的 CPU 资源被占用。此外，在数据处理的生命周期中，多个阶段的处理速率严重不匹配，故而让网络时延更加严重。

RDMA 技术最早出现在无限带宽（InfiniBand，IB）网络中，IB 网络主要用来承载 HPC 集群节点之间的互联。RDMA 技术是一种可以直接访问其他通信节点内存，同时可以完全卸载 CPU 的网络处理压力的一种技术，具体来说就是 RDMA 将数据直接从一个系统快速移动到远程系统的存储器中，但是不会对操作系统造成任何影响。因此，我们可以把 RDMA 技术理解为利用特定的硬件和网络技术，让网卡直接与通信对等体的内存对话，从而实现大带宽、低时延及低资源消耗率的效果。

RDMA 与 TCP/IP 架构的对比如图 5-32 所示。

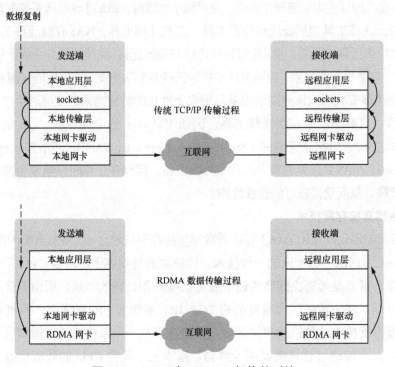

图 5-32　RDMA 与 TCP/IP 架构的对比

（2）RDMA 技术的优势

作为一种智能网卡与软件架构充分优化的远端内存直接访问技术，通过在网卡上将 RDMA 协议集成于硬件以达到对于 CPU 的网络处理压力的卸载，并支持零复制和内核内存旁路等技术实现高性能网络数据交互的目标，具体如下。

① 零复制。零复制是指网卡可以直接与应用内存相互传输数据，从而避免在应用内存与内核之间复制和转移数据。因此，网络时延显著减少。

② 内核旁路。应用程序不需要执行内核内存调用就可以向网卡发送命令和业务数据。在不需要任何内核内存参与的条件下，RDMA 请求从用户空间发送到本地网卡并通过物理网络发送给远程通信节点的网卡，从而在处理网络业务流时，减少内核内存空间与用户空间之间环境切换的次数，进而减少对系统资源的消耗。

③ CPU 压力卸载。应用程序可以直接访问远程通信设备的内存，同时不占用远程机器中的任何 CPU 资源。远程存储器将在不需要任何干预的远程进程（或处理器）的情况下被读取。所以远程 CPU 中的缓存将不会被访问的内存内容填满，达到对 CPU 的压力卸载。

④ 基于消息的事务。在 RDMA 技术体系下，数据被作为离散消息处理，而不是作为数据流，这消除了应用将业务流分成不同事务的需要，在一定程度上节约了用户空间的资源损耗。

⑤ "多对多"通信支持。RDMA 支持读取多个内存缓冲区并将其作为一个流写入多个内存缓冲区。在具体的远程内存读写过程中，RDMA 用于读写操作的远程虚拟内存地址将包含在 RDMA 控制消息中被传送，远程应用程序要做的仅仅是在本地网卡中注册相应的内存缓冲区地址。这个过程作为远程节点的 CPU，除了建立连接、注册调用等进程处理，在后续的整个 RDMA 业务数据传输过程中并不提供任何服务，所以并没有给 CPU 带来任何负载。

（3）RDMA 技术的分类

① IB。2000 年，基于 IB 架构的 RDMA 技术由 InfiniBand 贸易协会（InfiniBand Trade Association，IBTA）提出。其规定了一整套完整的链路层到传输层（不是传统 OSI 七层模型的传输层，而是位于其之上）规范，从硬件级别保证了网络无损，具有极高的吞吐量和极低的时延。但是，IB 交换机是特定厂商提供的专用产品，采用私有协议，而绝大多数现网采用 IP 以太网络，采用 IB 无法满足互通性需求。同时，封闭式架构也存在厂商锁定的问题，对于未来需要大规模弹性扩展的业务系统，如果被一个厂商锁定则风险不可控。

② 互联网广域远程直接数据存取协议（Internet Wide Area RDMA Protocol，iWARP）。iWARP 是 IETF 基于 TCP 提出的，TCP 是面向连接的协议，而大量的 TCP 连接会耗费很多内存资源，另外 TCP 复杂的流控等机制会导致性能问题，iWARP 与基于用户数据及协议（User Datagram Protocol，UDP）的 RoCE v2 相比并没有优势（IB 的传输层也可以像 TCP 一样保证可靠性），所以 iWARP 与其他两种协议相比，应用不是很多。

③ RoCE 基于以太网链路层协议的 RDMA 技术，也是由 IBTA 提出的。其 v1 版本的网络层仍然使用 IB 规范，而 v2 版本使用了 UDP+IP 作为网络层，使数据包也可以被路由。RoCE 可以被认为是 IB 的"低成本解决方案"，将 IB 的报文封装成以太网包收发。由于 RoCE v2 可以使用以太网的交换设备，但需要交换机支持无损以太网传输，需要服务器使用 RoCE 网卡。为了保障 RDMA 的性能和网络层的通信，使用 RoCE v2 承载高性能分布式应用已经成为一种趋势。现在，RoCE v2 版本在企业中的应用比较多，但是在相同场景下，RoCE v2 与 IB 相比，性能要有一些损失。

RDMA 的 3 种主要技术对比见表 5-5。

表 5-5 RDMA 的 3 种主要技术对比

对比项	IB	iWARP	RoCE
标准组织	IBTA	IETF	IBTA
性能	最好	稍差	与IB相当
成本	高	中	低
网卡厂商	Mellanox-40Gbit/s	Chelsio-10Gbit/s	Mellanox-40Gbit/s Emulex-10/40Gbit/s

RoCE 定义了如何在以太网上运行 RDMA,而 IB 则定义了如何在 IB 网络中运行 RDMA。RoCE 期望能够将 IB 的应用(主要是基于集群的应用)迁移到融合以太网中,而在其他应用中,IB 网络仍可以提供比 RoCE 更大的带宽和更低的时延。RoCE 和 IB 协议的技术区别如下。

- 拥塞控制:RoCE 所依赖的无丢包网络基于以太网流控或 PFC 来实现。RoCE v2 定义了拥塞控制协议,使用 ECN 做标记,使用拥塞通知及文帧做确认。而 IB 则使用基于信用的算法来保证 HCA-HCA 之间的无丢包通信。
- 时延:当前 IB 交换机普遍要比以太网交换机拥有更低的时延,以太网交换机的端到端时延一般在 230ns,在同样端口数的情况下,IB 交换机的时延为 100ns。
- 配置:配置一个数据中心桥接以太网络要远比配置一个 IB 网络复杂得多,运维也要复杂得多。

RoCE 基于无连接协议 UDP,iWARP 基于面向连接的协议(例如 TCP)。RoCE v1 只能局限在一个二层广播域内,而 RoCE v2 和 iWARP 都能够支持三层路由。相比 RoCE,在大型组网的情况下,iWARP 的大量 TCP 连接会占用大量的内存资源,对系统规格的要求更高。另外,RoCE 支持组播,而 iWARP 还没有相关的标准定义。

7. 微服务技术

微服务采用化整为零的概念,将复杂的 IT 部署,通过功能化、原子化分解,形成一种松散耦合的组件,让其更容易升级和扩展。微服务架构是相对单体式架构而言的,在应用规模不大的情况下,单体式架构易于开发、易于部署、易于伸缩。但是,一旦这个应用变得庞大,团队规模变大,其缺点就会暴露出来,例如应用难以维护,集成开发环境负载严重,持续部署困难,要与一开始的技术栈长期捆绑等。

微服务是把一个单体项目拆分为多个微服务,每个微服务可以独立技术选型、独立开发、独立部署、独立运维,并且多个服务相互协调、相互配合,最终完成用户的价值。微服务架构是一种松耦合、"去中心化"的架构模式。大部分大型网站系统(例如,Twitter、Netflix、Amazon 和 eBay)都已经从传统的整体型架构迁移到微服务架构。

微服务架构应用具备以下特征。

① 小型化。每个服务完成单一职责的业务功能。

② 自治性。每个服务可以独立开发、构建、部署、运行、升级和伸缩。

③ 灵活部署。微服务通常采用容器化的部署方式。

④ 技术中立。每个服务均可以采用不同的技术，充分发挥不同语言的优势，有利于逐步引入新技术。

⑤ 面向故障设计。任意服务节点失效、网络闪断等故障不影响业务正常运行。

⑥ 轻量级通信。服务和服务之间通过轻量级机制可实现彼此间的通信。

微服务架构提倡将单一应用程序划分成一组小的服务，服务之间互相协调、互相配合，每个服务运行在其独立的进程中，服务与服务间采用轻量级的通信机制互相沟通（通常是基于 HTTP 的 RESTful API）。每个服务都围绕着具体业务构建，并且能够被独立地部署到生产环境、类生产环境等。另外，微服务架构应当尽量避免统一的、集中式的服务管理机制，对具体的服务而言，应根据业务上下文选择合适的语言、工具构建。

在微服务架构模式下，软件开发人员可以通过编译部署单个子服务的方式来验证自己的更改，而不需要重新编译整个应用，这就节省了大量的时间成本。同时，由于每个子服务是独立的，各个服务内部可以自行选择最合适的实现技术，这些子服务的开发变得更容易。如果当前系统的容量不足，那么只需要找到成为系统瓶颈的子服务，并扩展该子服务的容量即可。

网元功能微服务技术已成为虚拟化网元的研究热点，旨在提升网元部署的便捷性及易扩展性。网络功能原子化和业务流程隔离将网元功能抽象为不同的微服务，并使服务之间相互协调和配合，最终实现用户或网络所需的业务功能。微服务化功能模块可基于应用独立开发、管理和优化，为降低开发和部署难度，可采用轻量化的承载模式，例如容器技术。目前，由于网元功能复杂，业界对其功能解构的理解和方式有所差异，且微服务在处理有状态信息时存在瓶颈，采用微服务化技术和容器承载方式实现网元功能还处于探索阶段。

大部分微服务应用一开始都应选择单体架构，做好单体应用的模块化而不是拆分成服务。之后随着系统变得越来越复杂、模块/服务间的边界越来越清晰，再重构为微服务架构。这是一个合理的架构演化路径。

可以考虑使用微服务的情况包括：多人开发一个模块/项目，提交代码频繁出现大量冲突；模块间严重耦合，互相依赖，每次变动需要牵扯多个团队，单次上线需求太多，风险大；主要业务和次要业务耦合，横向扩展流程复杂；熔断降级全靠 if-else（编程中的条件判断语句）。

微服务 3.0 "Service Mesh" 将服务治理作为通用组件，下沉到平台层实现，应用层仅关注业务逻辑，平台层可以根据业务监控进行自动调度和参数调整，实现 AIOps 和智能调度。

容器和微服务可用于支持 PaaS 平台的能力开放，实现云服务的增值。容器和微服务有效支撑持续集成与交付，加速业务上线。

微服务框架开源目前使用最多的是 Spring Cloud。Spring Cloud 是一系列框架的有序集合。它利用 Spring Boot 的开发便利性，简化了分布式系统基础设施的开发，例如服务发现注册、配置中心、消息总线、负载均衡、断路器、数据监控等，都可以使用 Spring Boot 做到一键启动和部署。

随着持续交付 DevOps 推广及容器 Docker 的普及，微服务将这两种理念和技术结合起来，形成新的"微服务+API+平台"的开发模式，提出了容器化微服务的持续交付概念。微服务有可能成为企业 IT 软件架构的主要模式。

8. 无服务器架构技术

（1）无服务器架构技术的定义

无服务器架构是云原生（Cloud Native）的典型实践。应用开发者不需要关心软硬件基础设施和平台资源的所有问题，一切都由云提供商负责。无服务器架构在无状态计算容器中运行，相关容器由应用事件触发，并由服务提供商完全管理。

随着容器技术的普及，PaaS 平台再次焕发活力。新一代 PaaS 平台使开发人员能够更加专注计算与存储资源的分配与使用。但这还不够，一种全新的架构（能将业务与基础设施彻底剥离的无服务器架构）应运而生。无服务器架构将应用与基础设施完全分离，开发人员不需要关心基础设施的运维工作，只需要专注于应用逻辑的开发，仅在事件触发时才调用计算资源，真正做到弹性伸缩与按需付费。

无服务器是一种架构理念，并不是说不需要服务器。其核心思想是将提供服务资源的基础设施抽象成各种服务，以 API 的方式供给用户按需调用，真正做到按需伸缩、按使用收费。这种架构体系结构消除了对传统的海量持续在线服务器组件的需求，降低了开发和运维的复杂性，降低运营成本并缩短了业务系统的交付周期，使用户能够专注于价值密度更高的业务逻辑的开发上。

IaaS、PaaS、无服务器及 SaaS 的差异如图 5-33 所示。

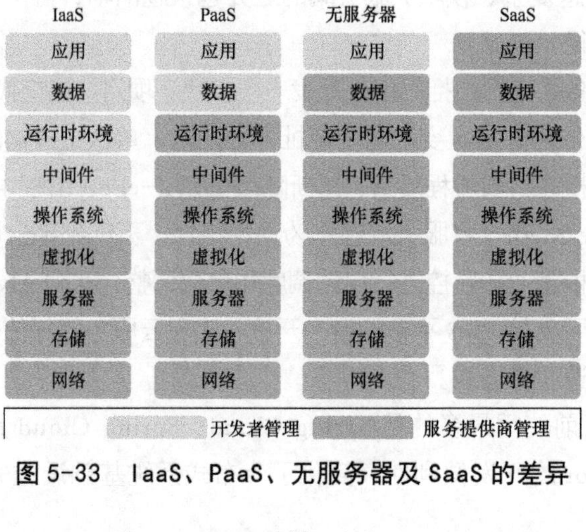

图 5-33　IaaS、PaaS、无服务器及 SaaS 的差异

在 IaaS 环境中，云计算服务提供商可以提供网络、存储、服务器及虚拟化，开发者则需要负责操作系统、中间件、运行时环境、数据及应用；在 PaaS 环境中，云计算服务提供商可以提供网络、存储、服务器、虚拟化、操作系统、中间件及运行时环境，开发者仅需负责数据及应用；在无服务器环境中，云计算服务提供商可以提供网络、存储、服务器、虚拟化、操作系统、中间件、运行时环境及数据，而开发者仅负责应用；在 SaaS 环境中，从网络、存储、服务器、虚拟化、操作系统、中间件、运行时环境、数据到应用均由云计算服务提供商提供。

目前，业界公认的无服务器架构主要包含两个方面，即提供计算资源的函数服务平台，以及提供托管云服务的后端服务。

① 函数即服务。函数即服务（Function as a Service，FaaS）是一项基于事件驱动的函数托管计算服务。通过函数服务，开发者只需要编写业务函数代码并设置运行条件，不需要配置和管理服务器等基础设施，函数代码运行在无状态的容器中，由事件触发且短暂易失，并完全由第三方管理，基础设施对应用开发者完全透明。函数以弹性、高可靠的方式运行，并且按实际执行资源计费，不执行不产生费用。

函数即服务带来了前所未有的开发体验。开发交付更加敏捷，开发人员只需要编写应用程序逻辑，计算资源以服务形式提供，不需要考虑资源容量与基础设施运维，进一步缩短了开发交付时间；资源利用更加高效，函数单元仅在触发时运行，处理完成后迅速释放，几乎没有闲置时间，资源利用率接近 100%。

② 后端即服务。后端即服务（Backend as a Service，BaaS）的概念涵盖范围较广，覆盖了应用有可能依赖的所有第三方服务，例如云数据库、身份验证、对象存储等服务，开发人员通过 API 和由 BaaS 提供商提供的 SDK，能够集成所需要的所有后端功能，而不需要构建后端应用，更不必管理虚拟机或容器等基础设施，就能保证应用正常运行。这在很大程度上省去了开发人员学习各种相关技术和中间件的成本，降低了开发复杂度。

BaaS 大多由云服务商提供，用户不需要关心和运维底层基础资源。目前，常见的 BaaS 包括数据库管理、云存储、用户认证、推送通知、远程更新及消息队列。

（2）无服务器架构的特点

无服务器架构有以下特点。

① 按需加载。在无服务器架构下，应用的加载和卸载由无服务器云计算平台控制。应用不是一直在线的，只有当有请求到达或者有事件发生时才会被部署和启动。

② 事件驱动。将不同来源的事件与特定的函数关联，对不同事件采取不同的反应动作，由事件驱动。

③ 状态非本地持久化。应用不再与特定的服务器关联，因此应用的状态不能也不会保存在其运行的服务器之上。

④ 非会话保持。应用不再与特定的服务器关联，每次处理请求的应用实例可能是相同服务器上的应用实例，也可能是新生成的服务器上的应用实例。

⑤ 自动弹性伸缩。无服务器应用原生可以支持高可用性，能够应对突发的高访问量，可以由云计算平台根据实际的访问量对应用实例的数量进行弹性的自动扩展或收缩。

⑥ 应用函数化。无服务器架构下的应用会被函数化，但不能说无服务器架构就是 FaaS。

⑦ 依赖服务化。无服务器架构下所有应用依赖的服务都是后台服务，应用通过 BaaS 获取，而不需要关心底层细节。

以下是一个传统架构和无服务器架构部署的简单例子。在传统架构下，应用功能部署在主机上，由数据库主机提供数据库服务。应用及数据库的传统部署架构如图 5-34 所示。

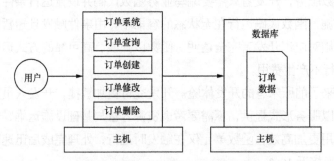

图 5-34　应用及数据库的传统部署架构

在无服务器架构下，应用的功能点变成若干个函数定义，部署在 FaaS 之中，由 BaaS 提供数据库服务。应用及数据库的无服务器部署架构如图 5-35 所示。

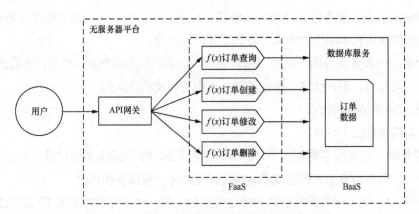

图 5-35　应用及数据库的无服务器部署架构

通过这个例子，可以看出无服务器架构与传统架构存在区别。无服务器架构与传统架构的对比见表 5-6。

表 5-6　无服务器架构与传统架构的对比

对比项	传统架构	无服务器架构
应用部署	应用部署在主机之上，由服务器提供计算能力	应用部署于无服务器平台之上，由无服务器平台提供运行所需的计算资源
最小单元	所有的逻辑都集中在同一个部署交付件中	应用的逻辑层部署运行在无服务器平台的 FaaS 服务之上，应用逻辑被打散成多个独立的细颗粒度的函数逻辑
数据库	数据库实例	数据库服务

（3）无服务器架构的适用场景

当前阶段，无服务器架构的适用场景如下。

① 应用后端服务。通过将无服务器云函数和其他云服务紧密结合，开发者能够构建可弹性扩展的移动或 Web 应用程序，轻松创建丰富的无服务器后端，而且这些程序可以在多个数据中心进行高可用运行，不需要在可扩展性、备份冗余方面执行任何管理工作。

② 移动应用后端服务。使用无服务器架构技术构建移动后端服务是常见的场景。它允许开发人员在基于云平台的后端服务来构建应用。这使开发人员可以更加专注于移动应用的优化，只要按需选择云服务商提供的丰富的后端服务即可，例如微信小程序的开发。

③ 物联网后端服务。在物联网应用场景中，设备传输数据量小，且往往是以固定的时间间隔进行数据传输，数据传输存在明显的波峰波谷特征。数据传输的波峰时段触发后端函数服务集中处理，处理结束后快速释放，可提升资源的利用效率。

④ 大规模数据处理和计算类。人工智能推理预测。人工智能推理预测的调用需求会随着业务的起伏而变化，具有一定的波动性，与人工智能训练时的较固定计算周期和运行时长有所不同。同时，人工智能推理一般会使用 GPU 加速，这种明显的峰值变化会导致大量的资源浪费。使用无服务器架构技术可以有效解决上述问题。当高业务请求到来时，云函数的执行实例自动扩容，满足业务需求；而当请求低谷或无请求到来时，云函数自动缩容甚至完全停止，节省资源使用。

批处理或计划任务。每天只需要短期运行就能以异步计算的方式进行强大的并行计算能力，I/O 或网络访问的任务非常适合无服务器架构。这些任务可以以弹性方式运行，在不被使用的当天剩余时间内不会产生资源成本，例如定期的数据备份等。

⑤ 基于事件的内容处理类应用。

基于事件的内容处理类应用主要包括以下两个方面。

● 实时文件处理。有些应用会根据不同的应用需求将图片裁剪成不同的尺寸，或添加不同的标签水印。视频类应用会将视频流转码成不同的清晰度并推送给不同的服务。当图片或者视频流通过对象存储上传时就会触发相应的函数计算，根据计算规则自动按需处理，整个过程不需要再搭建额外的服务器，也不需要人工干预。

- 定制事件触发。以用户注册时发邮件验证邮箱地址的场景为例，可以通过定制的事件来触发后续的注册流程，而不需要再配置额外的无服务器应用来处理后续请求。

5.4.3 多云管理

1. 多云管理设计理念助力"东数西算"

大势所趋的企业上云时代来临后，我国云基础设施投入占所有 IT 基础设施的比例逐年提高，但是目前我国云计算发展水平还有提升空间。随着我国政策的大力推动和各行业企业上云意识的不断增强，业务需求和技术创新将并行驱动云计算领域继续出现大规模加速发展和应用渗透。

随着云计算模式的日渐成熟，作为公有云和私有云的混合形态，混合云的市场需求越来越旺盛。很多企业从系统布局、业务发展、数据保护、性能和安全等角度出发，积极采用混合云模式搭建业务应用系统。

与此同时，国内各云服务商采用不同的云系统架构和技术体系推出自己的云业务品牌和服务，一般情况下，不同云服务商的云资源系统是不互通的。在我国实施"东数西算"工程的大背景下，跨地域、跨网络、跨云服务商、跨架构的算力资源调度能力成为实现资源互通的关键要素。

多云调度管理平台是提供上述解决方案的重要平台，可提供对不同技术架构、不同模式云计算的统一集成管理，屏蔽底层不同云服务商架构和技术体系的差异，提供统一资源管理和调度能力。

多云调度管理平台的核心目标为实现跨云服务商、跨网络的多云接入和资源管理需求，实现专线入云、云间互连、公有云资源分配、整合一点计费和一站式云网管理能力。多云调度管理平台将协助企业客户向云转型，依托多租户账户体系实现自助服务交付、按使用量计费、智能运营等支撑能力，提供多云之间的"网随云动"能力，构建低成本、高可靠、扩容灵活且安全合规的云架构 IT 系统。

多云调度管理平台主要应对多云应用场景下的融合问题，核心价值包括以下内容。

① 资源整合。构建基于数据中心互联网络及云服务商网络接入基础上的云网融合组织及调度能力，提供较完整的互联互通基础服务体系。

② 流程融合。对接异构资源核心能力标准化接口，实现与第三方异构业务平台信息和流程的同步，从而实现异构云网产品的开通流程融合。

③ 能力开放。利用资源互联和接口开放机制，实践增值产品和安全服务体系加载，实现围绕以客户为中心的平台赋能架构。

多云管理平台系统定位如图 5-36 所示。

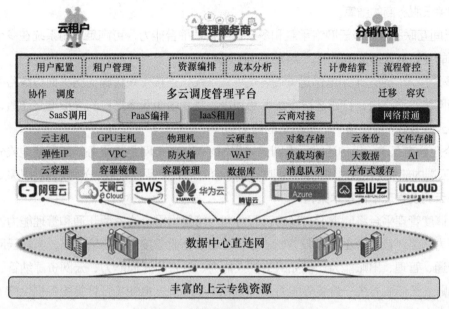

图 5-36　多云管理平台系统定位

平台能力提供层级递增的具体功能包括以下内容。

① 聚合电信运营商丰富的专线网络覆盖接入能力。

② 结合算力网络建设打造数据中心直连的 DCI 通道。

③ 预置对接云服务商资源池专用网络通道。

④ 通过 API 实现云服务产品可开通、可管理。

⑤ 融合云网资源统一组合编排调度。

⑥ 多种异构资源合并计费后付费出账。

⑦ 提供在线式企业上云业务统一管控工作台。

多云调度管理平台依赖多云之间互通的 DCI 网络，直接或间接连接到目标云平台，为用户提供多种专线快速便捷接入第三方云资源的组网能力，同时构建一套账号管理体系，协同穿越多个运营域，实现端到端的自动开通流程，具备满足需求的带宽调整能力及业务全流程可视化等特性。

借助建设的算力枢纽节点高效直达网络，多云调度管理平台可向具备多云接入、云网融合、云网 MSP 服务需求的企业客户提供服务。

多云调度管理平台实现的场景包括以下内容。

① 异构多云管理。多云调度管理平台通过对接云服务商 API，实现第三方云产品在多云调度管理平台的统一纳管，屏蔽底层云平台架构的差异，灵活调度异构算力资源，实现各类应用在异构云间的灵活部署。客户可以通过多云调度管理平台一键订购、开通、纳管及出账，并可

实现和相关云服务商的结算。

② 云间互联服务。多云网络承载和多云调度管理平台能力，可满足应用系统在多个异构云资源之间的互访与数据传递需求、实现云间数据调度。

③ 多云接入。通过采用电信运营商各类专线产品，连接专线传输网络平面边缘路由和多云调度管理网络平面路由，打通客户专线甲端到达公有云内部网络接口的虚拟电路通道，形成专线接入各云服务商资源池客户内部网络的能力。

④ 企业分支互联。用户通过云专网或采用 SD-WAN 组网上云服务，实现驻地或分支机构接入企业云端内部系统，全过程由多云调度管理平台的网络管理平面自动分发配置并跟踪交付。

2. 多云调度管理平台技术架构

多云调度管理平台将侧重于实现跨云服务商、跨异构平台的资源开通和管理能力。该平台可依据算力网络对接各大主流云服务商资源，贯通数据业务接入和传输线路，实现云网一体化受理、开通、管理、出账能力，例如网络接入能力、云资源开通能力、云网资源纳管、云网资源统一出账、云商账号统一封装等能力，支撑最终客户和云 MSP（云计算服务提供商）实现云网一体融合交付。

为了更好地支撑国家"东数西算"工程，多云调度管理平台需要具备以下特征和能力。

多云调度管理平台通过开放的 API 架构及灵活的资源适配能力，支持对接多种异构云服务平台（例如，天翼云、阿里云、腾讯云、华为云、AWS 云等），并能够调度 x86 算力、ARM 算力、AI 算力等多种异构算力资源。

多云调度管理平台需要支持对各种计算、存储、网络、容器资源和服务等进行统一管理和调度，可实现应用部署在异构云环境下的云间互联，同时支持传统应用、云原生应用等在异构云之间的灵活部署，可通过策略匹配合适的算力资源进行应用部署。

与此同时，多云调度管理平台需要通过和各云服务商管理平台协同，支持大数据、数据库、AI 等 PaaS 的统一纳管，屏蔽底层基础设施的差异，并借助高速的数据中心直达网络，实现数据在异构云间的迁移和备份。

多云调度管理平台需要具备统一运营能力，支持多租户管理、异构虚拟资源池管理、分级分域管理，并通过强大的账户体系和资源配置能力，支持二次运营场景下的配额、计量、流程等灵活适配。

多云调度管理平台为保障多云环境下统一的用户体验，需要具备友好的多云服务门户、灵活的服务 API 入口、统一的账户和权限管理、日志和监控信息、计量计费信息，提供统一的租户资源视图、应用视图、运维自动化智能化服务，并提供数据同步、备份和应用迁移工具，更好地帮助用户实现上云需求。

多云调度管理平台功能架构如图 5-37 所示。

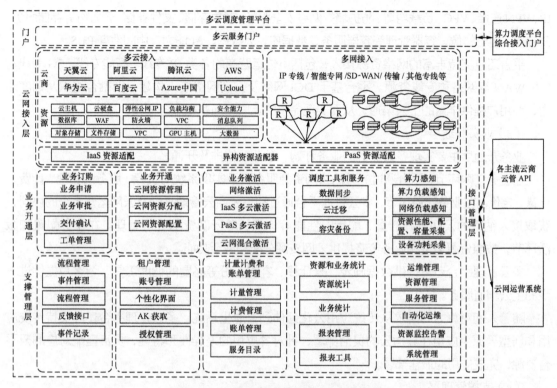

图 5-37 多云调度管理平台功能架构

平台功能架构总体分为 5 个层次，即多云服务门户、云网接入层、业务开通层、支撑管理层和接口管理层。

（1）多云服务门户

多云服务门户是用户进入和使用多云调度管理平台的入口，分为外部服务门户和内部运维门户：外部服务门户可以为外部客户提供统一的服务入口，政企客户和 MSP 服务商可以通过门户界面进行自助式业务申请、业务信息查询、运维操作申请、业务流程进展查询等；内部运维门户则是运维人员（系统管理、运维工程师等）进行统一运维管理的操作入口，可提供全流程的云网服务运营管理操作功能。

（2）云网接入层

云网接入层主要实现异构云平台对接、云网资源汇聚及多种专线/网络对接能力。

多云管理平台支持对接多种异构云平台。平台通过 IaaS 适配器和 PaaS 适配器，在统一的平台上屏蔽底层云资源池的差异，完成对异构资源的调度和各类型应用的灵活部署，在此基础上实现 IT 自服务管理，提供对异构资源的统一管理、监控、自动化运维。

平台支持管理的资源及服务应包括 x86 算力、ARM 架构算力、GPU 算力等计算服务，弹性

IP、VPN 连接、VPC、负载均衡、防护墙等网络安全服务，对象存储、文件存储、云备份等存储服务，云容器、容器镜像、容器管理等容器服务，数据库、大数据、AI 能力、中间件等 PaaS。

平台还应支持丰富的网络资源接入，包括电信运营商的各类 IP 专线、智能专线、5G 专线、SD-WAN 等网络和专线资源。平台基于 DCI 网络及云商网络接入构建云网融合组织及调度能力，为用户提供丰富的上云渠道，从而实现完整的互联互通基础服务体系。

（3）业务开通层

业务开通层主要实现多云业务的业务订购、激活、编排及开通。

在业务订购环节，平台通过完整的云网资源服务目录实现系统对资源、服务的管理、计费、计量、定价。在业务开通环节，多云管理平台通过和单云商云管理平台及云网运营系统的协同，获取接入纳管的云网资源容量、配置、性能等信息，对云网资源进行管理。在业务配置和激活环节，按照资源类型和业务策略提供云网资源分配和激活功能。

多云管理平台还可提供数据同步、云迁移、容灾备份等必要的调度工具，为客户提供进一步的上云增值服务。

随着人们对算力的需求从传统应用云化延伸到云原生系统，多云管理平台还应支持传统应用和新型云原生应用在异构云的灵活部署，针对各应用的差异性和特性，灵活匹配对应的云平台资源，完成应用的最佳部署。

（4）支撑管理层

支撑管理层主要实现流程管理、运营管理、运维管理、算力感知等 IT 管理功能：流程管理确保平台各项工作流的正常运转；运营管理实现用户及租户管理、计量计费和账单管理；运维管理实现异构资源管理、云网资源监控告警、报表管理及系统管理等功能；算力感知通过和单云商云管理平台及云网运营系统协同，获得算力及网络资源的性能和告警数据，建立感知模型，监测算力运行情况、网络运行状况及资源剩余容量等信息。

（5）接口管理层

接口管理层实现与外部系统的接口，提供服务 API 的统一入口，包括对接各云商的云管 API，实现对主流云商云业务的配置和开通，对接云网运营系统，实现云网资源一体化编排开通和配置下发。

5.5 算力封装与算力交易平台

5.5.1 算力封装技术

1. 算力封装分类

算力是数据处理并输出结果的能力，简单的异或电路就是一个基本算力单元。单个 CPU 是通过简单指令集组织起来的、能实现更大规模数据处理的算力单元，多核 CPU 是能够无冲突地处理多个并发任务的算力单元。云计算上线后，vCPU、vGPU 也是算力单元的不同体现。为了满足多个业务场景需求，也有云服务商把算力封装为不同的形式。

算力封装按照目的可以分为两类：一类是为了提高算力单元的能力（例如，通用计算能力、高性能 AI 计算能力或综合处理能力）而采用多核封装、DCA 封装等；另一类是为了权益记账或交易便利，直接按物理核心数来进行封装，例如，大部分超算中心的算力按照 CPU 或 GPU 核数及时长来计费。

通用 CPU 服务器配置及服务收费标准见表 5-7。

表 5-7 通用 CPU 服务器配置及服务收费标准

序号	配置（CPU/内存/硬盘）	收费标准：万元/年		
		合约期为1年	合约期为2年	合约期为3年
1	1 × Intel Xeon（4核）/8G/0.5T	0.6	0.5	0.4
2	2 × Intel Xeon（6核）/48G/1T	1.2	1	0.8
3	2 × Intel Xeon（8核）/48G/3T	1.8	1.5	1.2
4	2 × Intel Xeon（10核）/64G/1.8T	2.5	2	1.6
5	2 × Intel Xeon（8核1.7GHz）/256G/1.2T	3	2.5	2.2
6	2 × Intel Xeon（8核3.2GHz）/256G/48T	4	3.5	3
7	2 × Intel Xeon（8核2.10GHz）/256G/4.5T（new）	3.8	3.3	2.8
8	2 × Intel Xeon（12核 2.3GHz）/256G/24T（new）	4	3.5	3
9	8 × Intel Xeon（8核）/256G/1.8T	8	7	6

按照封装的实现方式，算力封装可以分为硬件封装和软件封装。硬件封装通过组合 CPU、GPU 的方式提供各种型号的硬件计算产品，例如，国内芯片公司澜起科技在 Intel 的至强 CPU 中封装了安全预检测与动态安全检测功能，封装后的 CPU 被称为津逮 CPU，利用这种 CPU 的服务器可以提供不同级别的硬件安全防护。这种封装后形成固定形态的硬件产品的算力封装被称为硬件封装。现有的同构 CPU 封装、异构 CPU+DSA 封装及超异构封装都属于硬件封装。软件算力封装更多地面向不同的应用，在云算力的基础上对算力进行软件定制，例如，语音识别、语义分析、图像检测、图像识别等。软件算力封装成相应的 API、SDK 等开放能力，可以快速地满足不同行业的各种应用。

2. 基于软硬结合的超异构计算

算力成为整个数字信息社会发展的关键。"东数西算"工程虽然是为了缓解东部算力资源紧张的问题，但是西部的算力也需要高质量的升级，不能靠"摊大饼"的方式构建规模更加庞大且低能耗的现代化数据中心。简单的数据中心建设只是扩大了算力规模，单节点的算力并没有本质上的提高。

当前,算力成为制约信息技术发展的核心问题。

① CPU 灵活性好,但效率低,并且已经遭遇性能瓶颈。

② GPU 具有一定的灵活性,但其效率与领域专用架构 DSA 相比仍有差距。

③ DSA 在性能极致的情况下,提供了一些灵活性,但其面对的领域多种多样且变化快,一直没能实现大规模落地。

多核 CPU、多核 GPU 都属于同构芯片封装,但由于单核 CPU 的性能已经到达瓶颈,并且单颗芯片所能容纳的 CPU 核数也逐渐饱和,CPU 同构并行已经没有多少性能挖潜的空间。一般情况下,GPU、FPGA 及 DSA 加速器只能作为 CPU 的协处理器,并不具备图灵完备性。因此,这些加速器都需要 CPU 的控制,CPU+xPU 成为典型架构。

随着芯片工艺所能支撑的设计规模越来越大,并且 CPU、GPU、FPGA 和一些特定的算法引擎都可以作为 IP 被集成到更大的系统中,由此,构建一个更大规模的芯片设计成为可能。我们提出超异构并行计算的概念,超异构是指由 CPU、GPU、FPGA、DSA、ASIC 及其他各种形态的处理器引擎共同组成的复杂芯片系统。

由于云计算的发展,数据中心已经发展到超大规模,每个超大规模数据中心拥有数以万计的服务器。超大规模数据中心的发展,是云计算逐渐走向软硬件融合的根本驱动力量。

我们可以把云服务器上运行的各类软件看作一个非常复杂且分层的系统,由于 CPU 已经遭遇性能瓶颈,在宏观的数据中心规模不断提升的背景下,IaaS 层针对特定场景进行了某些服务的持续优化。软硬件融合的过程其实就是系统不断卸载和重新封装的过程。

软硬件融合不改变系统层次结构和组件交互关系,但打破了软硬件的界限,通过系统级的协同设计,达成整体最优。

传统分层很清晰,下层是硬件,上层是软件;在软硬件融合的分层分块中,一个任务模块可以是软件,也可以是硬件,还可以软硬件协同,软件中有硬件,硬件中有软件。

从宏观来看,层次越靠上越灵活,软件成分越多;层次越靠下越固定,硬件成分越多。庞大的规模及特定的场景服务,使云计算底层负载逐渐稳定并且逐步卸载到硬件。

软硬件融合架构使硬件更加灵活,其功能也更加强大,使更多的层次功能向硬件加速转移。

基于软硬件融合架构(CASH)的 DPU,是一个性能强劲的、功能完整的、超异构计算的算力平台。这个平台包含硬件加速部分以完成底层基础设施层的加速处理,也包含 CPU 和 GPU 以完成应用层的处理。

我们可以将独立的 CPU 和 GPU 看作 DPU 的扩展,当集成的 CPU/GPU 不满足处理要求时,独立的 CPU 和 GPU 作为独立的计算平台可增强整个系统的功能。

软硬件融合技术是为了应对算力需求最高、系统规模最大、成本最敏感、灵活性要求最高的云计算数据中心场景的各种复杂挑战，而逐渐形成的技术理念和一整套技术体系。

基于软硬件融合的超异构混合计算聚焦算力的强劲需求，面向未来的自动驾驶、5G/6G 核心网、边缘计算等场景。面对如此多的复杂系统场景，软硬件融合有了更多的用武之地。

3. 哈希算力封装

哈希是一种加密算法。哈希函数也被称为散列函数或杂凑函数。哈希函数是一个公开函数，可以将任意长度的消息 M 映射为一个长度较短且固定的值 H（M）。H（M）被称为哈希值、散列值、杂凑值或者消息摘要。它是一种单向密码体制，即一个从明文到密文的不可逆映射，只有加密过程，没有解密过程。

4. 云原生服务封装

原子能力是通过内部能力封装、外部能力引入等形成的可独立提供和组合封装的最小化能力，具有可被集成的标准化、可复用、可定价、可扩展、可授权及广泛的共性需求等特性，已被集成为主要服务形态，是支撑各类应用、业务的公共要素和环节。例如，AI 计算中的身份人脸识别就是一个原子能力，原子能力封装一般可采用云原生技术。当前主流的云原生技术采用 Kubernetes 架构，其他的云原生架构与 Kubernetes 基本类似，因此以下介绍 kubernetes 云原生技术。

（1）Kubernetes 架构

Kubernetes 是一个自动化的容器编排平台，它负责应用的部署、应用的弹性及应用的管理，这些都是基于容器的。Kubernetes 集群由 Master 和 Node 两种类型的资源组成，Master 负责协调集群，Node 负责运行应用程序。

Kubernetes 具有以下核心功能。

① 服务的发现与负载的均衡。

② 容器的自动装箱。把一个容器放到一个集群的某一个机器上，Kubernetes 会帮助我们做存储的编排，让存储的生命周期与容器的生命周期有一个连接。

③ Kubernetes 会帮助我们做自动化容器的恢复。一个集群中经常会出现宿主机的问题或 OS 的问题，导致容器本身不可用，Kubernetes 会自动地恢复这些不可用的容器。

④ Kubernetes 会帮助我们去做应用的自动发布与应用的回滚，以及与应用相关的配置密文的管理。

⑤ 对于 job 类型任务，Kubernetes 可以做批量的执行。

⑥ 为了让这个集群与应用更富有弹性，Kubernetes 也支持水平的伸缩。

（2）Pod 和 Node

Pod 是 Kubernetes 抽象，表示一组的一个或多个应用程序容器及这些容器的一些共享资源，Pod 是 Kubernetes 的原子级单元。Pod 总是在一个 Node 上运行，Node 是 Kubernetes 中的工作机，可以是虚拟机，也可以是物理机，具体取决于集群。每个节点都由主节点管理。一个节点可以有多个 Pod，Kubernetes 主节点会自动处理跨集群中节点的 Pod 调度。

（3）服务能力封装

Kubernetes 中的服务是一个抽象概念，它定义了一组逻辑 Pod 和访问它们的策略。服务的特点如下。

ClusterIP（默认）：在集群中的内部 IP 上公开服务，这种类型使服务只能从集群内访问。

NodePort：使用网络地址转换（Network Address Translation，NAT）在集群中每个选定节点的同一端口上公开服务，使用 <Node IP> 从集群外部访问服务。

LoadBalancer：在当前云中创建外部负载平衡器，并为服务分配固定的外部 IP。

ExternalName：使用任意名称公开服务。

（4）服务能力扩展及升级

Kubernetes 的每个服务能力都封装成一个不变基的算力集，这就为弹性扩缩容提供了便利。扩容部署将确保创建新的 Pod，并将其安排给具有可用资源的节点。缩容将使 Pod 的数量减少到新的所需状态。滚动升级使用新实例增量更新 Pod 实例，使部署的升级能够在零停机时间内进行。滚动升级执行步骤如下。

① 将应用程序从一个环境升级到另一个环境（通过容器映像更新）。

② 回滚到以前的版本。

以上过程中，应用程序始终保持持续集成和持续交付，确保应用能力提供的零停机时间。

5.5.2 算网交易平台

数字经济的飞速发展，使处理、分析海量数据的算力成为关键资源。当前，我国以数据中心为代表的算力基础设施建设尚无法完全满足智能化业务对于服务高实时性、多场景适配和资源高效利用的要求，需要通过研究网络架构创新来解决局部算力过剩和全局算力不足等问题，并实现以算联网、以网促算。以算网一体为核心，构建弹性、开放、高效、协同的算力基础设施，促进计算产业和网络产业的融合发展与能力互补。算力资源提供者有空闲的算力，而有些算力需求方没有足够的算力，于是双方就会对算力这一资源进行交易，这是一种算力交易的构想。虽然目前看来，基于区块链技术的比特币是算力交易应用最广泛的领域，但这种算力交易只是一种算力共享之后的权益记账，并没有算力资源的使用权、拥有权的交换，不是算力资源的本质交易。本书讨论的主要是能产生算力资源使用权、拥有权变化的算力交易。

数据处理用的是算力，但是数据从存储点转移到数据处理的节点则需要网络，算力网络和电力网络一样是沟通资源与用户的基础平台。算力网络中的算力交易是算网一体交易，即算力必须通过调配的网络资源沟通交易双方，才能完成交易，因此本书中的算力交易等同于算网交易。

1. 算网交易平台的建设原则

算力网络是"东数西算"工程的技术底座,算网交易平台将是算力网络成为激活数据要素生产力属性的关键着力点。每个算力网络需要对应的算网交易平台,每个算网交易平台不一定要与算力网络深度绑定。算网交易平台建设应遵循以下 7 条原则。

(1) 市场开放性

算网交易平台应从架构上坚持开放性,允许不同算力网络、算力资源的加入,加入算网交易平台的可以是数据+算力网络+算法的一体化供应商,也可以是只提供部分硬件算力资源的个体。算网交易平台的客户可以用自己的数据或第三方数据进行二次分析。

(2) 技术框架持续演进

技术不断进步,算网交易平台也需要随市场变化、技术变化不断演进。算网交易平台的技术框架要在保持基本稳定的情况下,具备不断演进的能力。这就要求算网交易平台在建设之初就应该选择具备开放性、演进性的技术架构。

(3) 功能模块化

算网交易平台包含用户注册管理、算力资源管理、算力集市、竞价功能、订单管理、安全管理等多个功能。每个功能应该是模块化的、松耦合的,这样设计的原因有两点:一是很容易添加新的模块,每个模块自身的更新不需要其他模块接口的变化;二是可以把算网交易平台拆分为多个模块单独进行招标采购,模块化的结构有利于多厂商协同开发,减少相互依赖,提高平台开发效率。

(4) 平台能力弹性扩缩容

在 IT 系统、业务平台上云的形势下,算网交易平台将会部署在云资源池上。算网交易平台需要充分使用云资源按需分配、弹性扩容和缩容的条件,把系统设计成基于云原生的、可以自动化部署的柔性系统,能够按照算网平台用户的访问量弹性扩容和缩容,在满足业务需求的情况下,减少云资源的浪费。对于高并发的情况,可通过负载均衡技术实现负载的分担。

(5) 加强安全防护

算网交易平台有算力网络资源信息、用户信息,以及交易订单等重要商业信息,交易系统的稳定运行是用户算力资源能及时分配的前提,因此,算网交易平台一方面要通过可靠的加密机制保护交易用户的隐私信息,另一方面也要通过鉴权及监控措施保障系统的安全运行,防止恶意交易等破坏系统正常运行的行为。

(6) 算网一体化原则

虽然算力网络的核心是网络,但对于用户来说算力才是最终的需求。算网交易平台应该在进行算力交易的同时,联合网络资源配置,形成一些针对常见应用场景的通用产品,同时,根据用户低时延的业务需求,平台整合网络资源,优先保障业务 SLA。

（7）平台自动运维

算网交易平台应该具备自动运维功能，当某个节点容器出现故障时，应该能够及时报警提醒，并且将故障节点移除，同时增加一个正常节点。

2. 算网资源交易流程

算网资源交易辅助算网资源提供商与用户完成交易合同，然后由云网资源控制平台实现云应用的算力环境。它需要各部门所需资源的计量和分类应用程序来完成用户的工作。从算网供应商的角度出发，他们不希望用户的每个需求动态变化，也不希望以应用目标作为交易的需求。从算力网络用户的角度来看，他们的需求应在合理的时间内得到满足，并付出最小的代价。算网交易流程如图5-38所示。

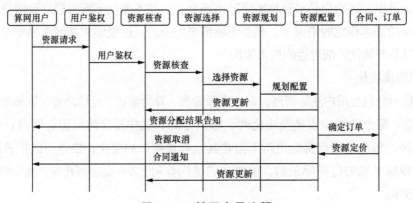

图 5-38　算网交易流程

① 用户根据自己的数据算网资源需求向交易系统提出算力资源申请，算力资源至少包括处理能力需求、时效要求及时间要求。

② 算网交易平台根据用户的注册情况对用户进行鉴权。

③ 算网交易平台根据算网资源使用现状核算可用资源，如果资源可以满足需求则进入下一步。

④ 用户根据交易系统推出的算网资源清单，选择需要的算力类型、数量等。

⑤ 交易平台根据用户的选择，对云网资源进行预分配，把预分配结果及时通知给资源核查环节。

⑥ 交易双方按照订单，通过合适的交易工具确定交易价格，形成交易合同。

⑦ 使用算网资源后，反馈订单执行情况给交易系统，进行交易核算。

3. 算网市场交易模型

计算资源市场借鉴人类经济社会的市场模型来调节供求关系和资源价格，从而提供资源共享解决方案。市场中的交易管理层采用经济学和微观经济学的管理方法，负责管理控制市场活动，包括用户管理、交易管理、资金管理、信誉度管理、价格管理和安全管理等，以经济规律调节市场供求，以市场机制约束交易行为。用户管理负责对交易双方进行身份登记、用户等级权限检查、用户请求管理；交易管理提供多种交易模型以供用户选择；资金管理包括用户账户、计费管理并监管交易双方资金流向，辅助约束交易行为，做好信誉度管理记录、更新用户信誉值；价格管理根据市场供需变化对商品价格进行调整，提供市场指导价；安全管理用来保障计算资源市场的整体安全，包括身份认证、访问授权和安全审计等。

为了实现分布式资源管理方案，可以采用资源导向和价格导向两种微观经济学方案。资源导向是卖方为自己拥有的资源计算边界值，出价高于平均边界值的用户被分配更多的资源，低于平均边界值的用户将被分配更少的资源；价格导向是指定任意的初始价格分配资源，然后根据资源的需求量自发调整价格，直到达到供需平衡。可见前者是卖方固定价格，后者是根据供需动态调整价格。

已经提出并运行的交易模型有多种，例如，商品市场模型、标价模型、议价模型、招投标/合同网模型、拍卖模型、基于投标的按比例资源共享模型、垄断与寡头市场模型等。

（1）商品市场模型

资源所有者指定资源的单位价格并根据用户对资源的使用量收费。根据资源的供需关系对价格影响程度的不同，模型具体可以分为稳定价格模型和供需驱动价格模型两种。在稳定价格模型中，交易价格一旦在某一时间段内被确定下来，将保持稳定，且与服务质量无关，并不随市场需求的变化而产生明显的调整；在供需驱动价格模型中，卖方主动根据供需变化调整定价，当需求增加或供应减少时提高价格，反之降低价格，直到达到新的供需均衡点。

（2）标价模型

标价模型与商品市场模型类似，由资源所有者定价，但强调标出其特色服务功能或者价格优惠的资源使用条件，从而吸引新用户，占领新品市场份额，激励用户在价格优惠的时段使用计算资源。

（3）议价模型

用户可以通过向资源供应者提出更低的交易价格或者要求更多的资源使用时间等方式来实现价格协商。交易双方各有目标函数，通过协商的方式满足目标。议价模型适用于计算资源市场中供需关系及交易价格不明确的场景，缺点是议价过程耗时较多。

（4）招投标/合同网模型

招投标/合同网模型是商业贸易中用来控制商品或服务交换的契约机制。其优点是参与投标的资源供应商有多个有助于发现满足任务要求的合适的资源供应者。其缺点是一旦用户选定了某个供应商，就不再继续查询其他供应商，且资源供应商可能会因为某些原因没有收到投标文件而错失投标机会。

（5）拍卖模型

拍卖模型是市场价格机制的重要补充，具有其他交易形式不可替代的功能，除了揭示信息、发现价格，还具有减少代理成本、稳定市场价格、加速商品流转等功能。因此，拍卖理论在股票、证券、电子商务等环境中得到了广泛的关注和应用，在计算资源管理中也具有巨大的发展潜力。

（6）基于投标的按比例资源共享模型

基于投标的按比例资源共享模型按照各用户对资源出价的不同，分配不同比例的资源数量。用户的出价越高，分配的资源越多；用户的出价越低，分配的资源越少，但也不会完全剥夺其使用资源的权力。该模型适用于资源共享性很强的场景。

（7）垄断与寡头市场模型

资源所有者或服务提供者是唯一的或只有少数几个（根据经济学理论，称只存在唯一卖方的市场为垄断市场，存在少数几个卖方的市场为寡头市场），买方不能影响资源的交易价格，只能接受由卖方规定的市场价格。

4. 基于区块链的算力交易

区块链的优势在于通过共识机制、智能合约及基于"去中心化"的思想解决节点间的信任问题。区块链融合了多种技术，具有分布式数据库、密码学、P2P 网络传输协议等，具有"去中心化"、可追溯、不易篡改的特性。算力网络是将并行计算、分布式计算、虚拟化、网络存储、负载均衡等传统计算机与网络技术融合，具有按需分配、弹性可扩展、低成本、高可靠性等特点。

为了保证算力网络的各类资源能够安全高效运行，可以在云网资源交易中引入基于区块链的"去中心化"思想，设计安全、高效、透明、信息对称的交易模式和交易方法。区块链技术优先应用到算力网络交易市场中，将有助于实现算力及网络资源的有效配置，更好地激发算力网络市场的活力。实现算力网络"去中心化"的布局，提升算网资源的集约化水平和使用效率。

作为一种全新的商业计算模式，算力网络能够整合各类型的存储、网络、数据、硬件等分布式资源，为用户提供强大的计算能力，从根本上有别于并行处理、分布式计算与网格计算。通过网络将软件、硬件及数据集成并为用户提供动态资源，这些资源通过网络调度以服务的形式提供给用户，即算力网络服务（或称为算网服务）。用户、算网服务和服务提供者构成了庞大的算网服务市场。与生活中普通的商品不同，算网服务具有动态性、多样性、异质性、弹性可扩展和虚拟化等特性，使算网服务市场成为一个非常复杂的资源市场。

算力网络服务市场是由大量算网资源提供者与算网资源使用者构成的不同交易主体参与的云计算服务交易市场。不同于传统商品市场上的交易，算力网络服务是虚拟商品，交易是在互联网平台上完成的，参与者是算网服务的提供者和算网服务的使用者。

算力网络交易市场包含以下要素。

（1）算力资源

国家推进"东数西算"工程的本质是利用西部的空闲算力资源，提高全国的能源使用效率，因此算力资源是算网交易市场的基本要素。按照前文的分析，算力资源包含丰富的服务内容，包括封装成独立产品的资源（例如，物理 CPU、vCPU、GPU、VGPU 等），也包括平台级算力服务和用云原生技术封装后的算力资源（例如，API 或 SDK 等）。

算力资源不局限于数据处理能力资源，还泛指网络、服务器、存储、应用软件、数据等多种单个或组合的资源包。

（2）交易主体

在算力网络市场中，众多的算网资源及服务提供商和算网资源购买用户构成了市场的参与者。算力网络提供商包括提供算网资源及服务的传统网络运营商、互联网提供商、转型云计算服务提供商及软、硬件厂商等。比较有代表性的算力网络运营商有中国电信、中国移动及中国联通等；互联网企业有阿里云、腾讯云、百度、谷歌等；硬件厂商有浪潮、IBM、惠普等；软件企业有微软、VMware 等。算网服务使用者包括政府、企业、科研机构及个人。

（3）网络带宽资源

算力网络的主要核心思想在于通过网络感知、动态调度等技术手段实现对大量计算资源的统一管理和调度，从而在大量网络连接的计算资源的基础上为用户提供服务。因此，如何快速、合理地对算力、网络资源进行调度是算力网络发展过程中要解决的关键问题。可以看出，算力资源是分布在大量分布式计算机上的，而不是分布在本地计算机或远程服务器中，必须依靠网络将市场的参与者连接起来，因此，网络带宽对于资源调度的质量和算力网络交易市场的正常发展起着非常重要的作用。

（4）市场运行机制

科学合理的经济运行规则保证了商业经济的繁荣发展。算力网络市场也是资源的交易市场，需要响应市场的交易法则，保证算网资源的有效管理和调度。从理论上讲，各种市场机制都有可能在算力网络市场中得到应用。但是，哪种市场机制能够更好地满足算力网络市场的发展需求，是一个值得学术界与产业界科研工作者不断深入研究的问题。科学合理的、符合发展需求的市场运行机制，能够让云计算资源得到有效利用，最大化地节省数据中心的能耗。

引入区块链技术来解决算网资源交易中的问题，通过"去中心化"的算网资源交易模式，改变用户通过网络带宽资源获取中心化数据中心计算、存储、数据库等服务。基于区块链技术构建全球联网计算机算力交易平台，真正实现算力资源的弹性可扩展与按需分配。全球所有数据中心、企业计算中心及个人计算机等的计算资源连接起来，集平台上万个资源贡献者、平台使用者、应用开发者的力量，提供低价格、大范围、强算力的可信任的算力网络服务，打破传统的中心化云计算商业模式及资源分布结构。"去中心化"的用户交易市场架构如图 5-39 所示。

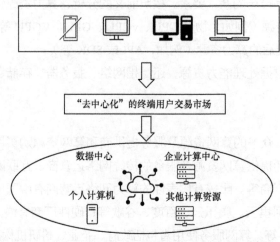

图 5-39 "去中心化"的用户交易市场架构

5. 算网交易平台架构

（1）网格计算交易架构

① 网格经济学架构。网格经济学架构（GRACE）是一个采用了经济学模型的分布式、可计算的经济学体系架构，用于在网格环境中进行资源交易。网格经济体系架构如图 5-40 所示。

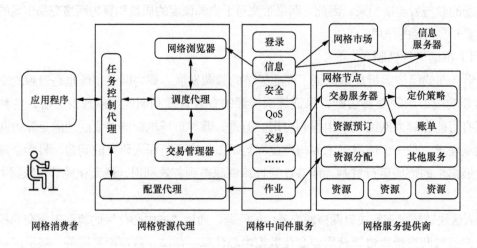

图 5-40 网格经济体系架构

在 GRACE 中，资源的提供者被视为网格资源供应者（Grid Resource Provider，GRP），应用请求者（资源的用户）被视为网格资源消费者（Grid Resource Consumer，GRC），二者构成了经济网格模型的两个重要元素。GRP 为了吸引 GPC，提供具有竞争性的服务入口，力求使自己拥有的资源被最大限度地使用。GRC 提出资源的应用请求，描述其服务要求，例如服务最晚完成时间等。

GRACE 定义了一个网格资源代理层。网格资源代理层用网格中间件服务连接网格资源和用户，实现资源发现、资源调度和资源选择等功能。网格资源代理层包括任务控制代理、调度代理、网格浏览器、交易管理和配置代理五大模块。任务控制代理模块负责接收用户的任务和请求，并将任务和请求提交给调度代理模块；网格浏览器通过网格市场目录服务器或网格信息服务器查询资源供应者的信息；交易管理模块提供各种经济交易模型和交互协议来进行资源交易；配置代理根据资源信息及用户任务请求分配最优资源给任务，最后再由任务控制代理模块把任务调度到对应的资源上运行，并随时向任务控制代理返回任务执行的状态或结果。

网格中间件负责处理用户任务请求和资源供给服务之间的分配工作，例如，远程管理、资源协同分配、存储控制、信息目录、安全控制、权限管理、服务质量控制等。网格中间件层负责提供认证、QoS 保障等基本服务。这些功能可以直接使用现有的 Globus 或其他网格系统的相关中间件。

交易管理器在 GRACE 中处于核心地位，负责提供资源管理和交易服务。资源管理负责动态监测资源，并向网格市场目录服务器和网格信息服务器发送资源信息等；交易服务负责与资源用户进行协商，定义价格经济模型，管理记账系统，记录资源的交易使用情况并向用户收费等。

GRACE 的优点有：为用户访问网格资源构建了一个公平的价格机制，并允许对所有资源进行交易；通过经济学原理调整供需关系，投资回报机制能使计算服务质量不断提高；建立了一个以用户为中心的调度策略，提供了资源匹配和管理的高效机制；结合分层模型和抽象所有者模型的优点，能适应网格动态、协同、广域的特点。

GRACE 还存在一些问题亟待解决，例如，交易约束不严、不能立即对违约行为进行处罚、因对方违约而遭受损失的一方不能得到补偿等。很多学者利用信誉管理对此类问题进行了改进，但是，信誉评估是在交易结束后进行的，其结果只能反映过去的交易情况并影响未来的交易，不能确保目前的交易成功，导致信誉管理滞后。

② GridEcon 的增值交易架构。

GridEcon 项目以用户为核心，设计的市场环境包括 3 层，分别为市场层、服务提供者层和经济感知的增值服务层，各层均根据面向服务的体系结构（Service-Oriented Architecture，SOA）原则设计，为用户提供一套方便、安全、低风险的市场服务。

市场层围绕主要的交易特性，实现拍卖、洽谈或固定价格的市场机制，并由市场提供者提供以下核心服务。

● 计算资源的监管服务。为了保证商品质量（卖方声明的资源品质），市场不仅在资源注册时进行测试，在系统运行的过程中，也要随机检查供应者已卖出的资源使用情况，用以决定是否允许供应者继续在市场中出售资源。

- 资源冗余服务。市场提供资源冗余的目的是即使一个资源供应者违背了承诺，也能保证服务的可靠性；市场提供备用资源的目的是当一个需求没有匹配到合适的供应资源时，借此提高市场流动的可能性。
- 安全服务。市场必须提供一个安全的环境，市场参与者与市场之间的通信都要加密，市场必须保证交易的机器之间没有病毒传播，并建立一个保护机制，防止用户使用超出购买权限的资源。
- 简单化服务。市场必须使计算资源的存取透明化，并且简化用户的操作，使用户在直观界面下以简单的交易操作方式将购买到的资源集成到消费者已有的IT结构中。
- 匿名服务。市场必须保证交易双方匿名，目的是隐藏交易双方的身份，避免交易双方绕开市场直接交易，从而保证市场具有更强的竞争性。
- 计算资源标准化服务。市场必须能够管理供应者不同类型的硬件，因此市场需要将资源虚拟化成具有特定性能特征且标准化的虚拟机。

在GridEcon中，经济市场感知的增值服务层包含5种，分别为容量规划服务、工作流经纪服务、风险经纪服务、投资经纪服务和保险经纪服务，GridEcon增值服务如图5-41所示。

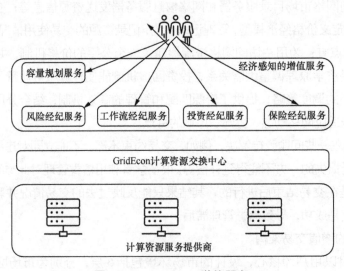

图5-41　GridEcon增值服务

其中，容量规划服务帮助用户优化他们的需求以找到符合应用的资源。容量规划预测的准确性建立在输入参数的基础上，例如，当前负载、过去负载、当前需求、计算资源价格和已有的计算能力等。工作流经纪服务、风险经纪服务、投资经纪服务、保险经纪服务帮助用户决定哪些资源是自己需要的、如何将应用定位到资源上。保险经纪服务的目的是为消费者提供保险服务以防止资源失效。

GridEcon 强调通过市场增值服务帮助用户购买、使用网格资源,但是这些市场增值服务未涉及辅助用户报价、规范资源合理报价的服务。

(2) 算网交易平台的功能架构

按照模块化设计原则,算网交易平台具有算网资源提供者门户、算网资源需求者门户、运营管理门户、算网资源管理、订单管理、合同管理、交易工具、交易算法、交易监控与管理、算力交易市场、安全管理等功能。算网交易平台架构5-42所示。

图 5-42 算网交易平台架构

算网资源提供者门户、算网资源需求者门户、运营管理门户面向不同的使用者,为用户提供个性化的功能包,包括登录界面、算网资源展示、统计分析、权限内的运营维护等。

安全管理模块按照安全等保要求为整个算网交易平台提供安全能力服务,包括对用户分权分域管理、鉴权认证、密钥管理、数据加密等功能。

算网资源是算网交易的产品,也是算力网络提供的核心要素,无论是大型云网资源提供商(例如中国电信、中国移动、中国联通等)提供的整体算力网络,还是个人计算机,只要是加入算力网络的算力资源、网络资源,都会被统一管理,包括资源注册、资源上线、资源下线等。每个交易参与者也可以通过开放的功能接口,在权限范围内管理自己的算网资源。

订单管理、合同管理也是交易平台的必备功能。订单管理功能可对用户下达的各种订单进行管理、查询、修改、打印等。订单管理功能和资源管理功能进行交互,可以对可用的算网资源进行统计。合同管理功能可全过程管理合同。

交易工具可为算网交易提供交易工具包,可以是面向资源集中控制的交易工具,也可以是基于区块链的多中心交易工具。交易中可以由消费者竞价,也可以由提供方竞价。交易工具模块独立后可随技术演进而升级。

交易算法模块可用来管理用于交易的算法集合,例如,多方博弈算法、权重优先级算法等。

交易与管理监控及管理算网交易的全过程,包括流程监控、交易状态监控及平台资源监控等。

算网交易市场集合交易多方参与平台,资源提供者可以在市场发布资源、拍卖资源,买方可以在市场发布需求、采购报价等。算网交易平台也可以利用 AI 算法在算网交易市场进行交易撮合。

算力网络调度系统不属于算网交易平台,算网交易平台的订单在合同确认后要推送给算网调度平台,由调度平台分配合适的资源给用户。同时,算网调度平台应及时对交易系统反馈调度结果,更新算网资源的状态信息。

5.6 安全关键技术

5.6.1 安全风险分析

"东数西算"工程构建了新型算力网络体系,将东部密集的算力引至西部进行计算,打通了"数"动脉,编织了一张算力网。这一工程有助于改善数字基础设施不平衡的布局,最大限度地发挥数据要素的价值。但是,在工程建设中,大型算力中心、算力网络、数据要素交易市场等面临以下安全风险。

(1)全球地缘政治格局正在缓慢发生变化,对我国的高级威胁持续不断

大规模数据汇聚和流转算力枢纽可能成为重点攻击目标,必须在架构层面考虑如何应对极端情况下的网络威胁,通过强化网络的高业务连续性和抗打击能力,以及数据容灾能力,实现"东数西算"工程底层云网关键基础设施的安全。

(2)我国已踏入数字经济时代,数据量剧增导致数据泄露事件频发

在数字经济时代,数据规模增长迅速,海量数据在枢纽间频繁传输,也给不法分子提供了更多窃取、篡改数据的路径。这不仅扩大了攻击面,还会导致数据泄露事件激增,增加了防护难度。

(3)覆盖全局的统一安全运营和管理成为难点

不同于一个企业所面对的安全风险,"东数西算"工程面对的是全局性的网络安全风险威胁,如何统筹全网力量应对各类风险,如何解决枢纽与枢纽之间、枢纽内部数据中心与数据中心之间的统一安全运营问题,成为关键问题。

(4)大规模的数据流通、共享对监管提出更高的要求

推动海量数据作为生产要素的共享和流动,但这将面临一系列的安全风险,要想安全合规地对数据进行收集、加工、利用、传输,不仅要在安全技术上有所突破,还要不断地在监管层面进行政策制度的优化。

5.6.2 安全需求分析

1. 完善的高可用安全架构

大规模数据的汇聚和传输使"东数西算"枢纽成为网络攻击的高价值目标。安全的云网基础设施是"东数西算"工程的安全底座,高可用安全架构是应对极端情况下网络威胁的基础,必须在网络架构层面考虑高业务连续性、抗打击能力和数据容灾能力。

(1)云网络架构安全

网络的架构和部署从底层开始就要考虑如何应对未知的威胁。

① 弹性网络。确保基础网络的通道足够冗余,具备弹性。

② 可信计算。确保基础网络的设备可信任。

③ 自免疫。确保基础网络自身具备"免疫力"。

④ 零信任。确保基础网络的边缘接入安全可控。

(2)强大的数据容灾能力

面对不同类型、不同级别数据的泄露风险及加密程度带来的安全评估与挑战,需要数据中心和云平台设施具备强大的容灾能力。

① 数据存储规划。数据存储要合理分布和多备份。

② 数据中心异地容灾。电子政务、医疗等关乎国计民生的核心数据要考虑国家层面的数据容灾体系。算网总体安全架构如图 5-43 所示。

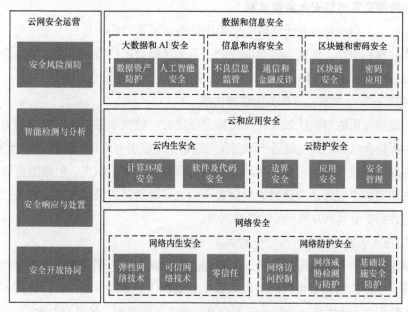

图 5-43 算网总体安全架构

2. 可靠的数据安全防护措施

数据规模化增长、内外网数据交互流通、海量数据集中汇聚分析等给不法分子提供了更多窃取、篡改数据的路径，扩大了攻击面。近年来，数据泄露事件激增，海量数据的汇聚和流转给数据风险识别、数据脱敏、数据安全合规、数据加密及相关检测技术带来新挑战。因此，必须具备全方位、全领域、全链路的数据安全态势感知和风险处置能力。

3. 统一的安全运营和管理体系

独立的数据中心和云平台在面对安全风险时的应对手段是分散的。但是，具备战略意义的"东数西算"工程算力枢纽必然面对全局性的网络安全威胁，必须具备全局统筹的能力，即可以调用全网安全防护力量来应对风险，并建立全网联动的一体化安全运营体系，运用适当的安全技术和管理手段整合人、技术、流程，持续降低网络安全风险。

（1）安全威胁的全局感知

① 通过威胁情报、红蓝对抗、态势感知等技术手段发现未知威胁的能力。

② 一体化的持续风险监测、防御、响应能力。

（2）安全事件的全局处置

① 主动管理、检测、调整及优化安全防御策略的能力。

② 一点发现、全网联动的自动化响应处置机制。

③ 与国家互联网信息办公室、国家安全部等的联动机制。

4. 健全的数据要素市场安全监管机制

"东数西算"工程的建设对于形成全国范围的数据要素市场将起到促进作用，会推动数据作为生产要素共享和流动，但数据安全面临的一系列风险会制约数据作为新型生产要素发挥作用，其中，相关法律法规的操作性不强，针对监管的安全技术手段也不足。

（1）完善数据安全共享监管相关的法律法规

现实中，数据应用的链条比较长，涉及数据提供方、数据服务方、数据应用方。数据服务链条中若前面都是合规的，只是最后一环出现问题，则前面所有的环节都需要承担责任。

按照现有规定，数据提供者需要对后续的数据服务承担审查职责，但数据提供者往往没有足够的能力去审查整个链条，导致数据提供者承担的风险责任和获得的商业收益严重不对等。因此，需完善数据安全共享监管相关的法律法规。

（2）通过技术手段对数据进行安全的共享与监管

大数据要想作为生产要素服务社会，必须能流动和共享，但现实中缺少足够的数据安全共享手段。当前，主要的做法是将数据使用边界和数据责任边界简单归一，即数据不出平台。这种模式可以让数据作为生产要素有限地服务自身，但无法服务更多的社会对象。

5.6.3 安全防护建设思路

1. 总体思路

"东数西算"工程作为关键基础设施,应践行新型信息基础设施安全保护责任,通过使用云计算、大数据、AI 等技术,建成"统一管理、能力聚合、数据共享、全网联动"的贯穿基础网络、数据中心、云平台、数据、应用等的一体协同安全保障体系、安全防御体系。

2. 网络安全:形成纵深安全防护能力

(1)多层防护

构建多层网络防护体系,多级联动,一体化协同骨干网、数据中心内的安全防护能力。

① 电信运营商骨干网网络防护。借助电信运营商覆盖全国的分布式拒绝服务(Distributed Denial of Service,DDoS)防护能力、移动恶意检测、僵木蠕恶意检测能力,进行国内、国际流量实时监控、动态检测。同时,通过利用大网溯源能力,精确定位攻击源,为反制攻击提供有力支撑。

② 数据中心间的网络防护。在集群间部署防入侵、防攻击、防病毒等网络安全防护能力,与算力网络有效协同联动。

③ 数据中心内部的网络防护。各数据中心负责内部的网络安全,主要负责东西向流量监测、内部租户间的攻击防御。对于南北向流量,可通过集群安全能力对其进行保护。

(2)集约部署安全能力池,提供统一防护能力

建议在每个枢纽内统一建设安全能力池,为枢纽内的各数据中心提供 SaaS 的安全原子能力,包括但不限于 DDoS 防护、下一代防火墙、Web 应用防火墙、入侵检测、网络安全审计等,并由全国统一的安全能力管理平台对安全原子能力进行统一运维、服务编排。这样既可减少独立建设成本,也可提高资源利用率,能够更好地与全国骨干网的网络安全形成有效联动。

3. 云安全:构建全栈安全防护能力

云资源承担着算力的重要基础设施,以安全合规为基础,构建覆盖基础设施安全、租户安全、安全运营、安全管理的全栈防护体系,提供优质的安全保障和服务。

(1)云平台边界网络

通过在集群部署安全能力池为云资源提供南北向的网络防护。

(2)云平台原生安全

由云服务商提供基础安全能力,保证云服务能力自主安全可控。

(3)租户安全

租户安全由云服务商提供,也可通过建设云内安全能力池提供安全能力及服务。

（4）安全运营和管理

通过统一的安全中台，对各类安全能力进行统一纳管和调度，做到联动分析、响应和处置。

4. 数据安全：建立全生命周期监测防护体系

为了确保"东数西算"工程中海量数据传输流转的安全可控，需构建全链路的数据流动风险监测体系，即建立覆盖全领域、全流程、全链路的数据安全风险监测体系，重点监测跨领域（数据中心之间）数据的流动和使用，提升敏感数据的合规水平，实现对流动数据风险的持续治理。

算网数据安全架构可在各数据中心部署前置采集节点以收集安全数据，引入大数据和人工智能技术，强化基于流量分析的风险检测能力，提升重点数据的暴露面识别、数据流向和行为审计、安全事件溯源等能力，并与统一安全运营管理平台做好结合。算网数据安全架构如图 5-44 所示。

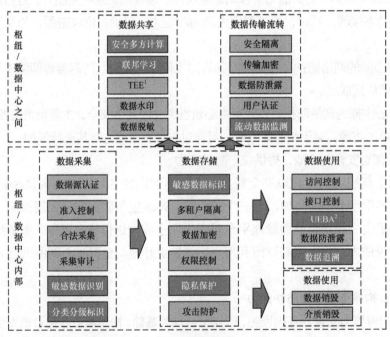

1. TEE：Trusted Execution Environment，可信执行环境。
2. UEBA：User and Entity Behavior Analytics，用户和实体行为分析。

图 5-44 算网数据安全架构

（1）在数据中心内部建立严密的数据保护体系

基于企业安全能力框架，建设数据"识别—防御—检测—响应—恢复"的全安全周期闭环防护。打造统一平台，使能力集约化，实现数据的可知、可防、可测、可控、可靠。

（2）在数据中心之间建设数据流转和共享的监测体系

全域全链路的数据流动风险监测体系：大数据流动风险监测，大数据血缘追踪。

跨域数据安全共享的运营体系：多方数据安全融通的隐私计算平台，包括多方安全计算、联邦学习、区块链安全等技术。

涉及数据流动监测的关键能力如下。

① 数据暴露面识别。脆弱性分析、数据流风险。

② 数据流向和行为审计。异常行为识别、数据血缘。

③ 敏感数据合规。敏感数据识别、标识、分类分级。

④ 数据风险事件溯源。流量特征、账号行为轨迹、泄露数据回溯。

数据中心之间建设数据流转和共享的监测体系如图5-45所示。

图 5-45 数据中心之间建设数据流转和共享的监测体系

5.6.4 安全关键技术与手段

1. 安全中台：统一管理、能力聚合、数据共享、全网联动

建设安全中台，整合资源、聚合能力，避免安全能力"烟囱化"、碎片化，可实现安全数据集中化，安全分析智能化、安全运行编排化、安全服务能力化。安全中台的具体特点如下。

（1）数据融通

基于数据湖思想，打破"数据孤岛"，建设安全数据中心，实现全网安全数据的统一采集、统一分析和统一治理。

（2）能力聚合

建设安全能力中心，对全网各集群池化、非池化安全能力进行统一纳管、编排和调度。

（3）构建一体化安全

整合资源、沉淀共性能力，形成为"前台"提供资源和能力的共享中台，快速为内外进行安全赋能。算网安全能力中台化如图5-46所示。

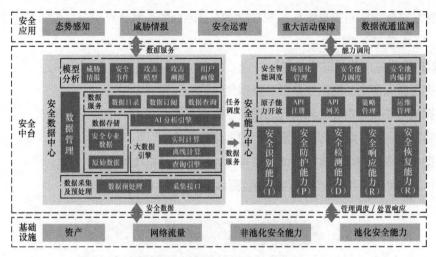

图 5-46 算网安全能力中台化

2. 态势感知：实现安全能力的智能化、自动化

基于"AI+大数据+威胁情报"技术，构建实战化的全网统一的态势感知平台，形成威胁智能检测能力、安全事件快速定位能力、全域态势感知能力。

（1）资产统一纳管

以资产为核心，统一纳管八大枢纽的资产数据，形成资产暴露面识别、失陷资产检测、资产风险画像等风险感知能力。

（2）威胁精确研判

对全网安全数据进行多维度、多层次数据的关联分析，快速发现隐藏在云、网、边、端的安全风险。

（3）一体化态势感知能力

全域资产态势、威胁态势、综合态势等全方位、多视角、立体化的统一呈现，及时形成安全告警，通过安全中台，形成安全一点触发、全网响应的高效联动能力。

3. 隐私保护计算：建立隐私计算平台，确保数据安全共享

当前，数据应用与隐私保护的矛盾日益突出，隐私计算是面向隐私信息全生命周期保护的计算理论和方法，是隐私信息的所有权、管理权和使用权分离时隐私度量、隐私泄露代价、隐私保护与隐私分析复杂性的可计算模型与公理化系统。隐私计算是实现数据价值挖掘的技术体系，通过数据价值的流通，促进企业数据的合法合规应用。隐私计算主要使用以下 3 类技术。

① 以多方安全计算为代表的基于密码学的隐私计算技术。

② 以联邦学习为代表的分布式机器学习与密码学等学科融合的隐私计算技术。

③ 以可信执行环境为代表的基于可信硬件的隐私计算技术。

针对数据安全信任、数据跨域流通、数据隐私保护等痛点，依据"数据可用不可见、可控可计量"的原则，构建安全隐私的多方数据安全融合平台，搭建跨域数据安全共享的联合建模运营体系，打破"数据孤岛"、数据垄断的局面，促进区域平衡发展，促进全国统一数据要素市场的形成。

除了利用以上多种技术，还可通过以下手段进一步打通数据安全，提高防护等级。

① 安全建模。与安全数据中心 AI 技术融合，联合多个数据实体来扩充样本数量或丰富特征维度，将敏感信息通过秘密碎片、加密等形式进行传递，保证参与方在整个计算过程中难以得到计算结果之外的信息。

② 联合统计分析。安全多方计算技术及机密计算技术能够支持隐私保护的结构化查询语言（Structured Query Language，SQL）数据库查询，能够支持自定义 SQL 运算，同时最大限度地保护数据库和 SQL 语句的安全。

③ 区块链。在"东数西算"工程实施的基础上，利用算力、网络、安全等基础资源，进行"区块链＋隐私计算"平台能力建设，引入安全多方计算、联邦学习、可信执行环境和区块链技术，实现多方安全联合建模，以及运营模式的探索。

4. 零信任：构建新一代的身份安全体系

在数据采集、存储、跨域流通、交换等过程中，一个重要的环节是用户身份的认证和访问权限的控制，即如何保障用户在合理的时间访问了合理的数据，零信任是最佳解决方案。

基于零信任架构，采用数字身份访问管理技术，建立端到端的动态访问控制机制，确保身份可信、设备可信、应用可信和链路可信，极大地收缩了攻击面，可有效应对内部威胁和外部攻击，适用于身份认证、访问控制，以及对数据的访问、系统对系统的调用等诸多场景。

（1）以泛数字化身份为基石

为所有的用户、设备、应用、服务都赋予一个电子身份，基于这个身份进行细粒度访问控制，重建安全信任关系。

（2）网络隐身技术

先认证再连接，应用对攻击者不可见，减少暴露面和被攻击的可能性。

（3）智能监控实时授权

在访问过程中，持续监控访问行为，实时采集多维数据，通过 AI 算法进行可信度评估，根据评估结果动态授权。

（4）流量加密技术

零信任网关能够提供加密能力，可以做到端到端流量加密。零信任安全体系架构如图 5-47 所示。

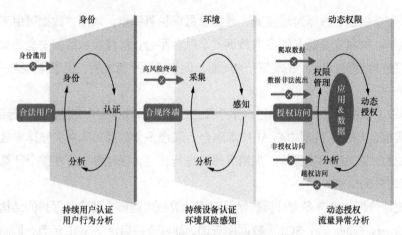

图 5-47 零信任安全体系架构

5. 安全访问服务边缘

客户终端逐渐多样化，接入方式也不断多样化，有必要采用"安全访问服务边缘"技术理念，保障边缘接入安全。安全访问服务边缘，即基于边缘计算部署模式，将网络连接能力和安全能力深度耦合，提供性价比高、上线快速、易扩展的安全服务和组网方案，满足端到云的访问过程中对网络和安全的需求。

（1）安全访问服务边缘部署方式

① 端侧。部署智能引流网关（例如 SD-WAN 设备、智能网关），通过隧道引流把客户的上网流量引流到边缘云，通过云上的安全能力池为用户提供安全服务。

② 边缘云侧。部署安全能力池，提供上网行为管理、防泄密、威胁检测等服务。

（2）安全访问服务边缘安全能力

① 上网行为管理。安全上网审计、精细访问控制，上网更安全。

② 安全连接。收敛暴露面，安全接入内部业务，使远程办公更安全。

③ 防泄密。分析外发文档类型、网络外发应用、内网暴露风险应用，使企业及个人隐私数据更安全。

④ 防攻击。大数据关联分析技术、识别恶意链接、定位失陷主机，使企业业务更安全。

5.7 绿色节能技术

5.7.1 低 PUE 的主要技术手段

关于数据中心能耗构成的比例，国内外很多企业和学者都做了大量的调查与研究，虽然研究结果中各部分占比不尽相同，但能耗构成因素及排序基本相同。在一个电源使用效率（Power Usage Effectiveness，PUE）约为 2 的传统数据中心总能耗中，IT 设备能耗约占 50%，制冷系统能耗约占 35%，供配电系统能耗约占 10%，照明及其他能耗约占 5%。

根据数据中心能耗构成和 PUE 的计算公式，降低数据中心制冷系统的能耗，对降低 PUE 最有效。因此，数据中心的节能措施主要围绕降低制冷系统的能耗开展。传统数据中心采用的风冷制冷方式是最耗电的运行方式。近十年，新建数据中心基本采用水冷式的机房空调系统，能耗比风冷系统低。大幅降低数据中心 PUE 的有效措施是采用自然冷却方式，最理想的是完全不采用消耗电能的机械制冷方式，例如，引入室外空气配合蒸发冷却进行制冷。这种方式需要数据中心建设在温度较低的地区。

数据中心节能的主要方法如下。

（1）测量 PUE

只有对 PUE 进行实事求是的测量，才能及时了解和跟进数据中心能源的使用情况。

（2）管理气流

良好的气流管理对于提高数据中心的运营能效是至关重要的。这方面可以采用机柜冷/热通道封闭、安装机柜盲板和利用计算流体力学的热模拟进行气流组织优化等措施。

（3）提高机房温度

不需要将数据中心的温度保持在 23℃，因为所有的设备制造商都允许冷通道在 27℃或更高的温度下运行。提高冷通道的运行温度既可以使免费制冷的时间变长，又可以节省更多能源。

（4）利用自然冷却

利用自然冷却，不需要使用冷却器就能使设备散热。这包括利用低温的环境空气、蒸发冷却技术应用等。

（5）优化配电

减少电力转换环节可以将配电损耗降到最低。对于必须进行的转换步骤，可以使用高效的变压器和配电装置。数据中心配电过程的最大损耗之一来自不间断电源，因此选择一个高效的转换模式显得尤为重要。另外，还要减少输电线路耗损。

2016 年 7 月，谷歌宣布将 AI 引入数据中心的能耗管理中，建立了 PUE 的神经网络模型，提出了基于机器学习的数据中心能耗管理方法。该项技术在实际应用中可将总制冷功耗降低约 40%，从而使数据中心的总功耗降低约 15%。例如，一个 PUE 为 1.6 的数据中心采用该项技术后，PUE 将降低为 1.45 左右。

近些年，数据中心项目建设规模和数量都有明显提升，数据中心项目的耗电和耗水量也逐年提高。在关注数据中心 PUE 的同时，也应该对数据中心的水分利用效率（Water Use Efficiency，WUE）做出科学管理和监控。

自上海市经济和信息化委员会发布《上海市互联网数据中心建设导则（2019版）》（以下简称《导则》）以来，上海市已批复建设近30个数据中心项目。目前，所有批复建设的数据中心项目均采用水冷空调系统作为数据中心散热冷却的方式。但需要消耗大量的市政自来水作为向大气中散热的载体，以3000个机柜的数据中心为例，其每小时最大耗水量约为50吨，年耗水量约为40万吨，耗水量巨大。《导则》在项目立项和批复阶段，对项目的WUE做出了限制，第一年不高于1.6，第二年不高于1.4，并对WUE的测量参数及测量点进行了详细说明。但是，项目的建设和运营阶段对于用水的测量和监控没有做到彻底的执行和贯彻，也没有形成完善的检测和评价机制。

目前，我国北方地区的大部分数据中心项目已经逐渐加强了对WUE的监管，具体措施如下。

① 从方案审批阶段严控项目用水。目前，数据中心行业内采用低用水或者不用水冷却的方式，风冷空调系统及液冷空调系统已经有了很大的发展和应用，液冷空调系统基本不需要冷却水的补充，节约了空调水系统的耗水。

② 对已建成的耗水量高的项目实行阶梯水价。在上海市非居民用水标准的基础上，对数据中心行业施行特殊收费标准，提高收费标准，并按照用水规模施行阶梯式收费标准。

5.7.2 打造绿色数据算力中心的有效措施

1. 提高数据中心效率，降低数据中心PUE

提高数据中心效率，降低数据中心PUE，坚持资源环境优先原则，充分考虑资源环境条件，优先在能源相对聚集、气候条件适宜、自然灾害较少的地区建设数据中心，提高数据中心的能源利用效率。鼓励采用液冷、高压直流、微模块及虚拟化云计算等技术和方案，充分考虑动力环境系统与IT设备运行状态的关系，鼓励采用智能化优化数据中心PUE。

2. 积极采购可再生能源和清洁能源

（1）市场化采购可再生能源和清洁能源

随着电力市场化改革的推进，市场化采购可再生能源项目试点正在加快推进。目前，我国电力系统的调度运行方式是分散化的，这种分散化的机制限制了灵活性资源的潜力。2020年伴随着可再生能源电力消纳保障机制的正式运行，可再生能源将进入更多的省级电力市场。目前，可再生能源的交易仍以中长期交易为主，以现货交易为辅。在价格方面，市场化绿电交易的价格优势在部分省市已经凸显，光伏发电在多数地区已经具备了与新建燃煤发电竞争的能力。2018年，河北省张家口市开始开展"政府+电网+发电企业+用户侧"的四方协作机制，通过市场化机制与风电企业直接交易。

（2）购买可再生能源绿色电力证书

随着平价上网时代的到来，购买绿色电力证书成为企业碳减排的可行选择。目前，我国绿色电力证书与补贴挂钩，绿色电力证书价格较高，采购绿色电力证书给企业带来了较高的经济成本压力，影响了企业认购绿色电力证书的积极性。2019 年 1 月，国家发展和改革委员会、国家能源局联合发布了《国家发展改革委 国家能源局关于积极推进风电、光伏发电无补贴平价上网有关工作的通知》，明确提出"鼓励平价上网项目和低价上网项目通过绿色电力证书交易获得合理收益补偿"。平价项目绿色电力证书核发后，市场化交易形成的绿色电力证书价格将大幅下降。采购绿色电力证书后，可以快捷、方便地实现数据中心用能绿色化，这对于无法直接采购可再生能源的数据中心也是一种可行的方案。

3. 大力建设应用可再生能源和清洁能源

（1）投资建设分布式可再生能源项目

购电合同模式不断成熟，投资建设分布式可再生能源项目发展提速。企业在自有屋顶安装太阳能光伏板，或在场地内安装风电机组，自发自用，余电出售给电网。企业可选择自己投资建设，也可外包给发电企业投资建设，数据中心和发电企业签署购电合同，享受电价折扣。分布式光伏项目从 2019 年开始由固定的上网电价补贴转为竞价上网。2020 年，万国数据上海三号数据中心在墙体外立面增设太阳能电板，每年可减少消纳传统火电 9 万千瓦时，相当于减少排放 63.3 吨二氧化碳。

（2）投资建设大型集中式可再生能源项目

从长远来看，投资建设大型集中式可再生能源项目是一种可行选择。数据中心企业可以直接建设、投资集中式风电、光伏电站，并拥有项目的部分所有权。通过投资等方式自建可再生能源项目能够满足高比例的用电需求，从长期看具备一定的经济性。但是直接投资可再生能源发电项目需要高额的前期投资成本，而此项目是数据中心的非主营业务，因此，国内企业目前尚未大范围直接投资建设可再生能源发电项目，未来可以考虑通过融资和参股方式解决，国际企业已有一定探索和实践。2019 年 9 月，苹果公司宣布通过中国清洁能源基金在湖南省投资 3 个风电项目，每个项目为 48 兆瓦，进一步提升供应的可再生能源使用。

4. 创新研发节能减碳技术

（1）大力开展储能技术研发应用

电解水制氢成本不断下降，竞争力逐渐增强。氢能虽然不是一次能源，但其碳排放较低，是未来潜力巨大的"能源载体"。目前，我国每年生产的氢气中，40% 来自煤气化，12% 来自甲烷蒸汽重整，还有 40% 是钢铁生产、氯碱生产、脱氢等环节的副产品。电解水法制氢成本仍然较高，用电解水方法生产的氢气只占总产量的 4%，且主要为碱性电解法。随着技术的不断成熟，电解水制氢的竞争力将逐渐增强，预计 2030 年前后氢能发展进入快车道。

随着电池技术的发展，电池储能有望在未来满足长时间储能的需求。电动汽车市场的急速扩张加速了中国电池储能成本的下降，这也使电池储能有望在 2025 年后快速发展，并在 2040 年左右超过抽水蓄能成为常用的储能方式。

冰蓄冷技术实现了用电负荷的"削峰填谷"，降低了用电费用。冰蓄冷技术是在电力负荷较低的夜间采用电制冷机进行制冰的，将冷水以冰的方式储存起来。而在电力负荷较高的白天，再把储存的冷量释放出来，实现用电负荷的"削峰填谷"，通过峰谷电的差价，降低用电费用。

（2）持续探索碳捕捉与封存技术

引导发电企业运用二氧化碳捕捉与封存（Carbon Capture and Storage，CCS）技术改造化石能源发电降低碳排放量。CCS 可以捕获 90% 的碳排放量，在燃煤电厂加装 CCS 将使其变为一种相对低碳的发电技术，CCS 技术的应用取决于其未来的成本下降速度。

第 6 章 算力网络技术的能力需求分析

6.1 数据流通

大数据平台的主要单元为主节点和数据节点,其核心思想是数据的本地化计算,即数据存储、数据计算都要在数据节点完成。一个大数据计算任务一般按照存储在数据节点上的数据分解为多个计算实例,每个实例尽量调用本地数据进行计算,然后返回计算结果,由计算节点融合计算结果。此时,计算的原始数据和中间数据都存储在同一个数据节点。

"东数西算"工程的本质是数据的异地计算,即存储、计算分离。在计算时,提供计算能力的节点并没有数据,需要把数据从存储节点传送到计算节点,才能进行后续的计算。此外,复杂计算的时间周期长,一般需要多次迭代,会产生大量的中间数据。在进行大型数据处理时,算力资源需要根据资源利用情况进行调度分配,分配的计算节点是不确定的。大型计算由分布在不同计算节点的算力资源进行计算,中间计算结果、最终计算结果还存在交流、汇总的需求。因此算力网络要解决数据流通问题。

6.1.1 数据流通模式

从技术架构方面来看,数据流通的主要模式可以分为点对点流通模式、星形结构流通模式及网状结构流通模式。

点对点流通模式是数据供需双方的两个节点组成的数据流通系统,数据提供方按照需求方的要求与约定规则,向需求方开放数据资源库,完成流通对象的转移。点对点流通模式如图 6-1 所示。

图 6-1 点对点流通模式

星形结构流通模式如图 6-2 所示。该模式是由一方作为数据资源收集者,收集与整理所有其他数据资源拥有者的数据资源,并对所有数据资源进行再次加工,最后提供给所有数据资源需求方的模式。这种流通模式多存在于数据平台以中间代理人的身份为数据提供方和数据需求方提供数据交易撮合服务。数据提供方往往选择一种交易方式对数据自行定价出售,并按特定交易方式设定数据售卖期限及使用和转让条件。

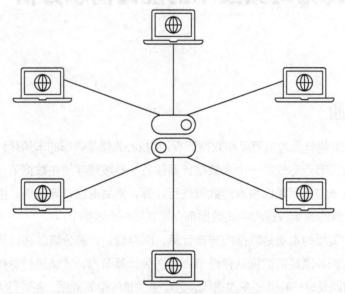

图 6-2　星形结构流通模式

网状结构流通模式如图 6-3 所示。该模式由一个或多个数据资源组织方组织数据资源的需求与供给,形成流通任务,并组织不同的供需方按需传输数据资源。随着数据流通相关技术的逐渐成熟,社会整体数据资源将逐渐汇聚连接,最终形成网状结构的数据流通模式。

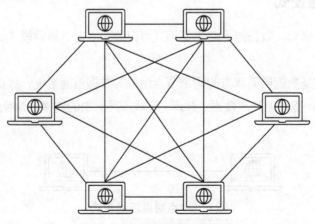

图 6-3　网状结构流通模式

数据快速和便捷流通是算力网络发挥能力的基础,算力网络应满足数据流通的网络结构需求。虽然网状结构是数据流通的趋势,但是算力网络的结构设计不应拘泥于固定的网络架构,而是应该根据不同算力应用场景的数据流通需求,设计合理的算力网络架构。最优的方式是算力网络可配置,并能够根据不同的需求灵活配置。

6.1.2 数据流通技术

数据流通在技术实现上有诸多需求,主要表现在个人信息保护、权益分配、数据安全保障、追溯审计等方面。数据流通的核心是促进数据安全有序互联互通,同时应积极推进数据交易市场化,推动数据互联便捷化,完善数据应用落地化。以数据为主体,促进"数据—用户—企业"三位一体。

从概念上讲,基础的数据流通只存在数据提供方和数据需求方两类角色,数据被提供方通过一定手段传递给需求方。然而,出于数据权属和安全的需要,不能简单地将数据直接进行传送。数据在流通过程中需要完成数据确权、控制信息计算、个性化安全加密等一系列信息生产和再造,形成闭合环路。

1. 安全多方计算

在数据增值的过程中,能让数据增加附加值的往往是对数据进行加工、分析、运算的结果而非源数据本身,因此对于数据需求方来说,其本身不触碰源数据,但可以完成对数据的加工分析操作。安全多方计算(Secure Multi-Party Computer,SPMC)这个技术框架就实现了这一点。安全多方计算围绕数据安全计算,通过独特的分布式计算技术和密码技术,有区分地、定制化地提供安全性服务,使数据提供方在不需要对外提供源数据的前提下实现对与其数据有关的函数的计算,解决了一组互不信任的数据提供方之间保护隐私的协同计算问题。

安全多方计算最初由图灵奖获得者、中国科学院院士姚期智在1982年通过百万富翁问题提出。安全多方计算的研究主要针对在无可信第三方的情况下,安全地进行多方协同计算问题,即在一个分布式网络中,多个参与实体各自持有秘密输入,各方希望共同完成对某函数的计算,而要求每个参与实体除计算结果外均不能得到其他用户任何的输入信息。

SMPC技术框架如图6-4所示。

当一个SMPC计算任务发起时,枢纽节点传输网络及信令控制。每个数据提供方可以发起协同计算任务。通过枢纽节点进行路由寻址,选择相似数据类型的其余数据提供方进行安全协同计算。参与协同计算的多个数据提供方的SMPC节点根据计算逻辑,从本地数据库中查询所需数据,共同就SMPC计算任务在数据流间进行协同计算。在保证输入隐私性的前提下,数据提供方得到正确的数据反馈,整个过程中本地数据没有被泄露给其他任何参与方。

安全多方计算理论主要研究数据提供方之间协同计算及隐私信息保护问题,其特点包括输入隐私性、计算正确性及"去中心化"。

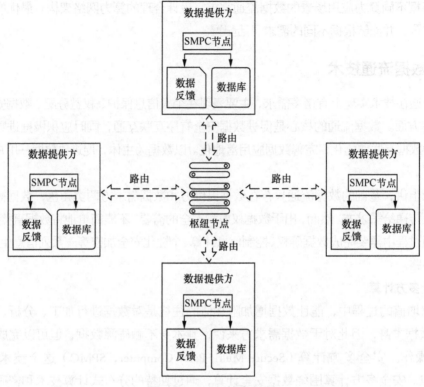

图 6-4 SMPC 技术框架

① 输入隐私性。安全多方计算研究的是各数据提供方在协同计算时如何对各方隐私数据进行保护,重点关注各数据提供方之间的隐私安全性问题,即在安全多方计算过程中必须保证各数据提供方私密输入独立,计算时不泄露本地任何数据。

② 计算正确性。多方计算各数据提供方就某一约定计算任务,通过约定 SMPC 协议进行协同计算。计算结束后,各方得到正确的数据反馈。

③ "去中心化"。传统的分布式计算由中心节点协调各用户的计算进程,收集各用户的输入信息。而在安全多方计算中,各数据提供方地位平等,不存在任何有特权的数据提供方或第三方,提供一种"去中心化"的计算模式。

安全多方计算在需要秘密共享和隐私保护的场景中具有重要意义,其主要适用场景包括数据可信交换、数据安全查询、联合数据分析等。

① 数据可信交换。安全多方计算理论为不同机构间提供了一套构建在协同计算网络中的信息索引、查询、交换和数据跟踪的统一标准,可实现机构间数据的可信互联互通,解决数据安全性、隐私性问题,大幅降低数据信息交易摩擦和交易成本,为数据提供方和需求方提供有效的对接渠道,形成互惠互利的交互服务网络。

② 数据安全查询。数据安全查询问题是安全多方计算的重要应用领域。使用安全多方计算技术，能够保证数据查询方仅得到查询结果，但对数据库其他记录信息不可知。同时，提供数据的一方不知道用户具体的查询请求。

③ 联合数据分析。随着大数据技术的发展，社会活动中产生和搜集的数据和信息量急剧增加。敏感信息数据的收集、跨机构的合作及跨国公司的经营运作等给传统数据分析算法提出新的挑战，已有的数据分析算法可能会导致隐私暴露，数据分析中的隐私和安全性问题得到极大的关注。将安全多方计算技术引入传统的数据分析领域，能够在一定程度上解决此问题，其主要目的是改进已有的数据分析算法，通过多方数据源协同分析计算，使敏感数据不被泄露。

2. 区块链技术

区块链技术中多个计算节点共同参与和记录，相互验证信息的有效性，既进行了数据信息防伪，又提供了数据流通的可追溯路径。业务平台中授权和业务流程的解耦使数据流通中的溯源、数据交易、智能合约的引入有了实质性的进展。

区块链是建立在互联网之上的一个点对点的公共账本，由区块链网络的参与者按照共识算法规则共同添加、核验、认定账本数据。网络中的每个参与者都拥有一个内容相同的独立账本，且账本数据是公开透明的。"去中心化"的部署方式，结合密码学、共识机制保证区块链数据极强的公信力，匹配数据流通在数据安全、质量保障、权益分配、追溯审计和透明度等方面的需求。

目前区块链应用主要有3种模式：公有链、联盟链、私有链。公有链是运行在互联网的完全分布式区块链；联盟链则是由多个关联机构共同发起和运营的，具有一定的准入机制；私有链是公有链的私有化部署，往往由单个机构主持运行。联盟链模式提供的准入机制，更易于筛选参与者的身份和认定责任，有助于数据安全和质量保障，因此更适合数据流通领域。

数据流通市场由数据提供方和数据需求方构成，区块链平台在此基础上引入了市场运营方、相关第三方、审计监管方等参与角色。数据流通区块链平台如图6-5所示。

联盟区块链是基于多方成员搭建的公共账本系统，支持智能合约发布和达成等相关事务操作认证、记录功能。数据供需双方接入区块链。数据需求方通过区块链发布智能合约，向数据提供方发起合作邀约。而数据提供方通过本地区块链节点接收、批准和执行合约。相关第三方是指提供数据分析算法、分析结果应用的参与者，为缺少相关能力的数据需求方提供软硬件支持。审计监管方则对流通过程进行监督和公证。市场运营方负责数据流通的规范化、成员管理和区块链的运营。由于区块链的匿名性质，联盟区块链的认证中心（Certificate Authority，CA）服务由市场运营者主持，负责区块链成员准入认证和身份绑定，以提高流通市场的稳定性和数据的品质。

合约生效前需要各方用户达成一致的内容，内容包括但不限于数据内容、数据量、数据使用限制、交易期限、计费方式等。数据供需双方通过合约执行数据核验、数据计算、结果提交和放行等，并由市场运营方、审计监管方规范合约履行过程。数据计算由链下的安全计算环节完成，在链上完成结果汇总。这一安全计算在数据提供方认可的保密执行环境中完成，避免计算过程数据外流或失窃。

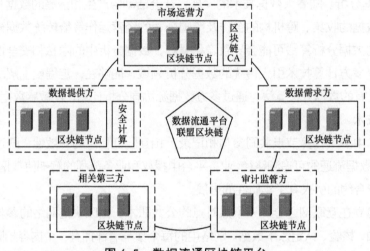

图 6-5 数据流通区块链平台

区块链技术因其独特的密码学机制和共识机制，可实现虚拟资产的确权、授权、停权。区块链技术在数据流通领域可以应用于数据的声明发布、授权使用等场景。

（1）数据发布场景

① 数据提供方生成数据身份：数据提供方根据所要发布的数据文件属性，生成数据身份，包含数据的各类特殊属性。

② 数据提供方提交数据发布合约：数据提供方根据数据发布合约的模板，将数据身份填入合约，并向区块链发送创建智能合约请求。

③ 市场运营方核实数据发布合约：市场运营方对合约中各类特殊属性完成核实。核实通过后，对该合约进行签名，完成数据发布合约。

（2）数据使用场景

① 数据需求方提交数据授权合约：数据需求方可以通过区块链检索、查阅意向数据，并根据合约模板，向区块链提交合约。

② 合约签署：合约中规定的数据方在本地区块链收到智能合约请求后，进行签署。市场运营方在签署前需要确认各个数据方的资质。

③ 数据使用：数据提供方根据合约的授权签名和算法要求，执行数据计算。数据实体在使用过程中不能离开该安全计算环境，对于多个数据持有方，则引入安全多方计算。

④ 数据结果提交及提取：数据提供方将结果提交到区块链合约中。对于多个数据提供方，

由合约完成结果的汇总，之后数据需求方从区块链获取计算结果。

3. 同态加密

同态加密是指对其加密数据进行处理得到输出，将此输出进行解密，其结果与用同一方法处理未加密的原始数据得到的结果一致。

同态加密可以用以下举例来说明：艾斯买到一大块金子，她想让工人把这块金子打造成一条项链，但是工人在打造的过程中有可能会偷金子。艾斯可以通过以下方法让工人既能加工金子又不能偷走金子。

艾斯将金子锁在一个密闭的盒子里面，这个盒子配了一副手套。工人可以戴着这副手套，对盒子内部的金子进行处理，但是盒子是锁着的，因此工人不仅拿不到金块，连处理过程中掉下的金子都拿不到。加工完成后。艾斯拿回这个盒子，把锁打开，便得到了项链。

这里面的对应关系如下：盒子——加密算法；盒子上的锁——用户密钥；将金块放在盒子里面并且用锁锁上——对数据用同态加密方案进行加密；加工——应用同态特性，在无法取得数据的条件下直接对加密结果进行处理；开锁——对结果进行解密，直接得到处理后的结果。

与普通加密算法只关注数据存储安全不同，同态加密算法关注的是数据处理安全，提供对加密数据进行加法和乘法处理的功能。使用同态加密算法，不持有密钥的用户也可以对加密数据进行处理，处理过程不会泄露任何原始数据信息。同时，持有密钥的用户对处理过的数据进行解密后，可得到正确的处理结果。

同态加密算法从功能上可以分为部分同态算法和全同态算法。部分同态算法指支持加法同态或乘法同态，或者二者都支持但是操作次数受限。全同态算法则可以简单地理解为不受限制地同时支持加法和乘法操作，从而完成各种加密后的运算（例如，加减乘除、多项式求值、指数、对数、三角函数等）。

利用同态加密，可以委托不信任的第三方对数据进行处理而不泄露信息。因此，同态加密在云计算、电子商务、物联网等领域有重要应用。

同态加密在数据流通领域（包括数据共享和数据交易过程）具有广阔的应用前景。在数据共享过程中需要对敏感数据进行脱敏处理，保证其不被泄露，同时，敏感信息本身具有分析和应用价值，若全部脱敏，将无法发挥数据价值。同态加密技术为敏感数据隐私保护提供了一种新的解决思路，将数据中的敏感信息进行同态加密，但不影响其可操作性。

在数据流通场景中，数据需求方事先无法获知数据的使用效果，因此无法评判数据价格的合理性。在数据交易前，数据需求方可以使用部分加密数据进行计算，验证其可操作性及业务相关性，以此为基础来确定需求数据价格的合理性。

4. 零知识证明

在一个零知识证明协议中，证明者向验证者证明一个声明的有效性，而不会泄露有效性之外的任何信息。使用零知识证明,证明者不需要任何事件相关数据向验证者证明事件的真实性。

分布式账本需要满足群体共识特性,即各方通过共识机制确认数据的合法性。而能达成共识的前提是所有数据能被数据提供方看见,其中包括个人或机构的隐私数据。如果不对共识数据做任何处理,则会导致个体隐私数据的泄露,引发个体隐私和群体共识的矛盾。

零知识证明能提升数据合法性的隐性共识,是解决以上矛盾最强大的工具。零知识证明可以让验证方既不知道数据的具体内容,又能确认该内容是否有效或合法,其应用包括交易有效性证明、供应链金融、数据防伪溯源等。

零知识证明可以在证明者不提供事件相关信息的前提下,使验证者相信某个论断是正确的。数据流通的各个环节需要为数据共享或交易双方提供数据有效性及正确性的认证服务,证明数据流转的安全性和可信性,保证整个数据流通的安全可追溯。但在认证过程中,证明者不希望暴露己方数据信息,需要不泄露真实数据的有效性认证方式。

5. 数据标识技术

个人信息由唯一辨别个人的标识数据与无法辨别具体某个人的特征数据组成。数据标识技术的原理是,通过处理标识数据,保留特征数据的方法,实现数据流通过程中既保护个人信息,又实现数据流通。

该技术能提供以下 3 种基本功能。

① 相同数据标识在不同方不同结果的不可逆转换。

② 相同数据标识在完成转换后的第三方关联性匹配。

③ 支持启动第三方关联性匹配所需的合法授权接口。

公民网络电子身份标识算法具有转化与匹配两种方式,适合与个人信息相关数据流通的金融风控场景使用。金融风控需要在授权范围内对个人信息进行调查或取证。确保数据提供方的个人信息合法流通至数据需求方,对需求侧产生正面的商业价值是数据标识技术的主要应用场景。

6.1.3 数据流通的安全治理

1. 数据流通的安全需求

(1) 个人信息保护

个人信息保护是数据流通的前提。《中华人民共和国网络安全法》规定:"未经被收集者同意,不得向他人提供个人信息。但是,经过处理无法识别特定个人且不能复原的除外。"

对此,个人信息保护可以从信息处理和个人授权两个方面解决。但是,去除个人信息的处理加工方式必然伴随着信息的流失,导致信息使用价值降低。因此,如何保证信息完整不缺失和保护被收集者的个人信息不泄露成为迫切需求。而在技术上要满足以下要求。

一是数据标识加密技术。该技术利用算法，将可识别个人身份的标识信息转换成不能识别身份的密文信息，且需要满足相同数据标识在不同数据提供方中被转换的不同结果，用于确保个人信息在流通中得到保护。

二是加密后的数据标识可进行关联技术。该技术可以实现不同数据提供方系统中的被加密标识通过第三方转译进行再次关联，用于保证流通的关联性。

三是个人信息被流通前的有效授权技术。该技术需要确保只在被收集者授权的情况下才可以启动数据流通，确保个人数据只在授权范围内合法使用。

（2）安全保障

安全保障是数据流通的关键屏障，必须通过技术手段保障流通数据的安全与用户安全。

一是对流通的数据采用加密手段进行处理，保证数据在传输过程中的安全。

二是在上传数据前必须明确告知被收集者，禁止在未经被收集者同意的情况下采用技术手段直接上传数据。

三是禁止流通任何危害国家安全、社会稳定，侵犯他人权利，涉及商业机密的数据，技术上能够做到对这些数据检索识别，追踪数据上传源头。

四是数据必须在一定范围内使用，符合有限使用原则，技术上能够对数据使用范围做出检测，警告超出合理使用范围的数据应用。

（3）追溯审计

追溯审计是数据流通的坚实后盾。对已经流通的数据建立完善的追溯审计体制，使违规侵权行为被及时追踪发现。技术上要满足以下需求。

一是对参与数据流通各方实体的行为做到透明日志记录，方便数据提供方查阅其数据使用记录。

二是能够及时检测日志中出现的异常行为并快速定位异常情况，追溯到行为源头。

2. 数据安全管理机制

数据本身的特殊性决定了数据的安全问题无法简单地借助传统生产要素管理机制（例如，不动产登记、动产交付、知识产权登记等方式）来实现，而是必须建立符合数据特殊要求的安全管理机制。

（1）完善数据分类分级保护制度

当今数据已经像必需品一样无处不在、不可或缺。面对海量的数据，我们不可能采取一刀切的方式进行管理，而是需要综合考虑数据的种类和数量、数据的处理情况、面临的风险等，并对其进行分类分级，从而采取相应的保护措施。根据数据不同的重要性，可以将数据分为涉密数据、重要数据与一般数据。对于涉密数据，我国已经建立了一套比较成熟的保密法律制度，出台了《中华人民共和国保守国家秘密法》等一系列法律法规。对于非涉密数据，有些因数据规模巨大或内容敏感，仍然会涉及国家安全或社会公共利益，对这部分数据需要进行特殊管理。《中华人民共和国数据安全法》已经明确规定了国家要建立数据分类分级保护制度，下一步各地区、各部门应当进一步确定本地区、本部门及相关行业、领域的重要数据具体目录，对重要数据加强保护。

根据数据是否包含个人信息，可以将数据分为个人数据与非个人数据。个人数据因涉及个人隐私及财产、生命安全而成为敏感话题。显然，科技的进步不能以减损公民的尊严和基本权利为代价，而是应当坚持"科技向善"，以增进人民的福祉和促进人的全面发展为目标。因此，必须对个人数据进行特别保护，以维护公民对网络的信任。鉴于个人维权非常困难，需要出台专门的个人信息保护法及建立强有力的行政执法机制。

（2）完善个人信息保护制度

在个人信息保护方面，有两个环节需要特别关注：一是合理的数据收集方式，二是负责任的数据利用方式。在数据收集方面，普遍存在过度收集、频繁收集、非法买卖个人数据等问题。在数据利用方面，数据超范围使用、滥用，存在数据黑灰产业链，利用数据精准诈骗案件时常发生。因此，立法应当重点规范对数据的非法收集和滥用，并加大惩罚力度。

（3）完善数据审查和评估制度

网络安全审查主要是为了确保关键信息基础设施供应链安全，维护国家安全和数据主权。《中华人民共和国网络安全法》明确了对关键信息基础设施运营者采购网络产品和服务，可能影响国家安全的，应当通过国家安全审查。在进行安全审查时，重点考虑的因素之一就是重要数据被窃取、泄露、毁损的风险。《中华人民共和国数据安全法》进一步明确规定了国家应建立数据安全审查制度，对影响或者可能影响国家安全的数据处理活动进行国家安全审查。建议出台《数据安全审查指南》，进一步细化和落实数据安全审查制度。数据安全评估主要是针对出境数据。考虑到我国数字经济的快速发展，特别是我国大型互联网企业逐渐"走出去"的需要，应该建立推行企业自行评估与主管部门强制评估相结合的安全评估制度。

（4）设立国家数据主管机构

近年来，部分省（自治区、直辖市）陆续成立了大数据局等相关机构。以省级大数据主管机构为例，从2014年广东省设立第一个省级大数据局开始，截至2019年年底，共有20个省级地方成立了专门的大数据主管机构，对包括大数据产业在内的大数据发展进行统一管理。数据是数字经济时代最重要的生产要素之一，有必要设立专门的国家数据主管机构，对数据进行顶层设计和宏观管理，充分发挥数据要素的市场价值。

3. 完善数据流通机制的建议

如同其他生产要素一样，促进数据流通意味着淡化数据的"所有权"色彩，同时增强数据的"债权"色彩。保障数据要素有效的市场化配置，需要兼顾交易的安全和效率。要素确权、交易单位、定价机制、交易市场、交易监管和创新能力构成了要素市场化配置的基本流程。对于数据而言，确权和交易是要素市场化最重要的两个环节。

（1）构建多维度的数据权利束体系

根据科斯定理，确定数据产权是数据交易和大数据产业发展的基础，有效的产权制度可以降低交易成本，促进数字经济发展。数据权属制度是保障数据交易安全、促进数据流通的基础性制度，是数据流通静态安全的保障。数据上的权属关系较为复杂，既涉及人身权利，例如姓名权、肖像权、隐私权等，又涉及财产权利，例如数据使用权、收益权等。

考虑到现有的财产权利制度难以适用于数据，欧洲议会及欧盟理事会在1996年发布了《关于数据库法律保护的指令》，建立了对数据库的特殊权利保护体系。其显著特点是不仅保护了独创性的数据库，而且保护了那些不具独创性但付出了实质性投入的数据库，从而形成个人数据保护、数据库版权保护、数据库特殊权利保护的数据权属制度。

从数据生命周期来看，数据上的权利该应该是一个"权利束"，包括一系列人身权利和财产权利。其中，人身权利的核心在于保护自然人的隐私和人身安全，为此需要设定数据主体对其个人信息的一系列控制权利，包括同意权与撤回同意权、查询权、获取个人信息副本权、更正权、删除权、反对完全自动化决策权、反对个性化展示权、公开披露权等。数据上的财产权利主要是保障对数据的开发和利用，包括占有权、使用权、开发权、编辑权、许可权、转让权、收益权等，尤其需要在立法上明确企业对其合法拥有和运营的数据享有依法开发利用的权利，以便更好地保障数据资产。数据权利不应是绝对的，为了平衡数据上承载的国家安全、社会公共利益与个人利益，还应建立数据的合理使用规则。对于因维护国家安全、社会公共利益及更为重要的个人利益的需要，可以不经数据主体同意而直接使用数据。对于正当的科研开发活动而使用数据的情形，也应当视作对数据的合理使用，以推动数据的开发利用和科技进步。

（2）统一数据交易的基本规则

目前国内的大数据交易行业尚处于初级阶段，但我国庞大的数据资源势必推动交易市场的快速发展。2014年以来，国内出现了一大批数据交易平台，许多地方政府也积极设立数据交易机构，包括贵阳大数据交易所、长江大数据交易中心、上海数据交易中心等。这为数据交易市场的孕育提供了很好的探索，但遍地开花的数据交易中心存在各自为战、规则林立等问题。例如，贵阳大数据交易所、上海数据交易中心、华中大数据交易所等均有自身独立的一套数据交易规则，导致各大数据交易市场之间出现定价标准、交易模式等不统一的局面，海量的数据因缺乏一套完整统一的数据交易规则，被不同的信息化交易系统分割成众多"数据碎片""数据孤岛"，久而久之不利于大数据在交易市场之间的自由流动，难以真正实现平台化、规模化、产业化的发展，无法有序发挥大数据交易平台的规模效应、功能优势。此外，市场缺乏信任机制，数据被私自留存、复制、转卖的现象普遍存在，良性互动的数据交易生态体系尚未形成。数据交易中所涉及的采集、传输、汇聚活动缺乏标准和规范，安全问题较为突出。

规则决定市场的宽度和深度。为了形成全国性的数据交易市场，有必要在全国范围内统一数据交易基本规则，各个数据交易平台可以在统一的数据交易基本规则上丰富各自的特色服务和产品，提高市场竞争和活力。

（3）防止数据垄断，维护有效竞争

当数据成为企业的核心资产时，经营者寻求数据垄断就不可避免。超大型网络平台利用自身营造的跨多领域的网络生态圈汇聚了大量数据；企业并购也会导致数据的快速集中。此外，"使用者反馈"与"获利反馈"机制使大公司的数据收集能力不断增强，造成各数据提供者之间的数据鸿沟越来越大，最终导致数据寡头持有并垄断海量数据的局面。

数据的垄断会形成数据壁垒，进而形成算法壁垒和平台壁垒，阻碍市场竞争，损害消费者利益，妨碍数字经济的健康发展。

（4）推动形成数据跨境流动国际规则

数据是数字经济的"石油"。出于业务全球布局的需要，或者为降低成本实行外包服务等，数据跨境流动不可避免。随着数字贸易快速增长，各国数据政策与法律带来的冲突与日俱增。只有通过国际合作与协调，让国家在制定本国政策框架的同时尽可能地照顾到政策的外部性，在安全和发展之间寻求平衡，促进共识，形成统一的国际规则，才能更好地形成国际市场，发挥数据生产要素的作用，让国际社会共享数字经济的红利。

我国在制定数据跨境流动规则方面，应当充分考虑我国国际地位不断提升的趋势，注重国内规则的国际化和国际影响。建议数据本地化要求的范围宜窄不宜宽，数据出境评估程序宜简不宜繁，以降低数据流动成本，推动形成有利于我国企业发展的国际数字环境。

6.2 算力共享

随着信息技术的飞速发展和广泛应用，人类进入了信息社会，智力和信息代替资源（主要指物质资源）及资本，成为社会最重要的资源，人们通过信息的计算分析和技术创新、管理创新，提供产品和服务，创造社会价值。信息社会的典型特征是海量的数据信息不断涌现，"数据即财富，算力创造价值"的理念得到认可。在大数据时代，面对海量的数据信息，如何进行计算分析、加工处理和快速提取有用信息，是我们面临的最大问题。

算力是一种资源，每个人的手机能提供日常付款、阅读、通信等业务的算力，计算机能为大型游戏、日常办公提供服务，小型计算机中心、IDC可以为园区、公司提供算力，大型云计算中心、超算中心可以为政府、科研及大型商业应用提供算力。资源从来不会平均，算力也一样。"东数西算"工程的初衷也是解决算力资源的不平衡，提高全国各云计算节点算力的使用效率。

6.2.1 算力共享的定义与分类

1. 算力共享的定义

算力共享在不同的行业有不同的定义，有些算力共享仅仅是权益的共享，并不是本书中的算力共享概念。

（1）专用算力共享

视频监控场景中会设置多种摄像机，大部分摄像机只能智能抓拍，不能识别，少量摄像机具备目标识别功能，此时可以利用算力协同融合，充分利用目标识别摄像机，将算力共享给其他支持目标抓拍的摄像机，从而以更经济的方式实现全通道目标识别。通过这种算力共享，使用目标识别摄像机，即可提取摄像机抓拍目标的特征值，完成人员考勤、人员搜索、回头客等目标识别配置。

专用算力共享是使用可以提取特征值的摄像机，来提取目标抓拍摄像机抓拍图片的特征值，再交给抓拍摄像机进行特征值比对。这种专用算力共享不同于一般1拖N场景，1拖N场景是使用智能业务摄像机，通过调取非智能摄像机的视频流进行智能业务分析。1拖N仅为两个摄像机之间的交互，不需要后端平台。

（2）云算力共享

云计算的本质是由用户无感知的成百上千台、几万台、几十万台甚至是几百万台分布式集群服务器形成"无所不在"的计算能力。无论在任何时间、任何地点，任何人使用任何计算机时都可以使用"云"。举个形象的例子，无论你到哪里出差，这朵"云"都可以飘到你那里形成"降水"。关键是大家都可以共享使用这朵"云"，这是一种共享经济。只不过"云"提供的是共享计算能力。

云算力共享是算力网络的核心需求。一方面，作为算力资源提供方，算力网络应该提供足够的算力资源，满足客户的需求；另一方面，算力网络要提供一张柔性、灵活的网络，能够便捷地把算力提供给客户，此外，算力网络还需要在提供算力的同时，提供相应的安全、存储、业务发布等配套能力，让算力共享成为一个完整的行业产品。

2. 算力共享的分类

算力网络的核心是网络，重点是算力。在"东数西算"工程中，东部地区的数据通过算力网络利用西部的算力完成数据计算。算力网络服务商可以通过多种方式提供算力共享，可以直接通过封装的 API、SDK 服务提供算力；可以出租平台能力，让客户以租户的方式直接利用平台能力进行数据处理计算；也可以直接分配虚拟机、vCPU、GPU 等物理计算资源。按照算力的提供形式，算力共享可分为以下 3 类。

（1）应用算力共享

应用算力共享通过互联网浏览器或 Web Service/Web2.0 程序连接的形式为用户提供服务，

使算力网络的应用具备典型的互联网技术特点。应用算力共享缩短了用户与算力提供商之间的时空距离,从而使应用服务的营销、交付与传统软件相比有着很大的不同。

这种应用算力一般封装为API、SDK等其他类型的微服务供用户远程调用。用户远程调用时,需传送相应的数组作为计算基础。例如百度的文字识别,就需要远程调用者把需要识别的图片作为参数传给百度智能云,百度智能云如果识别成功,则计算后直接返回识别的文字,如果不能识别,也会反馈信息。

应用算力共享需要建设独立的算力开放平台,例如,中国电信的数字能力运维开放系统就是中国电信新一代云网运营系统的服务底座,支持微服务 + ESB[1] 混合架构模式的服务访问,为各中心提供统一的服务框架,实现服务的统一注册、安全接入、集中管理、共享开放、高效运营,并按需对外开放。

(2)平台算力共享

不同于应用算力共享,平台算力共享是让客户作为一个租户入驻算力平台,平台提供数据存储、处理、结果发布及云端开发环境等一系列服务。例如,DevStudio 是一款阿里云云效推出的面向云原生的 WebIDE 产品,通过浏览器即可使用包括终端在内的原生集成开发环境(Integrated Development Environment,IDE)功能,预置多种主流的技术栈,已经预安装各开发环境所需的软件包和插件,支持在线运行、调试、预览用户自己的服务,提供与本地开发一致的体验。阿里云云效平台的架构示意如图6-6所示。

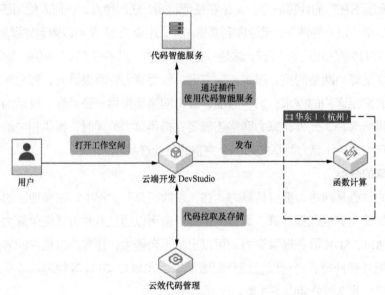

图6-6 阿里云云效平台的架构示意

---

1 ESB:Enterprise Service Bus,企业服务总线。

(3) 基础算力共享

应用算力共享一般面向小型用户，平台算力共享面向具有开发能力的大中型用户，此外，有些用户只希望租用基础算力资源，例如物理机、虚拟机、物理 CPU、vCPU、GPU 等。当用户拿到分配的基础算力资源后，需要自己搭建计算环境，适配存储、网络环境，部署自己的计算平台。基础算力共享用户对云计算物理资源具有独占性，可以保证计算能力的稳定，适用于重要的业务或重载计算。

基础算力共享可以是算力网络运营商共享基础算力给客户，也可以是第三方共享基础算力网络给算力网络运营商。例如，网吧的计算机大多数时间是没有满负荷运行的，算力空闲，则算力网络运营商可以搭建平台，借用网吧算力，利用云计算机直接控制网吧的闲置计算机，这样极大地利用了现有的资源。相较于传统计算中心式的云服务，通过本地网吧控制城市范围内的机房，可以有效解决带宽速度和网络时延的问题。云技术对机房的数据进行处理和分发，可以在提升速度的同时，有效减少网吧的硬件、带宽投入及维护成本。

现在有些企业已经建设了开放、安全、透明和便捷的共享算力平台。通过整合上下游合作伙伴，用户可以在算力网络上根据自己的需要购买他人共享的 GPU、CPU 云主机，机主也可以在该平台出售闲置的 GPU、CPU 云主机，解决了因为大规模堆置高性能机器导致资源浪费等问题。同时，在算力平台上还可灵活搭配多种配置服务，使性能达到极致，满足多种需求，提升计算效率，为用户提供更具差异化的云服务解决方案。

现在，主流的基础算力共享仍然以建设在各地的云计算中心为主，但随着算力调度技术的逐步演进，将不断有个人算力资源加入基础算力共享的范畴。最终，世界上的每一台计算机都有可能成为基础算力共享的一份子。

6.2.2 算力共享模式

本节借鉴计算资源共享模型，对算力共享模式进行介绍。近年来，一些基于网格、云和社会网络的计算资源共享模型相继被提出，其相应的资源管理、调度和共享机制也得到了持续的研究。算力共享也是计算资源的共享，因此可以分为合作共享模型、公用计算共享模型、市场交易共享模型和混合共享模型 4 种模型。

1. 合作共享模型

合作共享模型通常构建在网格或者社会网络的平台上，通过无缝集成多个自愿加入的广域资源来合作解决问题，实现网格内或社会网络内的计算资源、存储资源、通信资源、信息资源的全面共享。该模型的特点是资源自愿加入，在保持资源自治性的基础上无偿共享，实现以系统性能最优为目标的资源调度。该模型没有很好的机制激励资源所有者贡献出自己的资源，资源的可用性比较低。

目前，国际上比较有影响的计算网格和数据网格项目有 DEISA、DutchGrid、EGEE、Grid5000、TeraGrid、caBIG 和 iVDGL，它们建立在社会网络和社会云上，虽然考虑了有偿共享，但强调的仍然是合作共享而非商品化共享。

2. 公用计算共享模型

公用计算共享模型是一种以服务形式提供虚拟计算资源的模型，目前构建在云计算平台上。服务供应商通过计算资源虚拟化技术和 SOA 技术，在线提供 IaaS、PaaS、SaaS 甚至一切皆服务（X as a Service，XaaS）的服务方式，将包括硬件、软件和基础设施管理在内的虚拟资源提供给用户，用户只需要通过专有网络或者互联网访问所需资源，按需获取计算能力、存储空间、数据资源及各种软件服务，按照使用时间或流量付费，计费的项目包括 CPU 时间、存储容量、软件使用等。

典型的公用计算模型有 Amazon EC2、Rackspace、FlexiScale、Google Apps、Tsunamic 等。与公用计算相关的关键技术包括计算资源虚拟化、适应性管理、计费等。计算资源虚拟化包括服务器虚拟化、网络虚拟化、存储虚拟化等。适应性管理则由软件实现，根据业务应用的需求，合理、及时地调配计算资源、合理计费等。

3. 市场交易共享模型

市场交易共享模型是将计算能力、存储空间、数据资源、软件服务等计算资源看作商品，在网格、云甚至是云间构建市场平台上，资源所有者和资源需求者直接或者通过代理在市场中进行资源交易，以市场经济的规律决定计算资源的供需及价格。该模型的特点是买方和卖方追求各自的收益率，而整个市场则追求总的供需匹配成功率和总的市场收益率。

加入了市场因素的经济网格有 GRACE、Popcorn、Spawn、Nimrod-G、Tycoon 等，研究重点是实现地理上分散的自治资源（包括超级计算机、存储系统、专门的设备或者数据）在多机构虚拟组织之间的有偿共享。

4. 混合共享模型

混合共享模型是上述 3 种共享模型的混合形式，例如，在正在发展的社会云中，某些资源是无偿共享的，某些资源是市场化交易的；再如，在正在发展的混合云中，私有云内的资源是无偿共享的，公有云资源是市场化交易的，市场化共享方式下交易标的是公用计算服务等。随着网络技术和网间技术的发展，计算资源的共享模型正在发展完善中。

6.2.3 算力共享网络

"东数西算"工程的本质是通过算力网络实现算力共享，但是不同的算力应用场景需要不同的性能条件。例如，数据快捷地传送到东部算力中心，满足各种场景用户的网络接入与使用。这些性能条件是算力共享的条件，算力网络必须具备这些性能才能真正让东部的用户可以使用、喜欢使用、方便使用"东数西算"工程的算力网络。

1. 网络时延与带宽需求

算力网络需要满足不同业务场景的接入，算力网络也必须适配业务的时延要求。带宽是指在固定的时间可以传输的数据量，单位是 bit/s。

随着物联网、云计算、大数据、超宽带等技术的飞速发展，4K/8K 高清视频、虚拟现实（VR）与增强现实（AR）业务、在线游戏及家庭云服务等新业务正在蓬勃兴起。宽带网络的快速发展和新业务的出现不断驱动用户对固定家庭宽带业务体验提出更高的需求。

2. 柔性网络

无论数据是传输到西部地区进行计算，还是传输到西部地区进行存储，这对数据传输能力都是极大的挑战。因此，在"东数西算"工程的整个布局中，除了西部的数据中心建设，必不可少的就是建设数据中心之间的高速网络通道。

之前的模式是东部作为源站，中西部作为 CDN 节点、边缘计算节点，现在的模式是可以将西部作为中心云进行数据计算，将全国各地的边缘计算节点串联起来，这样能够将用户本地的服务器集群统一纳管起来，形成统一的混合架构。

在这个过程中，搭建混合架构是融合架构的过程，企业用户既可以使用东部的数据中心，也可以使用西部的数据中心，自行运营的机房或服务器集群也将会通过网络连通至东部、西部数据中心。整体是混合架构的模式。

柔性网络核心部分是网络的连通，包括专线、SD-WAN、VPN 的方式，当然可以寄希望于国家整体的网络建设，国家主导联合企业建设网络大通道、多租户的方式也会降低边际使用成本。另外，通过混合架构，租户能够充分利用混合架构的优势，补足本地计算能力不足、存储备份能力不足、安全防护能力不足、产品不够丰富等短板。

东西部数据中心、边缘节点的混合架构，能够让用户请求按照距离就近、访问质量较优线路选择数据中心接入，再通过数据中心、边缘节点之间互联互通的线路通信和传输数据。

算力网络面向不确定的各种用户，而不同的用户有不同的业务需求，也就避免不了要求不同的网络传输需求，因此算力网络的传输网络应该更加灵活。灵活控制的变革会使网络前进一大步。

传统的网元设备从厂商引进，只能按照规则来配置、使用，该设备就像一台电视机，给我们配了遥控器，我们只需要知道如何使用即可，但是当拥有大量的设备时，我们只能一台台地去配置，若是有漏洞，或有定制化的需求出现，使用者将束手无策。SDN 使用自定义的软件来主导这一切，自然而然地解决了此类问题。SDN 架构示意如图 6-7 所示。

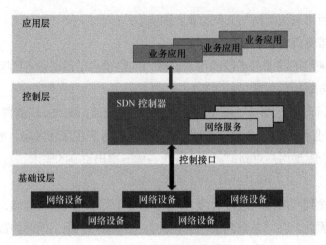

图 6-7　SDN 架构示意

6.2.4　算力的监控与管理

1. 算力资源状态的监控

算力监控管理平台需要获取算力资源，例如 CPU、内存及 API 实例并发数量，在作业运行时，首先根据负载算法将收集到的算力负荷进行负载运算，判断哪个节点的算力资源负载较低，将数据处理任务分发到负载较低的算力节点上运行。

算力监控与管理平台应具备负载均衡机制。负载均衡是解决单节点算力资源在进行多任务时，在处理数据的过程中压力过大的一种多节点负载方案。通过负载均衡将多个算力资源节点组合，将作业通过负载算法分摊到这些节点上进行数据处理，使这些算力资源能以最好的状态对外提供服务，这样系统吞吐量最大，性能更高，对于用户而言，处理数据的时间也更少。另外，负载均衡增强了系统的可靠性，降低了单个节点过载甚至宕机的概率。

2. 对处理数据的过程中的监控

在处理数据的过程中，监控管理系统负责监控作业的运行和调度情况，统计过程和中间数据，形成图形化报表，展现统计的数据，这样能够清晰地体现各种状态和数据量。

算力监控与管理平台应该提供总揽全局的总体监控和明细型的计划监控及事件监控；可视化的多维度作业运行监控及完善的资源监控功能，对作业及与作业相关的节点进行数据监控和统计；统计数据处理过程中的调度日志、作业执行日志、历史日志、处理的数据量及统计数据处理的成功/失败次数，可以保证在第一时间发现算力网络存在的问题，并且及时解决问题，保证系统的正常运行。

第 7 章 算力网络技术基础设施需求分析

7.1 催生算力网络发展的大背景

2020 年 4 月,国家发展和改革委员会首次对"新基建"的具体含义进行了阐述,在信息基础设施部分,提出构建以数据中心、智能计算中心为代表的算力基础设施,提升各行业的"连接 + 计算"能力,引领重大科技创新,重塑产业升级模式,为社会发展注入更强劲的动力。

随着 5G、MEC 和 AI 的发展,算力和智能将"无处不在",网络需要为云、边、端算力的高效协同提供更加智能的服务,计算与网络将深度融合。为满足现场级业务的计算需求,计算能力进一步下沉,出现了以移动设备和物联网设备为主的端侧计算。在未来计算需求持续增加的情况下,虽然"网络化"的计算有效补充了单设备无法满足的大部分算力需求,但是仍然有部分计算任务受到网络带宽及时延的限制,因此,未来形成云、边、端多级计算协同部署是必然趋势,即云端负责大体量复杂的计算,边缘侧负责简单的计算和执行,终端侧负责感知交互的泛在计算模式。"新基建"政策给以算力网络技术为基础的转—算—存主体分离、联合服务的新商业模式提供了重要的发展机遇。

从 2016 年开始,全球主要电信运营商纷纷开启了面向 2020 年的下一代网络转型规划,以云计算为中心、实现云网融合是这一阶段网络转型的主要内容。如今,电信运营商已实现了移动接入从 4G 到 5G、固定接入从以太网无源光网络 / 无源光纤网络到千兆光网的转变,构建了面向个人、家庭和企业的泛在千兆接入网,部分领先的电信运营商和海外主流的互联网交换中心还构建了超宽的 DCI 网络。得益于这一阶段的架构转型,我国的通信网络成功支撑了数亿用户居家办公,实现了互联网服务能力从支撑消费视频娱乐到满足居家视频办公的显著提升。

在过去几年的云网融合发展进程中,网络位于云与端之间,解决了云与端的连通性。云上丰富的内容可以自上而下、顺畅地呈现在各种智能终端上;网络支持了以下行流量为主的云端互联,为终端提供了内容服务。未来,随着大量实时性业务的出现,例如云虚拟现实、机器视觉、自动驾驶等,终端产生的大量数据需要上传到云、边的计算节点进行处理,并将结果实时送回终端;网络需要支持上行流量爆发的云、边、端互联,并为终端提供确定性的智能服务。

边缘计算的出现改变了传统云和网的相互独立性，使计算进入网络内部，边缘计算的效率、可信度与网络的带宽、时延、安全性、隔离度等都将发生深度耦合。算力网络需要实现和边缘计算的深度耦合，以更好地实现算网一体，实现高效服务。

从云网协同到算网一体，网络的作用和价值将发生变化。对于"云网协同"，网络以云为中心，从云的视角看"一云多网"，对网络的主要需求是连通性、开放性，服务质量要求是尽力而为，网络是支撑角色。对于"算网一体"，网络以用户为中心，从用户的视角看"一网多云"，网络需要支持低时延、安全可信通信，服务质量要求是确定性，网络成为价值中心。

可以说，云网融合为算网一体提供必要的云网基础能力，算网一体是云网融合的深化和升级，主要体现在：一是对象升级，云是算的一种载体，算力资源可以依托云计算的模式提供服务，算力也更加立体泛在，包含了边、端等更丰富的形态；二是融合升级，算力网络不仅是编排管理的融合，更强调算力和网络在形态和协议上的一体融合，同时也强化了以算力为中心，云计算、大数据、边缘计算、区块链等技术的融合共生；三是运营升级，算力网络对网络运营管理的要求更高，从一站式向一体化、智慧化演进；四是服务升级，算力网络是以算力为载体、多要素融合的新型一体化服务。

7.2 电信运营商主导的算力网络体系架构

从国家战略的重视程度和业界的共同认识来说，算力网络是支撑国家网络强国、数字中国、智慧社会战略的重要要求，是对接国家规划、落实"东数西算"工程部署的关键支撑，是推动国家新型基础设施走向纵深的全新路径，将推动算力经济持续健康发展。

作为算力网络的主要推进单位，电信运营商对于算力网络的理论研究和技术研发处于业界的第一阵营。面向数字化新机遇，国内三大电信运营商分别提出技术发展战略规划：中国电信发布了《云网融合 2030 技术白皮书》，明确提出"云网融合"战略规划及演进路径；中国移动发布了《算力网络白皮书》，给出了中国移动"算力网络"战略规划；中国联通发布了《中国联通算力网络白皮书》，致力于在其 CUBE-Net 网络架构下发展算力网络。

总体而言，算力网络体系架构从逻辑功能上可以分为算网基础设施层、编排管理层、运营服务层和安全体系 4 个方面。

算网基础设施层是算力网络的坚实底座，以高效化、集约化、绿色安全的新型一体化基础设施为基础，形成云、边、端多层次、立体泛在的分布式算力体系，满足中心级、边缘级和现场级的算力需求。其中，网络基础设施需要基于全光底座和统一 IP 承载技术，实现云、边、端算力高速互联，满足无损数据传输需求，达到用户"随时、随地、随需"地通过"无所不在"的网络接入"无处不在"的算力,享受算力网络服务。算力网络体系架构示意如图 7-1 所示。

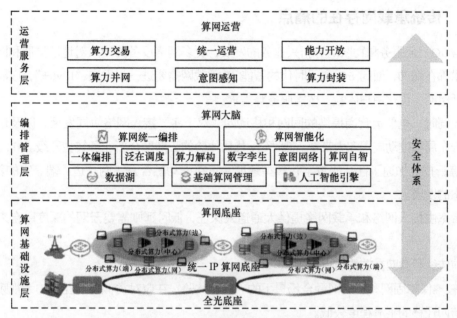

图 7-1　算力网络体系架构示意

编排管理层是算力网络的调度中枢,智慧内生的"算网大脑"是编排管理层的核心。编排管理层通过对算网原子能力灵活组合,并结合人工智能和大数据等技术,向下可以实现对算网资源的统一管理、统一编排、智能调度和全局优化,提升算力网络效能,向上可以提供算网调度能力接口,以支撑算力网络多元化服务。

运营服务层是算力网络的服务和能力提供平台,通过将算网原子能力封装并融合多种要素,实现算网产品的一体化服务供给,为客户提供便捷的一站式服务和智能无感的体验。同时需要通过结合区块链等技术构建可信算网服务统一交易平台,吸纳社会多方算力,提供算力电商的新模式,打造新型算网服务和业务能力体系。

安全体系是算力网络可信运行的基石,安全保障体系的存在和完善将是整体系统发展的前提条件。通过构建安全能力池,在云端、网侧、端侧、边侧部署安全组件和系统,实现安全能力原子化、服务化,构建新一代安全防护体系,确保网络的安全防护能力满足业务安全运行的需求。

下面将重点阐述在算力网络中承担重要角色的承载网基础设施、编排与转发基础设施、安全基础设施需要重点发展或者拓展的方向。

7.3 承载网基础设施

7.3.1 传统承载网存在的痛点

随着 5G、云服务和物联网等新兴业务的发展，更多网络设备的接入对地址扩展和网络可编程的需求都在增加，面向 5G 和云时代的智能 IP 承载网需要进一步发展"IPv6+"，以满足算力网络灵活组网、优化用户体验、按需服务等需求。

与此同时，电信运营商提供的固网和移动网"双千兆"接入网络协同发展，以及逐渐兴起的边缘云布局将推动应用向大带宽、低时延、优质体验的云网融合新业务转型升级。AI、大数据、物联网等新技术加速了社会的数字化转型速度，正在推动融合云、网、边、端、安的新 DICT 业务生态的发展。

大带宽由接入网络和承载网络提供大通道来保证，低时延则需要云网的深度融合来提供和保障。

当前传统承载网存在的痛点如下。

① 较难保障固网和移动网融合场景下的一致性体验：在应对类似多屏互动的大视频业务需求时，跨网迁移的平滑程度较低。

② 网络难以形成统计复用效应，网络的总体利用率有待进一步提升。

③ 传统承载网应对多专线入云的需求时，网络灵活性不足：云类业务有较多客户具备多线接入的需求，传统网络在应对复杂的专线入云需求时灵活性不高，面对复杂的云网对接情形时无法满足对接需求。

④ 跨网互访方案实现复杂，网络的智能化水平偏低，无法满足业务快速灵活部署的需求：出现的问题包括城跨网业务需要骨干网转发、专线业务多段 VPN 拼接、同一客户的政企业务按类型分网承载、方式多样且不统一、跨网协同业务开通复杂且运营工作量大、端到端业务保障涉及问题较多等。低时延业务实现示意如图 7-2 所示。

⑤ 现有承载网架构难以满足算力下沉带来的边缘云快速接入需求：当前相对固化的 IP 承载网难以满足边缘云泛在接入的需求；当前承载网中的网络功能与硬件设备紧耦合，在实现云网对接时需要部署较为复杂的方案，无法灵活对接和开通业务。

⑥ 现有承载网架构难以满足东西向流量增长的需求：传统承载网（包括 IP 光宽城域网、移动承载网等）以南北向流量为主，由数量有限的核心路由器担负起流量中枢的作用，树形网络架构难以适应云化环境下东西向流量增长的情形。当前主流电信运营商承载网结构现状示意如图 7-3 所示。

第 7 章　算力网络技术基础设施需求分析

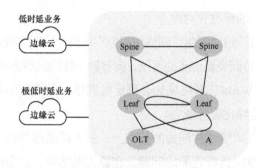
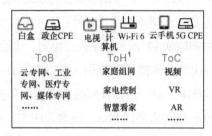

1. ToH：To Home，面向家庭。

图 7-2　低时延业务实现示意

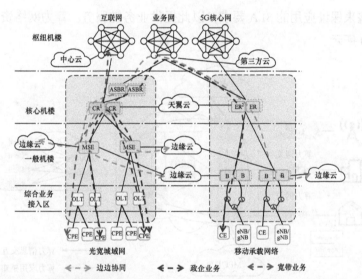

1. CR：Core Router，核心路由器。
2. ER：Edge Router，边缘路由器。

图 7-3　当前主流电信运营商承载网结构现状示意

7.3.2　新一代承载网发展和演进的方向

结合当前承载网的痛点和不足，新一代承载网基础设施发展的方向和需求如下。

① 应提高网络的融合度：充分考虑固网、移动网、云类业务的全渠道接入需求，灵活承载全融合业务。

② 应边缘云为中心搭建算力承载网络：根据云资源池和边缘云所在局点灵活设置网络承载和接入节点，实现网随云动；大网的 IP 网元需要进一步实现转控分离，控制面云化，转发面池化，

推动云网一体；进一步推动云资源池和边缘云的标准化对接。

③ 应进一步提高网络的弹性：基于业务灵活组建网络，网络采用扁平化设计，以实现流量快速疏导和横向弹性扩展，适配云边协同、边边协同类新业务的发展，向算网一体的网络方向演进。

新一代承载网需要积极引入 SRv6、SD-WAN、网络感知、确定性网络、无损网络等新的融合承载技术，进一步提升网络的灵活性和差异化服务能力。

算力承载网需要以 SRv6 技术为底座，在网络切片能力的基础上，引入网络感知技术，解决当前网络难以感知业务需求、算力和服务难以良好匹配的问题。在算力网络中，业务网关进一步下沉，并通过算力网关将南北向流量提前转化为东西向流量，同时利用 IPv6 扩展头丰富的可编程空间，开展 IPv6+ 网络新技术和新应用开发，实现城域算力基础设施互联，通过业务的部署和资源调整来保证应用的 SLA 要求，以此提供业务链服务。算力网络资源感知和信息交互示例如图 7-4 所示。

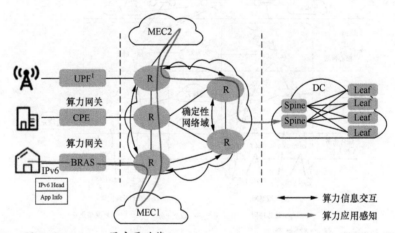

1. UPF：User Plane Function，用户面功能。

图 7-4　算力网络资源感知和信息交互示例

当前，中国通信标准化协会 TC3 正在开展算力网络需求与架构的研究工作，其思路是通过网络、存储、算力等多维度资源的统一管理和协同调度，实现连接和算力在网络的全局优化，技术实现上可分为集中式方案、分布式方案及混合式方案等多种技术路线。除了基于数据中心 SDN 集中调度方案，还可以基于电信运营商承载网分布式控制能力，结合承载网网元自身控制协议扩展，复用现有 IP 网络控制平面分布式协议的方式实现算力信息的分发与基于算力寻址的路由，算力网络分布式控制方案如图 7-5 所示，综合考虑实时的网络和计算资源状况，采用 CFN 协议（新型算力路由协议）将不同的应用调度到合适的计算节点进行处理。

第 7 章 算力网络技术基础设施需求分析

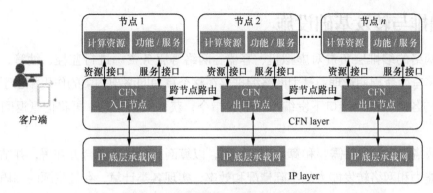

图 7-5 算力网络分布式控制方案

同时，面向高质量算力服务要求，算力网络还需要引入确定性网络技术，通过资源预留和队列管理算法来避免高优先级报文之间的冲突，提供显式路径，对报文的路由进行约束，最后在某一条路径发生断路丢包时通过冗余保护无损切换到另一条路径，保证业务的高可靠传输，实现对特定业务端到端时延的控制，打造确定性且有差异化的算力连接。

算力承载网属于算力网络体系架构中的网络基础设施，需要在构筑全光网络底座的基础上，引入 SRv6、SD-WAN、确定性网络、应用感知等网络承载技术，打造云、边、端全连接的智能 IP 承载网。算力网络技术要素如图 7-6 所示。

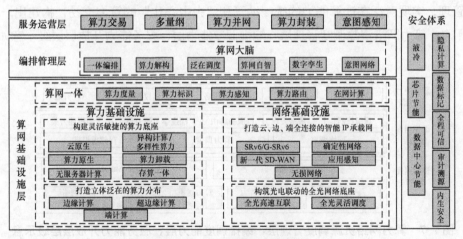

图 7-6 算力网络技术要素

随着 5G、MEC 和人工智能的发展，算力将向着更加智能的方向演进，同时，网络也需要提升智能化程度，为云、边、端算力的高效协同提供更加智能化和自动化的服务。在计算与网络深度融合的同时，网络也需要引入 AI 能力应用，以加速网络的自动化和智能化转型。将网络和 AI 算法及能力深度结合，也将是算力承载网的另一个延伸发展方向。

7.4 编排与转发基础设施

算力网络的编排层负责对虚拟机、容器、网络等服务资源进行监控、纳管、调度、分配、回收等全生命周期管理。算力网络编排层在整个算力网络架构中的作用相当于中央控制器,通过与各层之间的接口下发编排调度的指令,获取反馈信息,再将信息返回给业务或用户。

算力网络的转发层将需要和算力资源协同,以算网一体的方式合并部署,并结合网络中计算处理能力和网络转发能力的实际情况和效率,实现各类计算、存储资源的高质量传递和流动。

下面将阐述编排基础设施和转发基础设施的发展需求。

7.4.1 算力网络编排基础设施

算力网络将是一张融合计算、存储、传送资源的智能化新型网络,将通过全面引入云原生技术,实现业务逻辑和底层资源的完全解耦。通过打造例如 Kubernetes 的面向服务的容器编排调度能力,实现服务编排面向算网资源的能力开放。同时,算力网络需要结合 OpenStack 的底层基础设施的资源调度管理能力,对数据中心内的异构计算资源、存储资源和网络资源进行有效管理,实现对泛在计算能力的统一纳管和"去中心化"的算力交易,构建出一个统一的服务平台。算力网络资源调度管理层、编排调度能力层、服务能力开放层层级示意如图 7-7 所示。

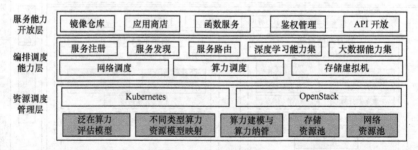

图 7-7 算力网络资源调度管理层、编排调度能力层、服务能力开放层层级示意

算力是设备/平台处理、运行业务的关键核心能力。在算力网络中,算力的提供方不再是专有的某个数据中心或集群,而是将云、边、端这种泛在的算力通过网络化的方式连接在一起,实现算力的高效共享。因此,算力网络中的算力资源将是泛在化的、异构化的。算力网络中的算力资源包括传统的 x86 通用服务器架构下的 CPU,专门适用于处理类似图形、图像等数据类型统一的 GPU 并行计算芯片,专业加速处理神经网络的 NPU 或 TPU,广泛应用于边缘侧嵌入

式设备的 ARM、半定制化处理器 FPGA 等。算力所运行的算法不同，所涉及的数据计算类型不同，从业务的角度出发，可以将其分为可提供逻辑运算的算力、可提供并行计算的算力和可提供神经网络加速计算的算力。

对于异构算力资源，算力网络架构需要采用基于"K8S[1] + 轻量化 K8S"的两级联动架构来实现统一的算力资源调度纳管。K8S 采用中心的资源调度统一平台对整体的基础资源进行统一管理和集群管理，而轻量化 K8S 集群作为边缘侧的资源调度平台对边缘计算集群进行调度和管理。

泛在算力资源的统一建模度量是算力调度和编排的基础。针对泛在的算力资源，需要通过模型函数将不同类型的算力资源映射到统一的量纲维度，形成业务层可理解、可阅读的零散算力资源池，从而为算力网络的资源匹配调度提供基础保障。将业务运行所需的算力需求按照一定分级标准划分为多个等级，这样可以为算力提供者在设计业务套餐时提供参考，也可以为算力平台设计者在设计算力平台时根据所需运行的业务对平台算力的选型设计提供依据。

在资源协同方面，编排层需要实时感知当前资源的状态，包括计算资源、存储资源和网络资源等，在出现资源的状态发生变化、用户对于资源的需求发生变更、资源发生故障等情况时，服务编排层能够动态调整资源的配给情况。

在资源管理方面，服务编排层需要获得算力资源及网络转发层的信息，并负责资源从申请到回收的生命周期管理，上层对于资源的使用，是通过编排层进行的，并非传统地通过操作系统或者命令行的方式进行的。

在安全管理方面，编排层需要具备对用户和资源的鉴权认证能力，用户是否能对算力网络实现能力调用，需要通过编排层的安全确认。此外，编排层还需要实现对用户及资源的优先级划分，从而提供差异化的服务。

7.4.2 算力网络转发基础设施

算力网络转发层属于 SDN 架构中的数据平面，负责各类网络设备的部署，可以通过实施网络控制层下发的转发表项来进行数据报文的转发。在算力网络架构中，网络转发基础设施和编排基础设施均需要最大限度地兼容 SDN 和 NFV 等新一代网络发展技术。

网络转发层需要和网络控制层协同工作，二者分别等同于 SDN 中的数据平面和控制平面。网络控制层完成基于算力信息的路径计算结果表项并通过接口下发至网络转发层，再由网络转发层进行数据报文的实际转发和流转。网络控制层采用集中式控制、分布式控制或者混合式控制的方式来实现和转发层的交互，网络转发层需要支持以上控制方式的对接。同时，当网络转

---

1 K8S（Kubernetes）是一个开源的、用户管理云平台中多个主机上的容器化的应用。

发设施出现故障时，转发设施需要通过接口实现故障情况的上报，从而激发网络控制层的动作和响应，包括重新计算路径并下发指令结果。

传统的网络设备采用转控一体的工作模式，其转发芯片的功能相对固化，"紧耦合"的网络设备难以支撑算力网络对设备灵活性及可编程的需求。

新一代高性能可编程数据包处理芯片加上 P4 等编程语言的出现，让网络拥有者、工程师、架构师及管理员可以自上而下地定义数据包的完整处理流程。除了帮助算力网络实现最适合其自身需求的具体网络行为，可编程芯片还能使芯片供应商专注于设计并改进那些可重用的数据包处理架构和基本模块，而不必纠结于特定协议里错综复杂的细节和异常行为。因此，可编程芯片技术的产生，为算力网络转发面提供了相应的技术支撑。

目前两种主流的数据平面可编程语言为 P4 和 NPL[1]，基于 P4 的协议无关可编程架构如图 7-8 所示。该语言主要用于定义新协议和网络相关功能（例如，带内网络遥测、VNF 卸载规则、传输层负载均衡方案等），并以高级编程语言的形式呈现。

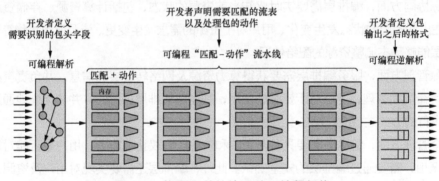

图 7-8 基于 P4 的协议无关可编程架构

在基于 P4 的协议无关可编程架构下，用户通过 P4 语言实现了全流水线可编程，当算力网络需要引入诸如 SRv6 等新协议时，用户只需要向 P4 程序添加新的逻辑即可，而基于 NPL 语言实现的编译器可编程芯片，可以支持系统工作时的各种功能更新。两种方式在很大程度上都缩短了设备的开发周期，同时也提供了更快的数据包处理速度以支撑算力网络的后续部署。最新一代 P4 可编程芯片的总带宽已达到 12.8Tbit/s，而最新一代 NPL 可编程芯片的总带宽范围是 2Tbit/s～12.8Tbit/s。

7.5 安全基础设施

网络信息安全涉及信息的安全及网络系统本身的安全。完整安全体系的构建涵盖基础设施

---

1 NPL: New Programming Language, 新编程语言，后被称为 PL/1。

安全、网络安全、系统安全、应用安全及安全管理等方面的安全保障。对于算力网络而言,安全体系和设施的发展方向也需要适配云网算力系统的发展。

7.5.1 云网融合、算网融合对安全提出新的挑战

云计算正在不断改变数据使用、存储和共享的方式,随着越来越多的数据进入云端,尤其是在混合云的场景下,原有的安全物理边界被打破,同时在端侧,随着海量物联网设备的接入,现在的网络不仅需要连接人同时还要连接物,这将出现更多的潜在威胁。从近两年的统计数字看,全球平均每天产生的恶意邮件数量多达数亿件,DDoS 逐年增长。为应对新的安全威胁,我国于 2019 年发布了新的信息技术等级保护标准,重点解决云计算、物联网、移动互联和工控领域信息系统的等级保护问题,网络安全等级保护正式进入 2.0 时代。

未来的云网融合及算网融合的解决方案不仅要确保自身安全,同时还可以向用户提供云网融合场景下的安全服务,从网络到业务构筑立体化安全保障。

网络信息安全体系需要保障整个网络系统不受到任何威胁与侵害,能正常地实现资源共享功能,要保证网络的硬件、软件的正常运行及数据信息交换的安全。云网融合安全主要是保障云网融合的网络和信息的安全,保证其保密性、完整性、可用性、可控性和不可抵赖性,尤其是要解决云网融合面临的新的安全风险和挑战,包括"封闭"网络演进为"开放"网络带来的传统安全方案失效、攻击面增多的问题,云化的新系统和网元的引入带来的安全防护和运营难度急剧增加的问题,云化导致安全边界和策略的动态变化、跨物理/虚拟层的安全协同成为挑战的问题。

7.5.2 新一代安全基础设施的发展方向分析

1. 网络安全需要从被动防护向内生主动防御模式转化

随着网络云化/泛在化演进、ToB 和 ToC 业务融合,网络开放暴露面不断增加,传统网络安全的"边界"进一步模糊,网络攻击手段持续升级,未来网络难以再通过边界隔离、外挂安全能力的被动防护模式来保障安全,而是需要为网络注入更强大的安全基因,推动网络安全体系向原生内嵌、安全可信、智能灵活的主动防御模式演进,构建起"云网安"(云计算、网络、安全能力)一体化的新型网络架构。

2. 网络安全需要提供分级安全能力

随着信息技术及商业模式的演进,信息系统在技术架构与功能上发生了变化,也带来了相应的安全挑战。一方面,信息系统结构正在从基于功能分割的"烟囱式"结构向统一的"云+网+端+安"融合架构演进;另一方面,安全服务化模式日益流行,要求电信运营商能基于统一的

技术架构服务于业务要求各不相同的租户。原先各自孤立的安全保障技术的堆叠，已经无法满足架构自身及用户业务的安全保障要求。针对上述趋势，需要从"系统自身安全保障"及"ToB安全服务"的角度建立新的"云网安"内生安全保障架构和安全服务化架构。部署在云、网、边、端的安全体系架构示意如图7-9所示。

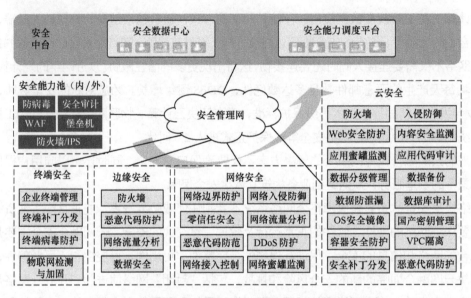

图7-9 部署在云、网、边、端的安全体系架构示意

首先，需要满足"以安为基"，在"云网安"架构中，需要针对云化电信设备、边缘电信网元在5G、MEC、云化场景下失去物理安全防护后，被攻击者访问存在设备漏洞、破解口令等风险，新增网元级的"设备原生"安全防护能力（包括安全启动、远程证明、暴力破解检测、网元级入侵监测、网元安全基线等安全检测与自防护能力），同时结合单域控制器，实现对各种安全事件的分析，攻击路径还原与溯源等网元安全态势感知，及时检测并自动防御"云网安"架构中各类网元、云基础设施、安全设备自身遭受攻击、在攻击中失陷等风险，实现系统内部的纵深防御。

其次，需要为安全服务构建以下4项基本安全能力。

① 建立安全资源池，集中提供各类服务功能，对租户实现能力的按需分配、动态扩缩、简化安全能力部署。

② 安全资源池对接业务策略控制器，基于网络业务链实现租户网络引流及安全与业务策略的协同，实现伴随业务的安全服务开通。

③ 安全资源池叠加安全大数据分析平台，实现云上/本地化的租户级威胁自动判定、失陷主机检测、安全自动处置等运维服务，直接帮助租户利用资源池内的安全服务保障业务安全。

④ 建立安全协同层，定义租户业务模型，打通云上、云下各种资源池，实现统一态势感知

与云网安全策略协同，提供诸如云全网态势感知、威胁近源阻断／协同联动、安全自适应／租户自服务、安全策略动编排／调优等功能。

3. 网络安全需要提供一体化协同的智能安全，实现多层次、多维度的安全防护

在算力网络中，安全基础设施需要积极和大数据、AI 等能力联动，打造智能安全能力。利用大数据技术持续对业务流量和各类网络及安全设备日志进行关联分析，并结合 AI 智能推理，及时发现潜在威胁，提供全网安全态势可视化能力。

为实现网络内生安全，安全体系需要将多种安全基因注入网络，使安全边界更加细化，安全能力与云、网、边、端资源能够更好地协同配合，安全策略与业务需求进一步贴合，原生和外挂的安全能力得到进一步整合，从而提供真正的端到端的一体化防护服务。

同时，安全基础设施应该结合客户和业务的需求，提供安全能力池，实现对安全能力和安全资源的灵活调度，提供不同级别的安全防护等级及安全服务组合。

4. 网络安全需要构建端到端的云网内生安全体系

一是要构建云网安全的总体架构，从静态安全向主动防御演进，实现云网设施和平台天然具有安全性，具备"防御、检测、响应、预测"一体的自适应、自主、自生长的内生安全能力，打造主动免疫的云网。

二是要基于软件定义存储（Software Defined Storage，SDS）实现安全能力原子化、安全服务链编排，实现云网融合的安全产品与能力，提供多样化、可定制的云网安全服务。

三是要打造端到端的云网融合安全内生体系，通过安全资源池、安全采集器、安全控制器、安全分析器、安全大脑，构建完整的安全内生体系。其中，安全采集器进行各种与安全相关的数据的采集和数据的预处理及初步分析；安全分析器进行威胁建模、攻击分析；安全控制器进行安全资源池的管理；安全大脑作为中枢，统一协调安全采集器、控制器、分析器，具备安全智能，实现具有安全免疫能力的主动防御体系。

5. 网络安全需要建立端到端的安全内生机制创新

在云网融合环境下，安全基础设施的建设目标是构建"防御、检测、响应、预测"的自适应、自主、自生长的内生安全体系，形成端到端的云网融合安全能力，满足云网融合的自身安全和面向客户提供的安全能力及服务需求，从而打造主动免疫的云网体系。

具体来说，基于内生机制的云网融合安全需要引入的关键技术如下。

① 需要实现安全原子能力解耦、抽象及编排：基于 SDS 技术，构建安全资源池，实现安全功能软硬件解耦、安全原子能力的抽象和封装、安全服务链的编排。

② 需要实现"智慧协同、智能计算、情报驱动"的安全智慧大脑：通过智能化安全能力协同、路径预测和强化学习决策、安全服务链智能编排，实现智慧协同；通过深度学习和神经网络、安全大数据挖掘计算、仿脑细胞异构算法群，实现智能计算；通过分布式威胁情报采集、多源

威胁情报融合、多维度情报输出与共享,实现情报驱动。

③ 需要实现安全自主免疫能力构建:基于自适应安全架构,实现防御能力、检测能力、响应能力、预测能力的生成和协同,实现安全攻击的自我发现、自我修复、自我平衡,构建自主的安全免疫能力。

为了形成端到端的云网融合乃至算网融合的安全能力,安全基础设施的构建需要分别在网侧、云端及云网结合点增加相应的安全能力,主要包括以下内容。

① 在网侧,持续加强网络侧 DDoS 监测防护、流量控制与调度、域名安全防护等网络原生的安全能力,确保大网安全。

② 在云端,持续为客户提供安全防御、安全检测、安全响应及安全预测等一体化安全能力。

③ 在云网结合点,提供更加灵活的有云网融合特性的安全监测和防护能力,形成"云、网、边、端"的纵深安全体系。

第 8 章 算力网络应用场景实践案例

8.1 赋能生活

在社交、办公、娱乐、消费、健康管理等生活服务需求不断扩张的趋势下,服务体验与服务成本之间的矛盾逐步凸显。算力网络可以通过极致可靠的网络连接,根据业务需求,结合实时的计算资源性能和网络性能状况,灵活匹配、协同调度云计算、边缘计算、智能终端等多级算力资源,将计算任务调度到合适的边缘节点。中心云强大的计算、存储、安全等能力为 MEC 业务的发展提供了强大的能力仓库和安全保障;边缘算力进行数据实时计算、推理、中心算力存储和处理海量数据。云边协同能够满足应用场景对低时延、高算力、大宽带等的需求。当出现服务质量下降不能满足业务需求时,算力网络可动态、实时地将业务请求切换到其他更合适的执行节点,毫秒级别地完成业务切换,避免当前服务过载或不可用时,依赖秒级甚至分钟级别的客户端应用层重连使用户体验下降。算力网络以更高的算力性能和更低的终端成本,实现算力对应用的加持,赋能远程办公、家庭娱乐、云 VR、安防监控、移动终端、车联网等生活场景,为用户提供智能化、沉浸式的服务内容,极大地提升了用户感知和体验。

在个人生活场景中,算力网络通过应用与算力融合,催生了全新的泛在服务形态。一方面,推动低时延、高算力、大带宽的新产品演进,例如,用户可以通过 VR 头戴式显示设备在虚拟场景中观看点播或直播全景,通过算力网络提供端到端差异化的服务保障,不管是在家中、车里还是在高速移动的列车中,都可以在虚拟世界享受社交、娱乐等沉浸式服务体验;算力网络可以降低云游戏的运营门槛,保障业务质量,提升用户体验,可以让用户参与超大规模的联机游戏,实现万人同屏、多端互动;在车辆辅助驾驶中,算力网络能够满足低时延、高可靠的数据需求,在解放驾驶员体力和脑力的同时,还可以保证车辆的安全。另一方面,算力网络促进更多应用在云端和边端部署,降低了终端计算、存储等资源的压力,从而让应用体验突破终端性能的限制,实现高质量的服务升级。用户可以使用低配置的终端,通过购买算力网络服务,无须感知算力的位置和形态,即可完成基于云 OS 的云手机、云计算机、云化娱乐盒子等多种形式的云终端配置,实现应用的云端运行,畅享极致体验。

未来,随着 VR/AR、全息技术、感知技术、图像处理、视频渲染等强交互技术的进一步成熟,虚拟和现实的边界将被打破,人们将在虚实结合的世界中获得更为丰富的全沉浸式体验,到那时,终端连接量、数据产生量和计算量将激增，大量的计算任务将逐渐由终端侧传到边缘计算节点或云上完成。通过对云边协同服务的升级，构建云、边、端多层次分布、一体化算力调度的算力网络，满足生活场景中计算任务的分布式处理的要求，将计算任务智能化匹配到相应的算力节点，让用户无须关心资源的异构情况和任务实际执行环境，从而简化应用的部署过程，提供最佳的服务体验保障。

在家庭场景中，智能终端的算力也可以充分共享和复用。例如，家用计算机、智能机顶盒等家用智能终端，可以与其他家庭智能终端联网，提供数据存储和智能分析的能力；智能手环、智能冰箱、智能微波炉、智能体脂秤等应用和数据的协同，可以实现对用户身体状态、饮食偏好、烹饪情况的综合分析，提供完整的身体健康服务；在社区安防、家庭安防中，可以提供实时的视频数据处理，第一时间发现应急状况。算力网络会为用户提供灵活组合的场景化服务，让用户享受智简无感的服务体验。

下面以视频直播、智能安防、车联网3个场景为例，阐述算力网络赋能生活的应用场景。这3个场景案例只是算力网络基于云、边、端三级计算资源相互协同的典型场景中的一部分，事实上，算力网络几乎可以涵盖需要用到计算的生活需求场景，包括大算力应用场景、低时延应用场景及物联网业务场景等，构建云边算力一体化布局下高效、灵活的综合数字化解决方案。

1. 视频直播

目前，ToC的互联网移动端创新应用越来越多，例如，超高清视频、视频直播、移动VR视频业务等，一些视频应用通过VR/AR技术提升交互体验，增强用户黏性；一些直播类业务需要提供美颜、虚拟背景、AR物品等功能特效，还要保证主播可以实时向观众展示周围环境，与观众进行实时互动（例如弹幕交流、语音视频连线、直播带货等）。这些业务普遍存在时延敏感、带宽需求较高等问题。在普通的网络环境中，经常会出现卡顿、访问和下载数据缓慢等现象，影响用户的体验。边缘计算随着5G规模化部署，制约视频直播业务的带宽不再是问题，业务持续快速升温带来巨大的算力需求。在直播观看人数较多时，单个MEC节点的计算资源已经不堪重负，同时，主播所在的地理位置持续变化，还需要实时处理业务节点所在的位置，进行不同位置的变换。

直播场景可以通过在边缘云部署虚拟形象渲染服务，通过算力网络的算力调度实现多个边缘计算节点协同作业，使云、边、端进行协同，开展视频回传、转码和实时弹幕的分发、内容的分发等服务。算力网络中云、边、端协同的视频直播场景如图8-1所示。移动状态下的视频直播或移动VR视频业务，需要基于位置和资源情况，通过算力网络整合算力与连接，在多个边缘计算节点之间进行计算资源的切换，按照业务需求提供资源组合，实现直播业务资源随行，为用户提供始终如一的应用体验。泛在的终端设备结合5G大带宽、低时延的特性在边缘云端完成数据处理，然后推送到终端，一方面降低了终端设备的算力需求及手机的门槛，另一方面缩短了传输时延,满足了直播业务对视频数据的实时预览需求。

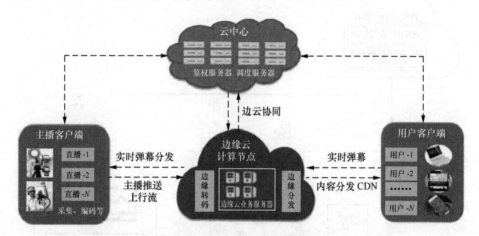

图 8-1 算力网络中云、边、端协同的视频直播场景

2. 智能安防

在推动发展新一代数字基础设施方面,智能安防是 AI 应用落地最早的场景之一。随着高清视频、人工智能、云计算、大数据等相关技术的发展,安防系统已经从传统的被动防御升级为主动判断和预警的智能防御系统。智能安防领域不再局限于视频图像的编码、解码和存储,在智能时代,安防需要更先进的 ICT 技术,在算力网络中实现云、边、端协同。在前端设备智能化的同时,智能安防发展进程呈云边结合的态势,形成云、边、端三级结构。智能安防对算力的实时性和确定性的高要求需要通过边缘计算来满足,但由于算力资源分配差异、算力负载不均等因素,本地边缘计算可能无法完全满足智能安防业务的需求。因此,需要利用算力网络技术对算力资源进行感知和优化调度。在含有嵌入式 AI 芯片的端侧,可以完成人脸识别、视频结构化、图谱分析等预处理,然后通过算力网络针对不同业务将优先级差异化的数据传送到边缘计算中。在边缘计算中部署的数据中台进行关联数据及跨领域治理,打破安防子系统之间无法有效协同而形成"数据孤岛"的局面。

算力网络中结合边缘计算的安防场景如图 8-2 所示。在该场景下,智能安防边缘云搭载了视频监控云平台、门岗管理系统、其他系统、边缘安防服务 4 个系统。社区居民用户,监控摄像头,清洁、巡逻、配送机器人,人、车门禁等终端通过 5G 网络与边缘云相连,利用算力网络的按需调度能力,根据算力资源信息将计算任务调度到满足用户需求的边缘计算节点,实现算力资源智能管控与实时调度,以及海量监控视频接入场景下图像识别处理业务的算力负载均衡,使视频业务流不中断。经过处理后的视频图像数据通过 5G 网络传输至社区监控与调度中心,进行指挥调度,大幅提升安防业务性能。

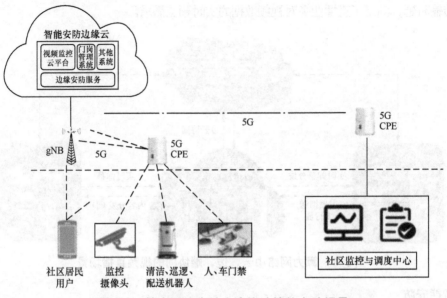

图 8-2 算力网络中结合边缘计算的安防场景

3. 车联网

车联网是指依托 5G、MEC、V2X 等先进通信与网络技术,借助路测单元(Road Side Unit,RSU)、激光传感器、雷达、摄像头等设备,实现智能汽车与人、车、路、后台等信息的交互共享,构建车、路、云一体的协同服务系统,具有复杂的环境感知、智能决策、协同控制和执行等功能,从而面向车辆智能化控制、智能动态信息服务和智能交通管理提供运营服务保障。

在算力网络中部署基于 5G 和 MEC 的车路协同系统,使车载终端和 RSU 与 MEC 进行通信。依靠 5G 网络超低时延、高稳定、大带宽的特点和算力网络的云边协同能力,借助 MEC 的即时性特点,让驾驶员和车之间的信息交流无障碍,保证了驾驶员对车辆的实时控制,能及时传输高清图像与视频。利用 5G 网络的用户面下沉和 MEC 平台的部署,可以有效解决车联网信息超低时延交互、大数据量的短回路传输和处理。

车联网业务场景包括辅助驾驶业务和车上娱乐业务。针对辅助驾驶功能,特别是对于车辆盲区等视距外的道路交通情况,通过边缘计算节点获取该车辆位置周边的全面路况交通信息,并进行数据统一处理,对有安全隐患的车辆发出警示信号,辅助车辆安全驾驶。当本地的边缘计算节点过载时,辅助安全驾驶通知可能会发生时延,导致交通事故的发生。这时需要借助算力网络根据业务优先级进行流量调度,对车联网全网的算力资源进行调配和任务迁移,将时延不敏感的业务(例如车载娱乐业务)从本地节点调度至远端节点或云端进行处理,以降低本地节点的负载,使需要低时延的车路协同和辅助驾驶业务就近在本地节点优先处理。

对资源的分配与调度可以保证各种业务的可靠性和用户体验。基于算力网络的 V2X 车联网场景如图 8-3 所示。

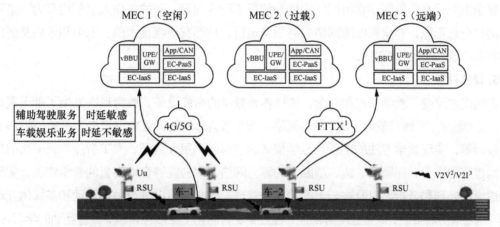

1. FTTX：Fiber To The X，光纤到 X。
2. V2V：Vehicle to Vehicle，车对车。
3. V2I：Vehicle to Infrastructure，车对基础设施。

图 8-3　基于算力网络的 V2X 车联网场景

8.2　赋能行业

未来的生产模式将从观察生产信息到感知生产信息、实时响应和处理生产信息，从操作性生产到智能化生产变革。这种变革需要更高效的数据传输和更强大的数据处理能力。算力网络通过与人工智能、数字孪生、5G、物联网、边缘计算等技术要素的深度融合，全面赋能行业，打造行业数智能力新基石。

1. 智慧交通

在智慧交通领域中，利用激光传感器、雷达、摄像头等设备获取交通环境、交通路况、车流量、交通事故等多类型数据，按照不同时延、不同算力需求分发至云、边、端算力节点，对海量数据进行分析处理，计算得出相应的调度和管理策略，为城市交通提供强有力的支持。基于算力网络的协同调度，交通管理部门的数据处理能力能够大幅提升，可以获取多维度的实时路侧、交通信息和数据，将车辆、道路与交通管理部门有机地连接，实现交通领域全业务场景的精确感知和处理，提升城市交通效率和安全保障。

2. 智慧医疗

在智慧医疗领域中，利用三维可视化技术，可以实现病理影像的三维立体化，配合 VR 技术、触觉交互设备等新型交互技术，医护工作人员可以置身于虚拟现实之中，构建有空间感的全息医疗平台，有效解决了传统核磁共振成像等二维医学影像资料中存在的病灶边界模糊不清、病灶与健康组织重叠、周围器官组织结构复杂情况不明等问题。医护工作人员利用算力网络可以实时构建全息影像，并全程保障网络的高质量运行，从而有效满足术前、术中和术后及医疗教学环节多场景的影像分析需求。

3. 智慧教育

智能技术改变了教学方式和理念，依托各种教学的智能设备，教育形态发生了翻天覆地的变化，互动教学、云课堂成为主流。算力网络在智慧教育领域的行业应用聚焦云课堂、智慧教室、智慧校园等，实现教学方法的创新和教学模式的变革。利用大数据、人工智能等新一代信息技术，构建算力平台，部署云、边、端融合的算力网络，平台能够容纳海量的教学资源，实现数据在边缘的处理和分析，以及在云上的共享和管理。同时还可以进行触摸互动和多媒体互动教学，例如虚拟仿真实验、课堂互动等功能，真正实现智能化交互触控体验，营造互动的学习环境，提升课堂教学体验，从而帮助学生提高学习效率和成绩。

新型冠状病毒肺炎疫情下的远程课堂教学模式更离不开算力网络的支持。受网络条件、设备性能等诸多条件的限制，远程教学在师生互动、获取学生实时动态等方面，仍然与线下教学有着明显的差距，这就需要引入更多的技术手段来完善远程教学环境。通过在线教学平台，算力网络强大的数据资源调度和处理能力能够将云课堂、班级管理、智能交互进行有效连接，从云端到终端进行全方位赋能。

8.3 赋能社会

未来，泛在算力的分布将受到能源供给、气候条件、网络连接等因素的影响。在国家政策的推动下，将催生以数据为关键生产要素、以算力为核心生产力的绿色算力经济新形态。算力网络可以提供基于数据、计算、智能、绿色、网络融合发展的新型共享服务模式，广泛服务于智能科学模拟、数字政府治理等场景，全面赋能社会，提供安全可信的服务保障，开创社会算力交易新业态。

1. 高性能计算

在高性能计算领域，例如，引力波验证、粒子加速器、蛋白质内部结构研究等高尖端科研项目，需要大量的 CPU、GPU、内存和网络资源，但对计算实时性要求不高。当前大部分科研院所和高校组织机构等进行科学数据处理时，多选择使用公有云或自建高性能计算集群，或者按需建设超算集群，但计算成本高昂。算力网络的共享经济模式，可以将科研数据计算任务分解并分布调度到广泛存在的社会存量算力上计算运行，极大地降低了科研机构的算力成本。

2. 大数据处理

在大数据处理领域，例如政府大数据治理、信息化处理等应用，需要综合考虑数据分析处理的时延要求和海量数据的存储成本。通过"东数西算"工程建设，算力网络可以通过东部枢纽节点的算力资源满足数据实时分析处理的需求，同时通过西部枢纽节点的低成本资源满足数据非实时存储的需求。此外，通过引入隐私计算技术，分割数据"知情权"和数据"操作权"，保证用户的隐私数据和信息无法在算力节点的计算中直接被读取，进而保证每个算力节点的安全可信，实现算力网络对数据的"可用不可见"。

3. 智慧政务

在智慧政务领域，基于 IP 网络为算力提供高质量、差异化服务，满足相关业务对算力网络的核心需求。提供新型高质量专线服务，可以解决政务服务协议极简化、服务差异化和网络智能化，全面满足政务业务高安全性、高可靠性、高可用性的需求，实现智慧政务智能专线及专网产品的差异化服务，更好地适应分布式业务部署趋势。

算力网络创新平台型共享经济服务模式，盘活了新建和存量算力资源，提供了云、网、边、端一体化协同的开放化解决方案。面向高算力消耗场景，通过算力网络搭建可信共享交易平台，促使算力消费者和算力提供方整合各方资源和实力，极大地降低了算力租赁成本，获取了算力服务收益。

第 9 章　算力网络的发展愿景

在行业数字化转型的过程中,个人及行业对信息网络的主要需求已从以网络为核心的信息交换逐渐转变为以算力为核心的信息数据处理,算力将成为信息技术发展的核心之一。在发展过程中,网络作为连接用户、数据与算力的桥梁,需要与算力深度融合,形成算网一体化新型基础设施。发展算力网络,将以算为中心,以网为根基,充分发挥自身的网络优势,以网强算,基于广泛的网络分布和组网能力,为用户提供低时延、高可靠的算力连接,让用户享受更优质的算网服务。

面向社会更广泛的业务需求,算力网络在提供算力和网络的基础上,需要融合丰富的技术要素为用户提供多要素融合的一体化服务。结合当前技术发展趋势,算力网络融合了"ABCDNETS"八大核心要素,其中,云、边、端作为信息社会的核心生产力,共同构成了多层立体的泛在算力架构;网络作为连接用户、数据和算力的桥梁,通过与算力的深度融合,共同构成了算力网络的新型基础设施;大数据和人工智能是影响社会数智化发展的关键,算力网络需要通过融数注智,构建"算网大脑",打造统一、敏捷、高效的算网资源供给体系;区块链作为可信交易的核心技术,是探索基于信息和价值交换的信息数字服务的关键,是实现算力可信交易的核心基石;安全是保障算力网络可靠运行的基石,需要将"网络 + 安全"的一体化防护理念融入算力网络体系中,形成内生安全防护机制。

通过算、网、数、智等灵活组合,实现算力服务从传统简单的云网组合服务,向多要素深度融合的一体化服务转变。算力网络的服务模式逐渐从"资源式"向"任务式"转变,为用户提供智能、极简、无感的算网服务。水利发展离不开水网,电力发展离不开电网,算力发展离不开算力网络。为了让用户享受随时随地的算力服务,发展算力网络需要重构网络,使其形成继水网、电网之后国家又一新型基础设施,打造"一点接入、即取即用"的社会级服务。最终实现"网络无所不达、算力无所不在、智能无所不及"。

9.1　算力泛在

以算为中心,构筑云、边、端立体泛在的算力体系。算力泛在包括以下 3 个方面的融通。

第一,物理空间的融通,面向跨区域建设的算力枢纽,以及区域内多层次的算力资源,打造高品质网络基础设施,拉通不同区域、不同层级算力资源。

第二，逻辑空间的融通，构建集中加边缘的数据中心布局，为进一步满足业务低时延、数据不出场等需求，算力将呈现云、边、端的立体泛在分布。

第三，异构空间的融通，由于应用对算力专业化的需求越来越高，计算硬件出现了多样化的异构形态，算力网络通过构建统一的算网基础设施层，纳管 x86、ARM 等多样性芯片架构，对外提供 CPU、GPU、FPGA 等多样性算力的统一供给。

9.2　算网共生

算力与网络在形态和协议方面深度融合，形成一体化基础设施。推动算力和网络由网随算动、算网融合走向算网一体，最终打破网络和算力基础设施的边界，实现算网一体内生目标，网络从支持连接算力，演进为感知算力、承载算力，实现网在算中、算在网中。网络根据业务需求，按需进行算力网络编程，灵活调度泛在的算力资源，协同全网的算力和网络资源，实现算力路由。通过灵活部署在网计算，对数据进行就近加速处理，降低应用响应时延，提升系统处理效率，实现算网发展互促互进、共生共赢。

9.3　智能编排

融数注智，构建"算网大脑"，实现算网的统一编排和全局优化。"算网大脑"向下可以实现算网全领域资源拉通，向上可以实现算网融合类全业务支撑，融合人工智能、大数据技术，实现算网统一编排、调度、管理、运维，提升算力网络资源一体化设计、全局编排、灵活调度、高效优化的能力。未来，"算网大脑" 还将融合意图引擎、数字孪生等技术，实现自学习、自进化，升级为智慧内生的"超级算网大脑"。

9.4　一体服务

提供算网数智等多要素融合的一体化服务和端到端的一致性质量保障。一体化服务包括以下 3 个方面的融合供给。

第一，多要素融合供给，算力网络实现了"ABCDNETS"八大核心要素的深度融合，可以提供多层次叠加的一体化服务。

第二，社会算力融合供给，算力网络通过与区块链技术的紧密结合，构建可信算网服务统一交易和运营平台，支持引入多方算力提供者，打造新型算网服务及业务能力体系，并衍生平台型共享经济模式，实现对社会闲散算力和泛终端设备的统一纳管。

第三，数智服务融合供给，算力网络通过提供基于"任务式"量纲的新服务模式，可以让应用在无须感知算力和网络的前提下，实现对算力和网络等服务的随需使用和一键式获取，达到智能无感的极致体验。

9.5　算力网络需要进一步研究解决的技术挑战

计算和联接分级量化只是算力网络落地的起点，面向社会提供泛在算力服务需要实现 AI 设计自动化，减少面向企业提供服务时需要专家参与，这需要解决两个技术挑战：从数据到算法的 AI 应用算法自动化设计工具、从 AI 应用到联接＋计算资源的 AI 应用环境（联接＋计算）自动规划工具。

如果把 AI 应用场景划分为设计态和运行态，那么以上两个技术都属于设计态的工作，目前的算力网络技术架构对运行态考虑得比较充分，但对设计态的考虑则比较欠缺。算力网络的设计态和运行态如图 9-1 所示。

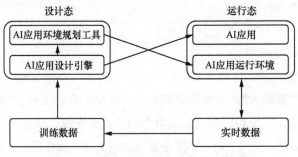

图 9-1　算力网络的设计态和运行态

1. AI 应用的自动化设计工具

AI 应用的自动化设计工具类似于电商平台的"千人千面"引擎，可以基于企业提供的数据和需求，自动完成算法推荐和超参数调优，核心是让非 AI 领域的专家自动构建 AI 应用程序。

近年来，深度学习在图像分类、物体检测、语言建模等领域都得到了应用。在 AlexNet2012 年 ImageNet 大型视觉识别挑战赛中超越了其他传统的手动方法之后，越来越复杂和有深度的神经网络被提了出来，例如，VGG-16 有超 1.3 亿个参数，占用将近 500MB 的内存空间，处理一张 224 像素 ×224 像素大小的图像需要 153 亿次浮点运算。

然而，值得注意的是，这些模型都是由专家通过试错和手工设计的，这意味着即使是 AI 专家也需要大量的资源和时间来创建性能良好的模型。为了降低这些繁重的开发成本，近年来出现了将机器学习（Machine Learning，ML）流水线自动化的新思路，即自动机器学习（Automatic Machine Learning，AutoML）。

AutoML 设计的目的是减少对数据专家的需求，使非 AI 领域的专家也能够自动构建 ML 应用程序，而不需要掌握过多的统计学和 ML 知识。AutoML 成为不需要人工干预的 DL 系统的一种有希望的解决方案，现在越来越多的研究者开始关注 AutoML。

2. AI 应用环境（联接 + 计算）自动规划工具

AI 应用环境（联接 + 计算）自动规划工具可以根据算法和客户数据处理的实时性需求，自动分解出需要的算力、存储、网络带宽和时延的要求。这个软件类似于网络规划工具，二者的区别在于网络规划工具要对"计算和联接"资源进行一体化考虑，客户可以在设计前增加一些约束条件，例如带宽、时延约束等。

为了进一步简化，企业可以参考中国信息通信研究院《5G 切片端到端 SLA 行业需求研究报告》的分级思路，将联接需求映射到带宽、时延等几个等级，计算可以参考中国通信标准化协会 TC1 发布的《面向业务体验的算力需求量化与建模研究报告》，将算力需求映射到算力、存储等几个等级。

企业在内部测试验证时，也可以参考计算和联接服务等级定义，并考虑一定的冗余，从而可以快速让 AI 应用与计算 + 联接的资源服务形成映射关系，实现算力标准化和应用的跨平台迁移，从而加速算力网络的商业化进程。

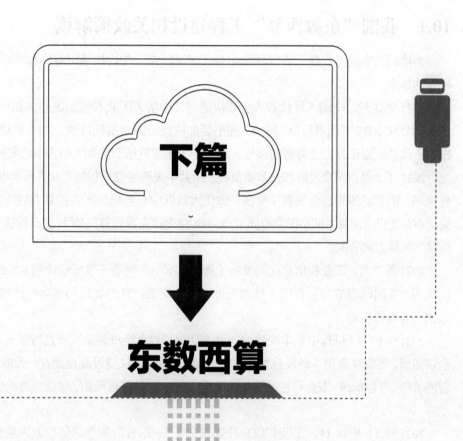

第10章 "东数西算"工程政策解读

10.1 我国"东数西算"工程建设相关政策解读

为推动数字经济发展,我国陆续出台了多项政策,加快构建以算力和网络为核心的新型基础设施体系。

2021年3月,全国人民代表大会表决通过《中华人民共和国国民经济和社会发展第十四个五年规划和2035年远景目标纲要》,提出要加快建设新型基础设施,加快构建全国一体化大数据中心体系,强化算力统筹智能调度,建设若干国家枢纽节点和大数据中心集群。

2021年5月,国家发展和改革委员会、中共中央网络安全和信息化委员会办公室、工业和信息化部、国家能源局联合发布《全国一体化大数据中心协同创新体系算力枢纽实施方案》,明确提出布局建设全国算力网络国家枢纽节点,加快实施"东数西算"工程,提升跨区域算力调度水平,构建国家算力网络体系。

2021年7月,工业和信息化部发布《新型数据中心发展三年行动计划(2021—2023年)》,明确用3年时间形成布局合理、技术先进、绿色低碳、算力规模与数字经济增长相适应的新型数据中心发展格局。

2021年10月18日,中共中央政治局就推动我国数字经济健康发展进行第三十四次集体学习。会议强调,要加快新型基础设施建设,加强战略布局,加快建设高速泛在、天地一体、云网融合、智能敏捷、绿色低碳、安全可控的智能化综合性数字信息基础设施,打通经济社会发展的信息"大动脉"。

2021年11月16日,工业和信息化部发布《"十四五"信息通信行业发展规划》,指出基础设施从以信息传输为核心的传统电信网络设施,拓展为融感知、传输、存储、计算、处理为一体的,包括"双千兆"网络等新一代通信网络基础设施、数据中心等数据和算力设施、工业互联网等融合基础设施在内的新兴数字基础设施体系。到2025年,信息通信行业整体规模进一步壮大,发展质量显著提升,基本建成高速泛在、集成互联、智能绿色、安全可靠的新型数字基础设施。数据与算力设施服务能力显著增强,数据中心布局实现东中西部协调发展,集约化、规模化发展水平显著提高,形成数网协同、数云协同、云边协同、绿色智能的多层次算力设施体系,算力水平大幅提升。发展重点包括统筹数据中心布局,构建以技术创新为驱动、以新一代通信网络为基础、以数据和算力设施为核心、以融合基础设施为突破的新型数字基础设施体系。统筹布局绿色智能的数据与算力设施，推进一体化大数据中心体系建设。加强区域协同联动，引导数据中心集群化发展，推进东部与中西部地区、一线城市与周边地区的数据中心协调发展。强化现有数据中心的资源整合，有序发展规模适中、集约绿色、满足本地算力需求的数据中心。

2022年1月，国务院印发《"十四五"数字经济发展规划》，指明了8个重点发展方向，明确了信息网络基础设施优化升级等11个专项工程，该文件包括加快建设信息网络基础设施，推进云网协同和算网融合发展，有序推进基础设施智能升级。《"十四五"数字经济发展规划》还提出加快构建算力、算法、数据、应用资源协同的全国一体化大数据中心体系。在京津冀、长三角、粤港澳大湾区、成渝地区双城经济圈、贵州、内蒙古、甘肃、宁夏等地区布局全国一体化算力网络国家枢纽节点，建设数据中心集群，结合应用、产业等发展需求优化数据中心建设布局；加快实施"东数西算"工程，推进云网协同发展，提升数据中心跨网络、跨地域数据交互能力，加强面向特定场景的边缘计算能力，强化算力统筹和智能调度。

工业和信息化部办公厅、国家发展和改革委员会办公厅于2022年1月发布《关于促进云网融合 加快中小城市信息基础设施建设的通知》，该文件指出，要协调推进东部地区和中西部及东北地区中小城市信息基础设施建设，全面提升承载和服务能力，促进区域协调发展，支撑基本公共服务均等化。到2025年，东部地区和中西部及东北大部分地区基本建成覆盖中小城市的云网基础设施，实现"千城千兆"和"千城千池"的建设目标，即千兆接入能力和云资源池覆盖超过1000个中小城市。

加快新型基础设施建设是党中央、国务院做出的重大决策部署，也是"十四五"规划明确的一项重要任务，对推进经济社会数字化转型，实现高水平科技自立自强具有非常重要的意义。

10.2 我国算力服务总体推进节奏

1. 算力支撑我国经济高质量发展

随着新一轮科技革命和产业变革的深入发展，一个以算力为核心生产力的时代加速到来。数据作为新一代生产要素，已被提升到国家战略资源层面加以规划利用。而代表着数据处理能力的算力，如同农业时代的水利、工业时代的电力，不仅成为数字时代的核心生产力，也是各行各业离不开的重要资源。算力作为国民经济发展的重要引擎，已经成为全球战略竞争的新焦点和全社会数智化转型的基石，影响数字经济的发展速度，决定社会智能的发展高度，全球各国的算力水平与经济发展水平呈显著的正相关关系。

党的十八大以来，我国数字经济蓬勃发展，全社会数据总量呈爆发式增长，数据资源存储、计算和应用需求大幅提升。随着5G、物联网、工业互联网、人工智能、云计算、大数据等新一代数字技术的快速发展，算力作为经济社会运行不可或缺的数字底座，推动各行业、各领域的数字化转型，成为支撑我国经济高质量发展的坚实基础。算力已成为我国当前最具活力、最具创新力、辐射最广泛的信息基础设施，是衡量数字经济活力的关键指标，对我国经济社会和产业能级的带动作用日益增强。《2020全球计算力指数评估报告》显示，算力指数平均每提高1个百分点，数字经济和GDP将分别增长3.3‰和1.8‰。当一个国家的算力指数达到40分以上时，指数每提升1点，对于GDP增长的拉动将提高1.5倍；当计算力指数达到60分以上时，对GDP的拉动将进一步提升2.9倍。

从目前来看，我国的算力服务的发展特点如下。

（1）算力整体规模持续扩大

"十三五"期间，我国算力规模整体保持高速增长态势，数据中心机架数、通用服务器数量、AI服务器数量、超级计算机数量均保持快速增长，在技术加速创新迭代下，单台算力设备的性能也在不断提升。2020年我国算力总规模达到135EFLOPS，全球占比约为31%，同比增长55%，超过全球增速约16个百分点。

近年来，我国算力结构随着应用需求的变化而不断变化，基础算力依旧是主力，智能算力增长迅速，占比已超过40%，成为我国算力快速增长的主要驱动力。在互联网及云计算需求不断提升的同时，以智能计算中心为代表的人工智能算力基础设施发展迅猛，数据中心智能化升级的步伐不断加快，计算智能化升级已是大势所趋。我国超算算力在整体算力中的占比较为稳定，占比约为2%，主要用于科学计算与工程计算等领域。

（2）算力创新水平大幅提升

① 基础算力支撑能力大幅增强。以数据中心为代表的算力基础设施随着信息化得到巨大发展，与通信网络基础设施一同构成新一代信息基础设施，为推进网络强国、数字中国建设贡献了重要力量，为工业生产、社会民生等诸多领域提供了重要支撑。近年来，我国基础算力快速增长，年增幅超过27%。我国基础算力在新冠肺炎疫情防控中发挥了重要的支撑作用，通过开发数字平台和应用、开放基础算力设施和算法等多种方式，保障了疫情溯源、病毒研究、病情诊疗、疫苗研发、药物筛选等工作的稳步开展，衍生大数据行程卡等多项新型应用，成为各地做好疫情防控的重要手段，助力我国社会生产各项工作的全面恢复。

② 智能计算快速兴起。智能计算已成为主流的计算形态，预计到2023年，智能算力的占比将提升至70%。AI复杂模型、复杂场景的计算需求进一步催生面向AI的算力基础设施的需求，目前，智能计算中心是发展重点。2020年4月，国家发展和改革委员会首次将智能计算中心纳入算力基础设施范畴，并提出在全国布局10个左右区域级数据中心集群和智能计算中心。

③ 高性能计算加快发展。从算力服务看，国家超级计算服务网格已接入天津、广州、深圳、长沙、济南、无锡、郑州和昆山8个国家超算中心，各地方、各行业、各高校也在推进建设高

水平超算中心，支持 2000 余项国家科学计算和重要工程项目研究。从算力能力看，截至 2021 年 6 月，全球 TOP 500 超算排行榜中，我国超算数量位居世界第一，占比份额接近 40%，超算规模位列第三，榜单前十中占据两席，"神威·太湖之光""天河 2A"分别位列第四和第七。

（3）算力发展环境日益优化

持续优化的网络环境为算力发展提供了坚实支撑。我国网络基础设施能力持续升级，网络带宽不断提升，2020 年全国互联网省际出口带宽增长 11%，助推算力的跨区域调度；5G 覆盖率不断提升，加速云、边、端算力的协同。

不断增长的算力投资也对算力发展起到了重要的拉动作用。2020 年，我国 IT 支出规模达到 2 万亿元，增长 7.3%。我国在计算硬件、软件、服务等领域支出的持续增长，进一步提升了人工智能、自动驾驶、智慧城市等新兴应用对算力发展的促进作用。

（4）算力应用需求迅猛扩张

强大的算力是全社会智能应用的重要支撑。由于 5G、AI 等新兴技术不断发展，各行各业智能化应用、业务场景多样化带来的数据量持续增长，我国消费和行业应用算力需求增长迅猛。以无人驾驶场景为例，从 2018 年到 2030 年，无人驾驶对算力的需求将增加 390 倍，未来 L4 和 L5 级别对网络带宽的需求将大于 100Mbit/s，时延要求达到 5～10ms 的水平；数字货币场景下，2030 年较 2018 年算力需求将增长约 2000 倍；VR 游戏的算力需求将增长约 300 倍，端到端的时延小于 20ms。从行业的角度看，互联网是最大的算力需求行业，占整体算力近 50% 的份额，以阿里巴巴、腾讯、百度、字节跳动为代表的互联网头部企业对算力的需求更加迫切，同时算力的集中部署也使互联网行业成为先进生产力的代表。政府、服务业、电信业、金融业、教育业、制造业、运输业分列第二位到第八位。其中，电信、金融行业信息化和数字化起步较早，是我国算力应用较多的传统行业，对算力的应用处于行业领先水平；制造业数字化转型仍处于初期，需要更多规模化、普惠型的公共算力基础设施的支持。未来，随着下游行业在 AI、云计算、大数据等更多新兴领域的应用需求快速提升，对算力规模的需求也将日益增加，相关芯片、服务器和 IDC 等相关上游产业有望受益于算力的持续建设。

（5）全面拉动数字经济增长

近年来，我国在算力基础设施的支撑下，电子商务、平台经济、共享经济等新模式接替涌现，工业互联网、智能制造等全面加速，为我国产业数字化持续健康发展输出强劲动力。算力的不断发展推动了高清视频、AR 导航等新兴应用的普及，同时促进了智能终端消费和移动数据流量消费的增长。

（6）各地加快算力发展步伐

在需求与政策的双重驱动下，全国各地大力推进算力技术产业、基础设施建设及算力应用的发展。京津冀、长三角、粤港澳大湾区等区域整体算力发展处于领先水平。其中，在算力规模方面,北京、广东、上海位列前三,均超过 15EFLOPS;在算力环境方面,四大城市群拥有较好的网络支撑、算力投入等环境条件;在算力应用方面,东部沿海省份消费及行业应用需求较大,对算力增长的拉动作用显著。

2. 算力网络应运而生

网络作为连接用户、数据、算力的主动脉,与算力的融合共生不断深入。面对倍增的海量数据和算力需求,亟须基于多样性算力构建新型信息通信基础设施平台的坚实底座。IDC 发布报告预测,2020—2025 年将有超过 50% 的数据会在网络侧存储、计算和处理。在这一背景下,网络集群能够突破单点算力的性能极限,提升算力的整体规模,加速算网融合,提供算网一体化服务,成为产业界共同关注的热点。

结合未来计算形态云、边、端泛在分布的趋势,计算与网络的融合将会更紧密,我国率先提出了"算力网络"的概念。其依托计算和网络两大 IT 与 CT 基础设施,使能算力服务,是响应国家产业政策、具备商业前景、适合电信运营商经营、顺应技术演进趋势的新方向。

目前,我国信息通信行业对"5G+ 云 + AI"的探索处于世界领先地位,这些带动了全网的算力密集分布、快速下沉并且逐步实现联网服务。当前,"产、学、研"各方正在积极探索,依托联盟形成"区域协同,政企合作,产研融合"的算力产业创新体系,共同推动算力网络布局,在标准制定、生态建设、试验验证等领域均取得了一定的进展,我国已初步把握住了算力网络研究的主导权。在标准制定方面,国内三大电信运营商均积极投入算力网络标准化工作,中国移动、中国电信与中国联通分别在 ITU-T SG11 与 13 组立项了 Y.CPN、Y.CAN 和 Q.CPN 等系列标准,在 IETF 开展了计算优先网络框架等系列研究,华为联合国内电信运营商在 ETSI 和宽带论坛上启动了包括网络接口、城域算网在内的多个项目。国内的"算力网络需求与架构"及"算力感知网络关键技术研究"两项研究也在有序开展。面向未来 6G 时代,算力网络已经成为 IMT-2030(6G)推进组的研究课题之一,正在开展算力网络与 6G 通信技术的融合研究。在生态建设方面,国内未来数据通信研究的主要组织——网络 5.0 产业联盟专门成立了"算力网络特设工作组",MEC 领域的多个开源组织也发起 KubeEdge、Edge-Gallery 等开源项目。2019 年年底,中国联通、中国移动和边缘计算网络产业联盟均发布了算力网络领域相关白皮书,进一步阐述了算网融合的重要观点。在试验验证方面,2019 年,中国电信与中国移动均已完成算力网络领域的实验室原型验证,并在巴塞罗那大会、ITU-T 和全球网络技术大会等相关展会上发布成果。中国联通也在推进算力网络平台的自主研发,并积极策划现网试点工作。

3. 算力基础设施成为"新基建"的核心内容

2018 年以来,国家提出一系列加快 5G 商用步伐、加强人工智能、工业互联网、物联网等新型基础设施建设的政策建议,明确将算力基础设施作为新基建的核心内容之一,通过顶层设计、政策环境、统筹协调等方式促进算力基础设施的持续发展、成熟和完善。

（1）我国数据中心规模呈现高速增长

有着"互联网时代的粮仓"之称的数据中心，已经成为支撑各行业的重要新型基础设施。数据中心算力水平的提升将会带动全社会总体算力的提升，满足各行业的算力需求。在"新基建"政策的指引下，随着5G、人工智能等新技术的快速发展，数据资源存储、计算和应用需求的不断提升，带动数据中心规模的高速增长，我国数据中心行业迈入前所未有的巨大发展阶段。ICT研究显示，当前中国数据中心每年新增投资规模在1800亿元～2000亿元。

数据中心总体算力水平与数据中心机架规模密切相关，数据中心机架上承载着各类服务器、存储设备及网络设备，这些设备共同构成了数据中心的算力基础。在保证上架率的情况下，数据中心机架规模越大，说明数据中心能够提供的理论算力越高，算力资源供给更为充足。机架规模的增长充分表明我国企业及用户对数据中心算力的潜在需求较为旺盛，与此同时，这种高速增长的算力需求进一步推动了我国机架规模的增长，逐年增加的算力资源将为云计算、人工智能、物联网等应用服务的开展提供重要保障。截至2022年2月，我国数据中心规模已达500万标准机架，算力达到130EFLOPS。随着数字技术向经济社会各领域全面持续渗透，全社会对算力需求仍十分迫切，数据中心机架规模每年仍将以20%以上的速度快速增长。

（2）我国数据中心地域分布不均衡

我国通信网络主要围绕人口聚集程度进行建设，网络节点普遍集中于北京、上海、广州等一线城市。数据中心对网络的依赖性强，随之集中于城市部署。我国现有数据中心存量大多数分布在华东、华北、华南地区。同时，这些地区数据中心的上架率较高，说明这些地区数据中心在现阶段还有较大的需求市场。

根据工业和信息化部的统计，中国数据中心需求前六的地区为江苏、上海、河北、广深、北京与浙江，主要集中在京津冀、长三角、粤港澳大湾区等一线城市及周边地区。

数据中心总体算力水平及算力能效不仅与机架总体规模有关，还受数据中心在用上架率的影响，数据中心在用上架率能够反映当前数据中心的实际算力水平及算力能耗。东部发达地区及一些自然资源较为充足的中西部省份上架率相对较高，东部发达地区对时效性较高的"热数据"需求较多，提升上架率有助于进一步满足这种实时的算力需求。中西部等自然资源较为充足的地区在建设能效导向型数据中心方面具有一定的优势，也逐渐受到资本的青睐，一些时效性要求不高的"冷数据"通常可以在这些地区进行远端部署。

数据中心的快速发展也带来了能耗等问题。目前，我国数据中心的年用电量已占全社会用电量的2%，而数据总量还在快速增长。数据中心的集群建设，可以扩大绿色能源的供给，提升其建设的能效标准，推动数据中心的绿色可持续发展。

另外，我国数据中心的集约化水平还不高，各行业都在建设数据中心但互不联通。加快推动数据中心、云计算、网络之间的协同联动，可以提高资源利用率。而加强对基础网络、数据中心、云平台、数据和应用的一体化安全保障，加强对个人隐私等敏感信息的保护，则有助于提高大数据安全可靠水平，确保基础设施和数据的安全。

4. 未来我国算力服务将进一步加速推进

"十四五"规划将"加快数字发展建设数字中国"作为独立篇章，是对"十三五"规划中"拓展网络经济空间"这一提法的升级，预示着我国的新经济形态已经从早期以互联网为依托的网络经济进入了以海量的数据、先进的算力和算法为代表的数字经济时代。加快推动算力设施建设，将有效激发数据要素创新活力，加速数字产业化和产业数字化进程，催生新技术、新产业、新业态、新模式，支撑经济高质量发展。

"十四五"期间，我国将积极推进新型算力基础设施建设，落实国家"东数西算"工程部署，面向重点方向和热点地区加大数据中心部署和优化力度，构建全国一体化大数据中心协同创新体系；以市场实际需求决定数据中心和服务资源供给，深化云计算资源池建设布局；着眼引领全球云计算、大数据、人工智能、区块链发展的长期目标，适度超前布局，预留发展空间，进一步拉动新增机柜数量的增长。在算力网络方面，整合网、云、数、智、边、端、链多层次算力资源，打造贯通数据感知、传输、存储、运算等环节的新型一体化服务，逐步推动算力成为像水电一样，可"一点接入、即取即用"的社会级服务。2022年，我国基本能完成5G网络的广度覆盖，5G流量的增长及扩展现实（Extended Reality，XR）、自动驾驶/车联网等5G应用的爆发有望进一步扩大IDC需求，将与"东数西算"工程共振提升IDC市场及算力规模。

10.3 我国"东数西算"工程发展战略及部署实施方案

10.3.1 "东数西算"工程发展战略

2022年2月，国家发展和改革委员会、中共中央网络安全和信息化委员会办公室、工业和信息化部、国家能源局联合印发通知，同意在京津冀、长三角、粤港澳大湾区、成渝、内蒙古、贵州、甘肃、宁夏启动建设国家算力枢纽节点，并规划了10个国家数据中心集群。至此，全国一体化大数据中心体系完成总体布局设计，"东数西算"工程正式全面启动。

"数"是指数据，"算"是指算力，即对数据的处理能力。与"南水北调""西电东送"等工程类似，"东数西算"工程是通过构建数据中心、云计算、大数据一体化的新型算力网络体系，将东部算力需求有序引导到西部，在充分发挥我国体制机制优势的基础上，从全国角度一体化布局，优化数据中心建设布局和资源配置，促进东西部协同联动，提升资源的使用效率。

当前，我国东西部地区的数据中心布局存在明显不平衡，数据中心布局与能源资源分布、生产力布局之间失配、错配矛盾较为突出。我国数据中心大多数分布在东部地区，但是由于土地、能源等资源日趋紧张，而且数据中心的能耗较高，在东部大规模发展数据中心难以为继。而西部地区的可再生能源和土地等资源相对富集，具备发展数据中心、承接东部算力需求的潜力。不平衡的数据中心布局，不利于区域协调发展，容易造成能源、资源等极大的浪费，需要国家宏观层面的引导。因此，实施"东数西算"工程，推动算力资源有序向西转移，构建全国一体化算力网络，可以充分发挥我国体制机制优势和区域优势，优化资源配置，提升国家整体算力水平，促进绿色发展，扩大有效投资，推动东西部地区协调发展，释放算力资源"乘数效应"和数据要素"倍增效应"。

"东数西算"工程是我国从国家战略、技术发展、能源政策等方面出发，在"新基建"的大背景下，启动的一项至关重要的国家工程，首次将算力资源提升到与水、电、燃气等基础资源一致的高度，统筹布局建设全国一体化算力网络。实施"东数西算"工程，对推动数据中心合理布局、绿色集约、优化供需、互联互通具有重要意义。

第一，有利于提升国家整体算力水平。通过全国一体化的数据中心建设，有助于完善国家数据中心产业，优化资源配置，扩大算力设施规模，提高算力使用效率，实现全国算力规模化、集约化发展。

第二，有利于促进绿色发展。加大数据中心在西部布局，将大幅提升绿色能源的使用比例，有效利用西部清洁能源、可利用荒地、可再生资源等，实现节能减排，缓解东部地区电力成本高、能耗指标紧张、大规模数据中心开发空间受限等问题。同时通过技术创新、绿色低碳发展等措施，持续优化数据中心的能源使用效率，进一步实现节能减排，发展绿色经济。

第三，有利于扩大有效投资。数据中心产业链条长、覆盖门类广、投资规模大、带动效应强，既包括传统的土建工程，还涉及IT设备制造、信息通信、基础软件、绿色能源供给等。建设算力枢纽和数据中心集群，将促进数据中心精准发力，有力带动产业链发展和产业上下游投资，预计启动后每年拉动4000亿元投资，助力经济实现稳增长。

第四，有利于推动区域协调发展。算力设施由东部地区向西部地区布局，将带动相关产业有效转移，带动西部地区参与由智能化引导的数字经济浪潮中，将数据中心建设等相关产业例如数据标注、数据流量处理等产业带到西部地区，促进东西部数据流通、价值传递，延展东部发展空间，推进西部地区形成新格局，更好地释放"后发优势"。

"东数西算"工程并不是将东部的所有数据输送至西部进行运算处理，东部枢纽主要负责处理工业互联网、远程医疗、灾害预警、金融证券、视频通话、人工智能推理等对网络和时延要求较高的业务，而西部数据中心主要处理离线分析、存储备份、后台加工等对网络和时延要求不高的业务。

10.3.2 "东数西算"工程部署实施方案

《全国一体化大数据中心协同创新体系算力枢纽实施方案》中提出,围绕国家重大区域发展战略,按照绿色、集约原则,加强对数据中心统筹规划布局,引导超大型、大型数据中心集聚发展,构建数据中心集群,推进大规模数据的"云端"分析处理。根据能源结构、产业布局、市场发展、气候环境、网络条件等,在京津冀、长三角、粤港澳大湾区、成渝等重点区域,以及贵州、内蒙古、甘肃、宁夏等可再生能源等资源相对丰富、气候适宜的地区布局建设大型和超大型数据中心国家枢纽节点,发展数据中心集群,引导数据中心集约化、规模化、绿色化发展。根据政策要求和产业需求,实施"东数西算"工程的总体思路如下所述。

第一,推动全国数据中心适度集聚、集约发展。在全国布局八大算力枢纽,引导枢纽城市及周边城市的超大型、大型数据中心集聚,形成数据中心集群。加大政策支持力度,发挥数据中心集约化、规模化效应,提升全国整体算力规模和效率,带动数据中心上下游相关产业发展。在算力枢纽之间,打通数据高速传输网络,强化云网融合、多云协同、云边协同,促进东西部地区之间的算力资源高效互补和协同联动,加快实现全国数据中心的优化供需、合理布局、绿色集约和互联互通。

第二,促进数据中心由东部地区向西部地区布局、统筹发展。首先,加速推动数据中心布局大规模向西部地区转移,特别是对于离线分析、后台加工、存储备份等对网络时延要求不高的业务,可以率先向西部地区转移,由西部数据中心承接。其次,网络长距离传输造成的时延和损耗,以及受相关配套设施等限制因素影响,西部数据中心并不能满足所有的算力需求,尤其是一些对网络时延要求较高的业务,例如,工业互联网、远程医疗、灾害预警、金融证券、视频通话、人工智能推理等,此类业务可以在京津冀、长三角、粤港澳大湾区等东部枢纽布局,枢纽内部要逐步推动数据中心由一线城市向周边城市转移,确保算力网络布局与土地、用能、水、电等资源的协调一体化可持续发展。

第三,实现"东数西算"循序渐进、快速迭代。为避免算力网络和数据中心盲目发展,在"东数西算"工程建设起步阶段,在八大算力枢纽内规划设立了 10 个数据中心集群,对每个集群划定了物理边界,并明确了上架率、绿色节能等发展目标。例如,集群内数据中心的平均上架率至少要达到 65% 以上,数据中心 PUE 指标控制在 1.25 以内,可再生能源使用率要有显著提升。对各类指标进行约束和要求,促进了集群高标准、严要求、最小化起步。对集群的数据中心发展情况将进行实时动态监测,科学评估集群算力的发展水平和饱和程度。结合发展情况,今后将不断优化完善布局,适时扩大集群边界或增加集群,论证新设算力枢纽,实现算力网络的统筹有序、健康发展。

为加快构建"东数西算"一体化的算力体系,要进一步加大统筹力度,发挥政策叠加效应,一体化推进算力优化布局和体制机制改革创新，加快提升八大算力枢纽的影响力和集聚力，牵引带动全国算力一体化协同发展。因此，"东数西算"工程的重点任务包括以下 4 个方面。

第一，加强网络设施联通。加快打通东西部地区之间的数据连接通道，打造一批"东数西算"示范线路。优化通信网络结构，提升国家数据中心集群的网络节点等级，提高网络传输质量。

第二，强化能源布局联动。推动数据中心和电力网一体化发展设计，鼓励更多可再生能源发电企业向数据中心供电。支持数据中心集群配套可再生能源电站。优先对建设"东数西算"工程成效突出的数据中心项目提供能耗指标支持。

第三，支持技术创新融合。鼓励数据中心可再生能源供电、节能降碳、异构算力融合、多云调度、云网融合、云边协同、数据安全流通等技术创新和模式创新，加大对关键技术产品的研发支持力度，并推动规模化落地应用。

第四，推进产业生态壮大。支持完善数据中心产业生态体系，加强数据中心上游设备制造业和下游数据要素流通、数据创新型应用和新型消费产业等集聚落地。支持西部地区算力枢纽围绕数据中心项目就地发展数据清洗、数据加工、数据内容服务等偏劳动密集型产业。

10.3.3 总结

总体来说，"东数西算"工程是我国一项重大的跨区域资源配置工程，是数字时代全面建设数字中国的重大工程。"东数西算"工程的全面启动，标志着网络强国、数字中国建设按下了"快进键"，也意味着我国区域协调发展迈开了新步伐。"东数西算"工程是以供给侧结构性改革，通过数据流引领资金流、技术流、人才流等，将更好地发挥数据中心等新型信息基础设施的先导性、基础性作用，打通我国东西部数字经济大动脉，不仅有助于推进数据要素市场化配置改革，实现数据和算力资源在全国的优化配置，还有助于抢抓数字化发展机遇，全面优化我国数字经济生产力布局，充分激活数字经济发展潜能，从而为构建新发展格局、推动经济社会高质量发展、构筑国家竞争新优势、抢占全球战略竞争制高点提供有力支撑。

"东数西算"工程涉及多省份、多地域、多领域、多目标，系统复杂，规模宏大，任务艰巨，是新时代关乎区域协调发展、人民共同富裕及构建新发展格局等中国现代化建设重大战略目标实现的重大工程。因此，必须紧紧围绕网络强国、数字中国建设的目标，坚持系统观念，加强前瞻性思考、全局性谋划、战略性布局、整体性推进，充分发挥我国制度性优势，扎实推进"东数西算"工程高标准高质量建设，强化数据中心、通信网络、能源、交通等基础设施一体化联动布局，做好存量和增量信息基础设施统筹建设和互联互通，加快建设形成"功能完备、安全可靠、集约高效、绿色智能、治理有力"的全国一体化大数据中心体系新格局，培育强大的数字经济发展新生态。

第11章 "东数西算"工程实施步骤

11.1 我国国家级八大枢纽节点+网、云、数三大体系建设方案

11.1.1 我国八大枢纽节点

从全国布局来看,"东数西算"工程共设立了八大算力网络国家枢纽节点:内蒙古枢纽、宁夏枢纽、京津冀枢纽、甘肃枢纽、长三角枢纽、成渝枢纽、贵州枢纽、粤港澳枢纽。依托这八大算力枢纽节点,有利于集中资源,着力优化网络、能源等配套保障,更好地引导数据中心向规模化、集约化、绿色化方向发展,促进东西部地区之间数据流通、价值传递,带动数据中心相关产业由东向西有效转移。

其中,贵州、内蒙古、甘肃、宁夏这4个枢纽节点可再生能源丰富、气候适宜、数据中心绿色发展潜力较大,可以打造面向全国的非实时性算力保障基地。这4个枢纽节点定位于不断提升算力服务品质和利用效率,充分发挥其资源优势,夯实网络等基础保障,积极承接全国范围内的离线分析、后台加工、存储备份等非实时算力需求。京津冀、长三角、粤港澳大湾区、成渝这4个枢纽节点用户规模较大,应用需求强烈,要服务于重大区域发展战略实施需要。这4个枢纽节点定位于统筹安排城市内部和周边区域的数据中心布局,实现大规模算力部署与土地、用能、水、电等资源的协调可持续发展,优化数据中心供给侧结构,扩展算力增长空间。

在8个算力枢纽节点内,进一步规划设立了10个国家数据中心集群,每一个集群是一片物理连续的行政区域,具体承载算力枢纽内的超大型、大型数据中心建设。对应的10个集群分别是和林格尔集群、中卫集群、张家口集群、庆阳集群、芜湖集群和长三角生态绿色一体化发展示范区集群、天府集群和重庆集群、贵安集群、韶关集群。通过设立10个集群,可以有效减少数据绕转时延,降低长途传输费用,保障数据中心能源供给,积极协调安排能耗指标。

国家枢纽节点以外的地区,重点推动面向本地区业务需求的数据中心建设,加强对数据中心绿色化、集约化管理,打造具有地方特色、服务本地、规模适度的算力服务,加强与邻近国家枢纽节点的网络联通,后续根据发展需要还会适时增加国家枢纽节点。

在"东数西算"工程建设的初期,对各数据中心集群起步区的建设目标提出了具体要求:

数据中心平均上架率不低于65%，数据中心PUE指标控制在1.25以内，可再生能源使用率显著提升；网络实现动态监测和数网协同，服务质量明显提升，电力等配套设施建设完善，能高质量满足"东数西算"业务需要；安全技术、措施和手段同步规划、同步建设、同步使用，形成一批"东数西算"典型示范场景和应用。

11.1.2 网、云、数三大体系建设方案

1. 网：空、天、地、海一体化的泛在连接

目前，我国各种类型的信息通信网络已经可以实现多样化的网络接入和稳定可靠的信息传递，例如，固定光纤网络、移动网络、卫星网络、物联网、工业互联网等。但是在跨网络协同领域，特别是在不同网络形态的统一服务和高质量通信保障方面，还存在彼此相对割裂的情况。

面向空、天、地、海一体化的泛在连接，网络将从广度和深度两个方面提升性能质量与覆盖范围。第一，网络的泛在连接将实现多种连接方式的端到端协同，例如，将无线网络、物联网和卫星网络与固定光纤网络结合起来，实现空、天、地、海一体化覆盖，以适应跨地域、跨海域、跨空域等多种业务场景的要求；同时，泛在连接还要求网络全面实现虚拟化和云化部署，将不同的网络能力通过统一的基础设施呈现出来，以便实现空、天、地、海一体化的网络供给。第二，泛在连接需要承载网具有更高的智能化程度，通过网络协议和组网模式的升级，实现网络自动化连接、构建、调整和优化，提高空、天、地、海一体化网络在架构层面的灵活性和效率；另外，泛在连接将通过引入更加复杂的信令流程与算法协议，在实现业务差异化承载的同时，为特定业务提供更加精准、更高质量的网络服务。构建空、天、地、海一体化的泛在连接网络主要包括以下4个方面。

（1）多种连接方式的端到端协同

多端协同是一个新的智能方向，需要基于不同的应用场景和功能需求进行设计，以适应空天地海复杂的通信环境，衡量指标包括合理性、高效性及体验性等。

多种连接方式的端到端协同需要重点考虑3个方面的内容。第一，实现多频多模、轻量化、高性能的灵活可变设备形态。第二，设计安全、可靠、高效的网络接口，满足用户在不同网络、不同领域之间的漫游和切换。第三，通过采用统一的技术机制，实现资源的共享和统一管理。

在终端多样化发展方向和协同技术探索的过程中，需要确定每个终端所扮演的角色和任务，既实现彼此合作又保持独立，能力迁移，收放自如。

（2）网络全面云化

为了适应互联网和云业务的发展需求，网络由传统的硬件为主的架构向虚拟化、云化的方向发展，实现了资源弹性分配、自动智能运行、敏捷灵活组网等目标。

网络云化需要关注3个方面的内容。第一，统一承载与集约运营能力，在通用计算能力之

外需要引入异构计算能力,用于满足多专业虚拟网元的高性能和高可靠性承载要求,以及多级集约管理与协同运营。第二,虚拟网元能力开放与增强,重点发挥虚拟网元的快速部署、灵活编排及弹性伸缩的特性,满足业务系统对网络能力的快速开通、按需定制等要求。第三,安全性,需要构建自主、可控的安全防护体系和安全运行环境。

（3）网络智能化

传统网络为了适应更加灵活多变的需求,需要提升其智能性。网络智能化主要包括5个特点。第一,网络可编程,网络协议、功能、性能等服务均可以以程序化形式描述和实现。第二,弹性伸缩,网络的带宽、覆盖等特性可以根据客户和业务的需求进行动态调整和弹性伸缩。第三,闭环自动化,网络操作具备自动化开通、故障定位等功能,减少人工干预,实现网络操作整体闭环。第四,故障快速发现和流量自动切换,故障出现时可以快速定位,并自动切换负载,从而保证网络的稳定性和连续性,实现更优的客户体验。第五,全局网络资源动态优化,网络资源可以根据业务的需求量进行动态实时优化。

（4）高质量网络服务

逐步引入确定性网络等技术,通过高精度时钟同步、零拥塞控制、可靠报文交付、动态资源预留等机制,在实现业务差异化承载的同时,对指定业务流量提供包括有界时延、低抖动、极高可靠性、端到端高精度时间同步等方面性能指标在内的高质量网络服务。

2. 云:云、网、边、端智能协同

云、网、边、端智能协同主要是针对计算和存储等资源,通过网络在云端、边侧、终端侧的高效分布和智能协同,实现资源利用效率的最大化,有效平衡整体的性能和成本。云、网、边、端协同主要涉及端云协同、云边协同和多云协同3个方面。

（1）端云协同

端云协同是根据业务特点以及网络、云、终端的能力和运行环境等,通过终端与云端的协商和智能化选择,将原来由终端执行的非实时复杂计算和存储,转移至云端或边缘计算节点,并将运算结果返回终端执行。端云协同可以进一步充分有效利用网络与云端资源,提升用户的使用体验,降低对终端软硬件设施的性能、功耗和成本等要求。

端云协同将重点关注两个方面的问题:一是优化端云协同中的智能调度机制和策略算法;二是确保终端本地及云端数据的隐私和安全性。

（2）云边协同

云边协同是一种在靠近数据来源就近提供边缘智能服务,并与云端服务器相互配合的工作模式,旨在实现云资源和边缘云在基础设施资源、应用平台、业务服务及数据上的全方位协同,通过云边协同可以提供分布式算力,按需匹配各类业务场景对海量数据、即时交互和稳定安全的需求,弥补了传统中心云服务的短板。

云边协同将重点关注3个方面：一是优化云资源多级分布，提升边缘云能力；二是兼顾数据隐私性、存储效率和数据备份的需求，提升云边数据协同能力；三是通过MEC等手段实现云能力在网络边缘的动态灵活加载。

（3）多云协同

多云协同是在不同云平台之间迁移、运行应用程序，统筹利用不同云服务提供商的能力，为企业等云服务使用者提供统一的管理、运营和安全体验，从而有效地控制负载和成本，提高数据的可移植性和互操作性。

多云协同需要重点关注两个方面：一是多云管理平台，需要推动云服务API的标准化，实现不同公有云、私有云的统一操作，同时需要提升PaaS/SaaS云服务的协同能力，丰富多云管理平台的服务目录；二是跨云网络互通，需要提供不同云服务商和云资源池的多种接入和互联能力，保障不同云之间的网络互通，实现多云和多网无缝对接。

3. 数：数据和算力等新型资源融合

传统的云计算资源主要包括计算、存储和网络。随着云形态从单一的集中化部署到分散的边缘云，计算、存储等基础资源呈现形态多样化、分布离散化、来源多元化的趋势。资源形态的增加主要包括数据资源和算力资源。其中，数据资源主要是指云网运行和服务中汇聚的各种数据资源，算力资源主要是面向AI的超算资源。这些资源不仅增加了新的选择维度，而且为多方所拥有，具备多种不同的形态和结构。

为了实现多维新型资源的统一管控与融合调度，需要采用新技术构建面向多方、多维、异构的资源适配与交易体系，新技术包括但不限于算力网络、区块链价值交换等。

（1）算力网络

算力网络是一种以网络为平台，连接多维资源，实现多方、异构的计算、存储、网络等资源之间的信息关联与高频交易的技术体系，以解决不同类型云计算节点规模建设后的算力分配与资源共享需求难题，可以为用户提供最优的资源供给，以满足新兴业务提出的"随时、随地、随需"的多样化需求。

算力网络技术要想更好地发展，需要重点考虑以下5个方面。

① 算力度量：为异构资源构建统一的算力度量体系。算力度量要求量化异构算力资源及多样化的业务需求，并建立统一的描述语言，在赋能算力流通属性的同时，为算力的感知、管控、服务提供基础和标准。目前，算力度量研究尚处于初期研究阶段。

② 算力感知：捕捉算力资源及业务需求，实现算力全业务感知。算力感知是指在算力进行统一度量与标识的基础上，获取业务算力需求信息及算力资源信息的技术，从而为算力网络调度编排提供基础，实现最优的资源配置。

③ 算力路由：实现算网信息共享，持续推进标准化服务。算力路由是指将网络资源信息与

算力资源信息进行整合，通过某种方式进行分发，以实现全网资源信息的通告及全局信息的共享。

④ 算力编排：实现算网资源全局视角。算力编排通过对全网资源信息的管控，根据用户算力需求从全局视角进行资源的优化选择与分配。

⑤ 算力交易：探索以算力资源为核心的新型商业模式。算力交易技术将算力提供方的各类算力资源，按需提供给算力消费方（包含算力提供方的资源接入、对算力消费方的资源需求和各类业务、应用场景需求的解析等），为算力使用方匹配最佳资源。

（2）区块链价值交换

区块链具备数据防篡改、资源可追溯、价值可交换等能力。区块链在异构资源管理方面的作用主要包括两个方面：一是可信数据交换，针对广泛存在的"数据孤岛"问题和数据共享难题，构建区块链+数据安全交换的融合方法，实现敏感数据在不泄露隐私的同时进行安全可信的共享和计算；二是异构资源价值交换，解决多方所有者的数据、算法、算力等资源确权难、缺乏公平高效的价值分配，资源协同缺乏价值驱动等问题，通过区块链基础设施与链上链下融合，推进价值互联网的广泛应用。

11.2 第一阶段（2021—2023年）：建成枢纽数据中心集群，绿色先进，实现"东数西存"

11.2.1 建立一体化云合规认证体系

一体化大数据中心的建设是一项系统工程，将由多家单位，不同的建设主体、运营主体共同参与。因此，有必要建设一套云合规认证体系，确保各方建设的资源符合标准，能被统一纳管与调度，以便高效地承载上层各类行业应用，赋能我国数字经济发展。

云合规认证有两个方向：一是技术标准化，二是服务标准化。从技术的角度看，云合规认证可以包括4个方向的标准化，分别是计算虚拟化的标准化、存储格式的标准化、网络协议的标准化和API的标准化。目前，技术标准化还处于一个百花齐放的阶段。服务标准化基本上出现了一个较为成熟的模型可供参考。

IT服务标准化主要分为两类。一类是控制风险，实现合规，比较典型的是ISO 27000系列，关注的是信息安全的标准，例如，网络通信的安全、基础设施的安全、业务连续性、基础设施保护等。目前，国内已有一些大型云计算厂商采纳了这些标准。另一类是提升服务绩效，典型的是ISO 20000，即IT服务管理体系。这个体系把IT服务分为5个步骤，分别是IT服务的战略、IT服务的设计、IT服务的转换、IT服务的运营和IT服务的持续改进。这5个步骤是典型的企业IT服务过程。

配套合规认证标准规范，我们还需要搭建云合规集成验证环境，部署云合规验证系统，以便确认相关资源/服务符合标准规范的定义。

建立云合规指标体系及标准规范，搭建云合规验证环境，部署云合规验证系统，形成一套完整的一体化大数据中心云合规准入验证机制，为接入一体化大数据中心体系的云平台进行全面的测试和评估。确保接入的云平台安全性能符合相应的标准规范，性能稳定、可靠、安全，为一体化大数据中心的数据跨域请求、全域融合、综合应用等能力的形成提供支持保障。

1. 云合规验证指标及标准规范

云合规可以从标准符合性、大数据平台性能及安全性等维度进行打分。准入合规指标体系框架如图11-1所示。

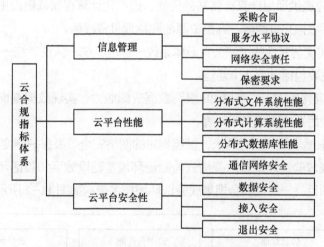

图11-1　准入合规指标体系框架

云合规指标体系涵盖三大类一级指标，每个一级指标根据数据中心测试类型划分为相应的二级指标。信息管理主要包括采购合同、服务水平协议、网络安全责任、保密要求。云平台性能主要包括分布式文件系统性能、分布式计算系统性能及分布式数据库性能。云平台安全性主要包括通信网络安全、数据安全、接入安全及退出安全。也可根据实际要求进一步细化三级指标。例如，云平台安全性下的通信网络安全涵盖通信安全、访问控制、虚拟化安全、运维安全、日志审查、安全监控及风险评估；数据安全涵盖管理数据安全、业务数据安全、个人信息保护、数据出境等；接入安全包括用户接入安全、外部信息系统接入安全；退出安全包括退出服务方案、数据保留、数据迁移及数据删除等。

云合规标准基于云平台采购、规划建设、运维运营等全生命周期提出云合规采购要求、云平台安全管理和技术要求、云平台安全测试规范等，为落实云合规指标体系提供标准支撑，保障全国一体化国家大数据中心建设采用云计算等技术的安全性。

2. 云合规集成验证环境

一体化云合规验证环境应按照"实验室、测试床、试验田"的思路,开展连通性、合理性、完备性、高效性等测试评估。在此过程中,需要考虑应对各种不同基础环境、不同技术层次、不同技术领域的测评。以"搭建基本测评环境框架,提供必要测评条件"为原则,基于通用和国产化计算存储基础设施,提供虚拟化资源池、容器资源池和物理机资源池,支持对大数据中心数网、枢纽接入的一体化准入合规验证。

集成验证环境主要包括以下 3 个功能。

① 业务范围:按照一体化接入层级,对待接入数据中心的资源进行全面的测试和评估,确保接入的数据中心在大数据平台符合相应的标准规范,性能稳定、可靠、安全。

② 支撑能力:应提供通用计算存储基础设施、国产化计算存储基础设施和人工智能计算存储基础设施;应提供虚拟化资源池、容器资源池和物理机资源池。

③ 体系互认:实现与其他的国家公有云体系统一标准、统一认证、统一调度。

集成验证环境主要包括以下 2 个性能。

① 处理能力:应具备加工、存储 PB 级别数据资源能力,实现数据查询比对秒级响应、复杂模型快速运算、应用系统安全灵活部署。

② 安全防护:根据承载的业务需求,参照相应的网络安全等级保护制度要求防护。

一体化云合规集成验证环境技术架构分为验证环境基础设施层和验证环境平台层,通过这两层架构完成测评项目。一体化云合规集成验证环境技术架构如图 11-2 所示。

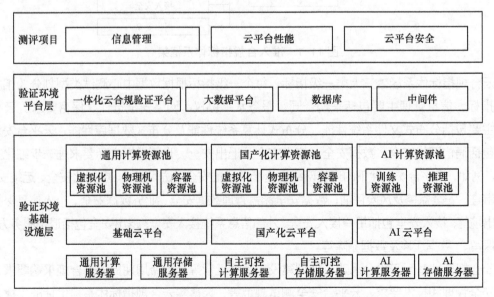

图 11-2 一体化云合规集成验证环境技术架构

① 基础设施层：提供通用计算存储设备、自主可控计算存储设备和人工智能计算存储设备，通过基础云平台、国产化云平台和 AI 云平台分别整合形成通用计算资源池、国产化资源池和 AI 计算资源池，为被测评对象提供物理机、虚拟机、容器、AI 训练、AI 推理等基础测评环境。

② 环境平台层：部署通用大数据平台、数据库和中间件，为被测评对象提供常用的平台工具软件。同时，部署数据中心一体化云合规验证平台，提供测评工具。

一体化云合规验证环境部署示意如图 11-3 所示。

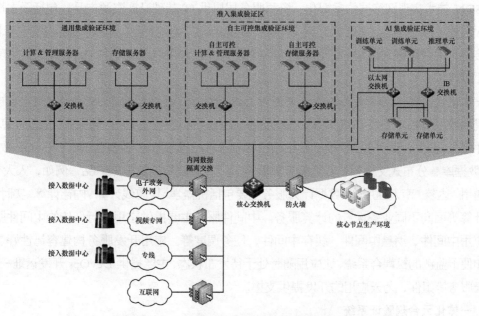

图 11-3　一体化云合规验证环境部署示意

一体化云合规验证环境部署于一体化大数据中心枢纽节点的准入验证区中，包含通用集成验证环境、自主可控集成验证环境和 AI 集成验证环境，为被测评对象提供独立的测试评价、集成试验、演示验证环境。各待接入数据中心可以通过与核心节点之间的网络，经安全准入及防护设备接入一体化云合规验证环境，开展在线集成调试、联合试验及合规测评等工作。一体化云合规验证环境通过安全隔离交换设备与一体化大数据中心核心节点生产环境连通。在待接入数据中心通过准入验证后，方可允许其访问核心节点生产环境。

一体化云合规验证环境 IaaS 层，采用深度适配国产服务器（申威/龙芯/飞腾/鲲鹏/海光等）和国产操作系统（统信/中标麒麟/银河麒麟/普华等）的国产化云平台，对一体化准入集成验证环境中的通用、国产化及人工智能各种类型计算资源、存储资源、网络资源进行统一管理，为被测评对象提供与核心节点生产环境一致的测评环境。IaaS 平台通过虚拟化底层硬件资源，为用户提供定制化的基础资源服务，包括基础设施层、虚拟化层、资源服务层。基础设施层负责管理底层的硬件设备，包括服务器、存储设备、网络设备等。支持申威、龙芯、飞腾、鲲鹏、海思等国产架构，利用集群实现整体系统的高可用，确保底层硬件资源为上层提供稳定可靠的基础环境。支持用户选用固态硬盘等，实现按需选用存储设备。支持对网络设备和线路的统一管理，满足用户的网络需求。虚拟化层将计算、存储、网络等物理资源进行虚拟化，这是实现资源云化的基础保障。在计算层面，私有云平台支持 KVM 虚拟机和裸金属服务器。在存储层面，支持 S3 协议对象存储，支持基于块存储技术的云硬盘，支持 NAS 网络共享存储。在网络层面，利用 SDN 技术实现网络层的虚拟化。资源服务层提供 IT 基础设施资源产品，包括云主机、云物理服务器、原生容器、云硬盘、对象存储、共享存储、私有网络、负载均衡、弹性网卡、专线连接等，用户能够便捷地创建和释放资源实例，并且利用资源调度和 DevOps 工具实现高效的资源管理。

一体化云合规验证环境 PaaS 层，采用对 IaaS 全面国产化适配的 PaaS 平台，对上层被测试对象提供通用的 PaaS 组件环境支撑。PaaS 层提供的服务主要包括数据存储服务、数据计算服务、中间件服务、开发测试服务、容器云服务。数据存储服务主要提供关系型数据库、NoSQL 数据库、MPP 数据库、分布式文件系统等数据存储服务。可考虑常用的数据库产品，例如，人大金仓/神州通用/达梦/南大通用等。数据计算服务主要包括机器学习、离线计算、内存计算、实时计算、流式计算等面向不同业务场景的计算服务。中间件服务主要提供应用运行环境的中间件服务，包括应用中间件、消息中间件、缓存中间件、任务调度等。应用开发服务构建容错性好、易于管理和便于监测的松耦合系统，让应用随时处于待发布状态，主要提供 DevOps 开发运维一体化、容器云服务等组件，为云应用的开发提供支撑。

3. 一体化云合规验证系统

一体化云合规验证系统技术架构如图 11-4 所示。

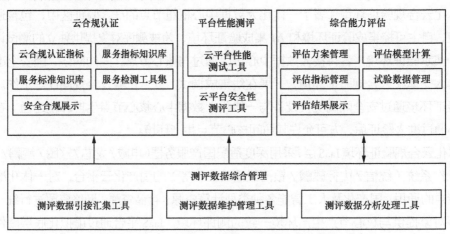

图 11-4　一体化云合规验证系统技术架构

一体化云合规验证系统围绕测评验证要求进行组织。测评数据综合管理贯穿整个试验过程，对各类数据提供统一的存储和管理维护界面；云合规认证平台、性能测评等子系统提供专项测评验证工具；综合能力评估以专项测评结果为基础，对数据中心进行综合评价。

（1）云合规认证子系统

云计算服务安全合规认证平台可以参照以下当前主流的合规认证标准为平台认证依据。

ISO/IEC 27001《信息安全管理体系要求》。

ISO/IEC 27002《信息安全管理体系实践规范》。

ISO/IEC 27017《基于 ISO/IEC 27002 的云服务信息安全控制的实用规则》。

ISO/IEC 27018《公有云个人身份信息　信息保护体系》。

GB/T 31168—2014《信息安全技术　云计算服务安全能力要求》。

具体可以通过系统和人工审核的方式来实现云服务商的初审合规认证。云合规认证平台如图 11-5 所示。

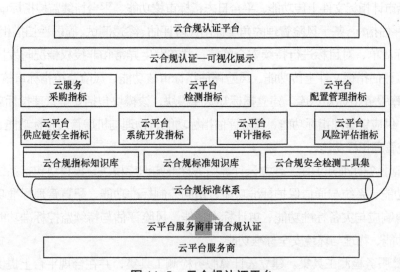

图 11-5　云合规认证平台

① 云服务采购指标。站在使用者的角度，对云计算解决方案的采购过程和采购文件提出安全指标，包括合同要求、服务水平要求、保密要求、采购要求等。具体功能包括云服务采购指标文件上传功能、采购过程审核功能。

② 云平台检测指标。基于互联网渗透性测试、内网渗透性测试、虚拟化测试、工具测试，提出云平台安全测试指标，指导运维人员对云平台安全防护情况开展测试工作。具体功能包括云计算服务平台安全检测结果上传功能和技术检测审核功能。

③ 配置管理指标。云平台配置管理在系统生命周期内建立和维护云平台（包括硬件、软件、

文档等）的基线配置指标，并设置和实现云平台中各类产品的安全配置参数。具体功能包括云计算服务安全合规认证平台基线配置功能，指标权重配置功能，标准与指标关联配置功能，角色管理、用户管理及系统管理等配置功能。

④ 供应链安全指标。针对供应商审核、采购管理、合同管理、软硬件采购提出安全指标要求。具体功能包括供应链安全指标上传文件功能、外部信息系统服务审核功能、资源分配审核功能、供应链保护审核功能。

⑤ 系统开发指标。对信息系统、组件和服务的开发商提出安全指标要求，为云平台配置足够的资源，并充分考虑安全需求。具体功能包括系统开发指标文件上传功能、系统开发与供应链安全指标审核功能、系统与通信保护指标审核功能、访问控制指标审核功能、配置管理指标审核功能、维护指标审核功能、应急响应与灾备指标审核功能。

⑥ 审计指标。基于日志管理和审计管理的角度，提出安全审计指标。实施审计并妥善保存审计记录，对审计记录进行定期分析和审查，还应防范对审计记录的非授权访问、修改和删除行为。具体功能包括审计指标文件上传功能、平台日志指标审核功能、平台持续监控指标审核功能。

⑦ 风险评估指标。基于风险管理的角度提出风险评估、渗透测试、脆弱性扫描相关安全指标。制定监控目标清单，对目标进行持续安全监控，并在发生异常和非授权情况时发出警报。具体功能包括风险评估指标文件上传功能、风险评估指标审核功能、风险监控指标审核功能。

⑧ 云计算服务指标知识库。建立指标知识库模块，该模块包括安全管理指标功能、采购管理指标功能、供应链管理指标功能、风险评估指标功能、物理与机房管理指标功能、运维管理指标功能、系统管理指标功能。

⑨ 云计算服务标准知识库。建立云计算服务标准知识库模块，该模块包括系统开发与供应链安全标准功能、系统与通信保护标准功能、访问控制标准功能、配置管理标准功能、维护标准功能、应急响应与灾备标准功能、审计标准功能、风险评估与持续监控标准功能、安全组织与人员标准功能、物理与环境安全标准功能。

⑩ 云计算服务检测工具集。建立云计算服务检测工具集，并在合规平台上提供下载功能，为云合规现场测试工作提供支撑。缺省工具集包括 nmap、awvs、appscan、burpsuite、owasp zap、sqlmap、cme（crackmapexec）、BeEF、THC-Hydra、Metasploit 及渗透测试和漏洞扫描工具。具体功能包括云计算服务检测结果上传功能、技术检测对标功能、工具集下载功能。

⑪ 云计算服务安全合规展示模块。展示云计算服务安全合规的初审结果，该初审结果包括整体评估结果、分项指标审核对标结果、分项指标合格率结果、工具检测结果等。

（2）平台性能测试子系统

提供对云平台的基准测试能力，该基准测试能力包括基准测试集构建、平台性能测试、测试结果管理等。云平台性能测评工具如图 11-6 所示。

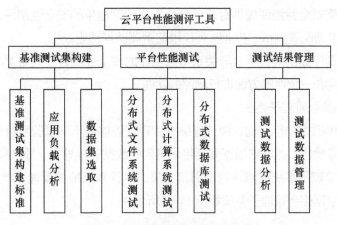

图 11-6 云平台性能测评工具

基准测试集构建提供不同环境下的基准测试集生成功能，能够根据评测需求选取合适的负载和数据集，构建基准测试集。其中，多种负载产生方法包括经验选择法、历史追溯和日志建模选择法等。

平台性能测试提供分布式文件系统测试功能、分布式计算系统测试功能、分布式数据库测试功能等，能够对大数据平台的管理、存储、计算等性能进行多维度测试。

测试结果管理提供对基准测试数据的分析功能，能够基于基准测试数据，分析大数据平台性能短板等，提供基准测试集、测试数据等管理功能。

云平台安全性测评工具如图 11-7 所示。

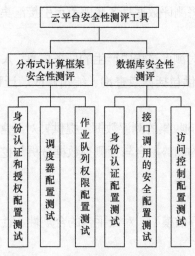

图 11-7 云平台安全性测评工具

分布式计算框架安全性测评提供对云平台分布式计算框架的安全性测评，具备身份认证和授权配置测试、调度器配置测试、作业队列权限配置测试等功能。

数据库安全性测评提供对云平台非关系型数据库的安全性测评，具备对多种数据库的保密性、完整性、可用性和一致性等方面进行测评的功能。

（3）测评数据综合管理子系统

对采集到的测评数据进行查询、浏览等维护管理，能够对不同试验科目采集到的数据进行筛选、抽取、集成等操作，并能够根据需要将采集到的数据进行导入、导出和迁移备份。

测评数据综合管理子系统由测评数据引接汇集、测评数据维护管理、测评数据分析处理3个部分组成。测评数据综合管理子系统如图11-8所示。

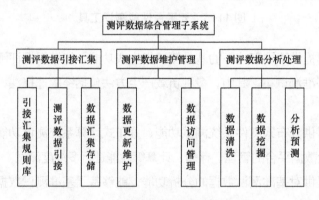

图11-8 测评数据综合管理子系统

① 测评数据引接汇集：面向大数据平台、大数据应用、数据资产等测评对象在标准、性能、安全等方面的测评数据，提供将测评数据从各测评节点引接汇集到测评数据库，并按统一格式进行存储的功能。

② 测评数据维护管理：针对测评过程中产生的任务信息、人员信息、测试数据、模型数据、评估数据等进行维护管理，提供包括搜索查询、编辑修改、迁移备份、恢复还原、访问控制等功能。

③ 测评数据分析处理：面向收集的测评数据，提供针对异常数据的分析清洗、针对多因素的关联性分析、针对历史数据的趋势拟合与预测等数据分析与挖掘功能，为测评数据的分析挖掘提供支撑。

（4）综合评估子系统

提供大数据中心综合能力评估模型，对云平台的合规性、性能与安全性等关键性能参数进行综合分析评估。

综合能力评估工具主要包括评估指标管理、试验数据管理、评估模型计算、评估方案管理、评估结果展示 5 个功能模块。综合能力评估工具如图 11-9 所示。

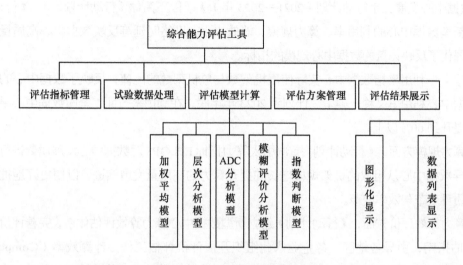

图 11-9 综合能力评估工具

① 评估指标管理：提供评估指标体系的图形化设计功能，具备评估指标的计算模型编辑功能，实现数据去重、数据聚合、数据合并、四则运算、计算脚本等指标计算模型，支持体制兼容能力、大数据平台能力、大数据应用能力等方面的评估指标构建。

② 试验数据管理：可以让用户在评估之前（未获得具体试验数据）编辑数据格式，使用户可以预先完成指标设计；在试验完成后将获得的试验数据导入评估数据库并关联到某个元数据，完成为指标输入赋值。

③ 评估模型计算：提供加权平均模型、层次分析模型、模糊综合评估等的评估计算能力。

④ 评估方案管理：提供评估方案设计功能，具体包括选择评估数据、指标、模型等内容；同时提供评估任务维护，可对系统中已有的评估任务进行编辑、删除等操作。

⑤ 评估结果展示：提供多样化的评估结果展示方式，可以选择通过条形图、柱状图、折线图、饼图、雷达图、数据列表等方式对评估结果定量或定性展示。

11.2.2 完善数据中心评价标准

随着信息技术快速发展，数据中心输出的算力逐渐成为驱动经济社会转型的重要力量，用传统机架规模指标衡量产业发展水平已不适应当前的发展形势。正如以发电量而非发电厂数量来衡量国家电气化水平一样，在数字经济时代，数据中心发展也需要新的指标来衡量数据中心赋能经济社会各领域的水平。

为科学衡量数据中心产业发展水平，加快把体量优势变为质量优势，工业和信息化部印发《新型数据中心发展三年行动计划（2021—2023年）》（以下简称《行动计划》）。《行动计划》强化了新型数据中心的利用率、算力规模、能效水平、网络时延等反映数据中心高质量发展的指标，弱化了反映体量的数据中心规模的指标。

数据中心利用率指数据中心实际使用机架数与总机架数的比值，反映了数据中心的利用水平，数据中心利用率又称上架率。计划到2023年年底，在利用率方面，全国数据中心平均利用率力争提升到60%以上。

在算力规模方面，《行动计划》首次引入算力指标EFLOPS对数据中心发展质量进行评价，旨在引导数据中心从粗放的机架规模增长向提升算力的高质量发展演进，以便更好地推动数据中心的质量变革与效率变革。

在算力算效评价方面，《行动计划》建立新型数据中心算力算效评估体系，完善评价标准，发布评估指南，引导各地区、各企业依此组织开展评价评估工作。计算效率（Computational Efficiency，CE）是同时考虑数据中心计算性能与功率的一种效率。其计算方法是数据中心算力除以功率，即"数据中心每瓦功率所产生的算力"，数值越大，单位功耗的算力越强，效能越高。如果以计算能力（Computing Power，CP）代表数据中心的计算能力，PC_{IT}（PC全称为Power Consumption）为数据中心IT设备的整体功率，CE的计算公式如下。

$$CE=CP/PC_{IT}$$

从计算效率的计算公式来看，提升计算效率可以从两个方向入手：在同样的使用功率下，提升服务器的算力；在服务器的算力保持不变的情况下，减少不必要的组件，从而降低IT设备的功率，进而减少整个数据中心能耗。这两种方法分别对应单位功率算力提升和单位算力功率减少两个策略。另外，数据中心的能耗由主设备能耗和空调能耗构成，如果服务器对环境的适应范围增大，则可以减少空调制冷，从而降低总体能耗。

提高计算效率主要从以下4个方面着手。

（1）提升单位功率算力

服务器提供的算力与CPU直接相关，随着CPU技术的发展，CPU计算密度增加，单个CPU提供的核心数及主频都有一定的提升，功耗也随之增加。但总体来说，算力增加的幅度比功耗增加的幅度大，选择适当的CPU可提升计算效率。根据某云服务商宿主机近年的主力机型功耗测算，总体趋势计算效率有所提升，后续建议继续选用计算效率较高的服务器作为主力服务器。

某云服务商宿主机近年的主力机型功耗测算见表11-1。

表 11-1　某云服务商宿主机近年的主力机型功耗测算

服务器使用时间	宿主机（2018—2019年）	宿主机（2019—2020年）	宿主机（2021年以后）	
CPU型号	intel skylake 5118	intel Cascade Lake 5218	intel Cascade Lake 5218R	intel Cascade Lake 6248
单CPU核心数	12	16	20	24
CPU主频/GHz	2.3	2.3	2.1	3
服务器理论算力/GFlops	3532.8	4710.4	5376	9216
70%的理论算力/GFlops	2472.96	3297.28	3763.2	6451.2
70%工作负荷时的功耗/W	327.35	363.2	363.21	517.48
单台服务器计算效率/（GFlops/W）	7.55	9.08	10.36	12.47

注：理论算力 = CPU 主频 × CPU 每个时钟周期执行浮点运算的次数 × 系统中 CPU 核数。
70% 工作负荷功耗采用华为功耗测算工具进行测算，服务器其他配置基本一致。

（2）合理使用服务器

在确定服务器配置后，合理使用服务器可以提升计算效力。服务器的功率可以分为基础功率和计算功率，基础功率是指服务器空载时的功率，计算功率是指服务器处理工作负载增加的功率，一般与工作负载线性相关。服务器工作负载越大，提供的实际算力越多，单位算力摊分的基础功耗越少。此外，服务器工作负载越大，单位功耗提供的算力也越多。

前期开展的对集采服务器进行的能耗测试表明，以处理 Java 事务数作为算力的度量，分别测量 10%～100% 的工作负荷对应的功耗，测试结果表明，每瓦特处理的 Java 事务数随着工作负荷的增加而近似线性增加，当工作负荷达到 60%～70% 后趋势变缓，并出现波动。不同工作负载下每瓦特处理的 Java 事务数示意如图 11-10 所示，不同工作负载下处理 10000Java 事务的功耗示意如图 11-11 所示。

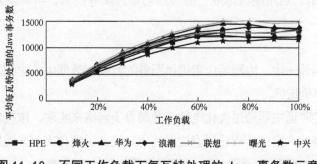

图 11-10　不同工作负载下每瓦特处理的 Java 事务数示意

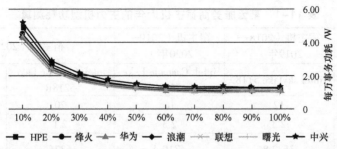

数据来源：2018年某电信运营商集采服务器—定制化计算型服务器功耗测试

图 11-11　不同工作负载下处理 10000Java 事务的功耗示意

由此可见，同一服务器单位功耗的算力提升可通过提升利用率实现，出于稳定性考虑，建议最大工作负荷在 60% 以内。

（3）精简不必要的组件的耗能

在服务器的算力保持不变的情况下，减少不必要组件的耗能，或者定制服务器优化电源、散热等模块，也可在一定程度上减少服务器的功耗，主要的策略如下。

① 减少或降低不必要的配件。在满足业务需求的前提下，针对服务器的使用场景进行服务器配置裁剪。例如，对于归档型的冷存储服务器，可以降低 CPU 的配置，甚至可以减少 CPU 的数量，减少不必要的板卡等。

② 优化电源模块。服务器电源的半载点效率最高，应结合半载点效率选用高效电源模块，不同配置的服务器系统可选择合适功耗的电源，使实际功耗尽量匹配效率最高。

③ 启用 CPU 节能技术。Intel CPU 支持智能降频技术。在服务器中启用该选项后，CPU 可以自动根据不同的业务负载自动调节处理器的电压和频率，以减少耗电量和发热量。

④ 散热优化节能技术。设计优化更高效的风道，包括优化散热孔、导风罩、散热器、风机选择、风扇控制等方面的设计，实现降低风扇转速、降低系统功耗及噪声的效果。

⑤ 节能管理技术。启用硬盘休眠、服务器功率封顶等技术，可实现对服务器功耗的加强管理。

（4）网络时延

当数据中心要连为一体，协同为应用提供服务的时候，数据中心之间的网络时延将成为一个重要的数据中心评价指标。

数据中心之间的时延主要通过优化电信运营商骨干网络来实现。依托电信运营商现有骨干承载网络资源，围绕八大枢纽节点设置直连网络出口设备，优化底层光缆路由，分阶段、分步骤地实现国家枢纽节点间高速、低时延、高可靠数据、传输网络建设。

从相关业务需求来看，需要重点满足东西部枢纽节点互联需求及东西部互联网访问需求。

东西部互联网访问需求主要着重优化西部枢纽服务全国重点区域能力，增开直连通道，提升流量疏导效率。最终，国家枢纽节点内数据中心端到端网络单向时延原则上小于20ms。

11.2.3 完善算力及网络基础设施

1. "东数西算"与传输承载网的供需关系

2021年，国家发展和改革委员会、中共中央网络安全和信息化委员办公室、工业和信息化部、国家能源局联合印发文件，同意在京津冀、长三角、粤港澳大湾区、成渝、内蒙古、贵州、甘肃、宁夏启动建设国家算力枢纽节点，并规划了10个国家数据中心集群。

（1）需求侧

我们按照先"自上而下"再"自下而上"的逻辑来分析"东数西算"对传输承载网的需求。

一方面，数据中心的发展与各省经济发展的相关性越来越强，新的经济模式或企业的数字化转型对数据中心产生了较为迫切的需求，而大规模的数据中心也能给周边产业带来正向的促进作用。

另一方面，数据中心的发展已经走过了初期阶段，企业对于自身的数字化转型有了深刻的认识，也更加意识到，数据中心不仅是对机架、供电、散热等基础设施的要求，还包括对网络的带宽、时延、安全等性能要求，近两年来，对网络智能化、可视化、敏捷化的需求越来越强烈。

此外，从数据中心自身的发展需求来看，会被数据需求量更大、应用开发能力更强的互联网头部企业、企业总部吸引。

尽管国内31个省（自治区、直辖市）已建设或规划了一些较大规模的数据中心，但是在用数据中心主要的聚集地仍然分布在互联网发展较好、网络资源较好的一线城市及周边地区，同时这些地区的数据中心上架率也更高，说明这些地区的数据中心需求量仍维持在较高的水平。

根据ODCC对国内各区域主要城市对IDC建设需求所做的调研，也印证了上述判断。一二线城市的用户主要关心市场需求环境、网络配套条件与电力资源配套条件，占比分别为29.6%、17.9%和12.0%，而三四线城市的用户尽管也最关心市场需求环境与网络配套条件，占比为19.0%和17.0%，但用电成本（16.0%）与气象条件（13.0%）的优先度上升，超过了电力资源配套条件（12.0%）。IDC需求匹配优先度调研结果见表11-2。

表 11-2　IDC 需求匹配优先度调研结果

	一二线城市	三四线城市
市场需求环境	29.6% [1]	19.0% [1]
网络配套	17.9% [2]	17.0% [2]
电力资源配套	12.0% [3]	12.0% [5]
用电成本	9.9% [4]	16.0% [3]
政策环境	8.1% [5]	6.0% [7]
交通设施配套	8.1% [5]	6.0% [7]
气象条件	4.7% [7]	13.0% [4]
人才环境	4.4% [8]	6.0% [7]
地质灾害	2.8% [9]	10.0% [6]
空气质量状况	2.5% [10]	5.0% [10]
供水能力	- [11]	2.0% [11]

注：表中 [ ] 中的数字表示需求的优先度，数字越小，优先度越高。

也就是说，一二线城市的用户更看重数据中心所提供服务的性能与体验，并愿意为之付出更高的费用，数据中心的建设运营方在成本方面也更加宽松。而三四线城市的用户更看重性价比，因此，数据中心的建设运营方会相对均衡地考量各个方面的因素，特别是要在发展维护用户的便利度、网络资源的充足度、电力资源的丰盈度之间达到微妙的平衡，以压低综合成本。

基于上述情况，并从全局视角考虑对全国资源的合理均衡利用，"东数西算"工程提出了数据中心由东向西梯次布局、统筹发展的纲领性要求。东部枢纽主要定位于服务用户规模较大、应用需求强烈的节点；西部枢纽则致力于打造面向全国的非实时性算力保障基地，积极承接全国范围需要后台加工、离线分析、存储备份等非实时算力需求。"东数西算"节点定位见表 11-3。

表 11-3　"东数西算"节点定位

	京津冀、长三角、粤港澳大湾区、成渝	贵州、内蒙古、甘肃、宁夏	枢纽节点外
算力	优化数据中心结构，拓展算力增长空间	提升算力品质与服务、夯实网络基础	地方特色、服务本地、规模适度的算力服务
资源	算力部署与土地、能源、水电资源的协调	可再生能源丰富、气候适宜、绿色数据中心	绿色化、节约化
定位	统筹城市内部与周边区域数据中心布局	后台加工、离线分析、存储备份等非实时算力	推动面向本地区业务需求的数据中心建设

"东数西算"数据中心集群布局见表 11-4。

表 11-4 "东数西算"数据中心集群布局

	算力枢纽	数据中心集群	边界	定位
"东数"	京津冀	张家口	起步区为张家口市怀来县、张北县、宣化区	围绕数据中心集群,抓紧优化算力布局,积极承接北京等地实时性算力需求,引导温冷业务向西部迁移,构建辐射华北、东北乃至全国的实时性算力中心
	长三角	长三角生态绿色一体化发展示范区	起步区为上海市青浦区、江苏省苏州市吴江区、浙江省嘉兴市嘉善县	围绕两个数据中心集群,抓紧优化算力布局,积极承接长三角中心城市实时性算力需求,引导温冷业务向西部迁移,构建长三角地区算力资源"一体协同、辐射全域"的发展格局
		芜湖	起步区为芜湖市鸠江区、弋江区、无为市	
	成渝	天府	起步区为成都市双流区、郫都区、简阳市	——
	成渝	重庆	起步区为重庆市两江新区水土新城、西部(重庆)科学城璧山片区、重庆经济技术开发区	围绕两个数据中心集群,抓紧优化算力布局,平衡好城市与城市周边的算力资源部署,做好与"东数西算"衔接
	粤港澳大湾区	韶关	起步区边界为韶关高新区	围绕韶关数据中心集群,抓紧优化算力布局,积极承接广州、深圳等地实时性算力需求,引导温冷业务向西部迁移,构建辐射华南乃至全国的实时性算力中心
"西算"	贵州	贵安	起步区边界为贵安新区贵安电子信息产业园	围绕贵安数据中心集群,抓紧优化存量,提升资源利用效率,以支持长三角、粤港澳大湾区等为主,积极承接东部地区算力需求
	内蒙古	和林格尔	起步区边界为和林格尔新区和集宁大数据产业园	充分发挥集群与京津冀毗邻的区位优势,为京津冀高实时性算力需求提供支援,为长三角等区域提供非实时算力保障
	甘肃	庆阳	起步区边界为庆阳西峰数据信息产业聚集区	尊重市场规律、注重发展质量,打造以绿色、集约、安全为特色的数据中心集群,重点服务京津冀、长三角、粤港澳大湾区等区域算力需求
	宁夏	中卫	起步区边界为中卫工业园西部云基地	充分发挥区域可再生能源富集的优势,积极承接东部算力需求,引导数据中心走高效、清洁、集约、循环的绿色发展道路

"东数西算"数据中心布局见表 11-5。

表 11-5 "东数西算"数据中心布局

数据中心	定位
数据中心集群	①引导大型、超大型数据中心集聚发展，构建数据中心集群，推进大规模数据的"云端"分析处理，重点支持对海量规模数据的集中处理，支撑工业互联网、金融证券、灾害预警、远程医疗、视频通话、人工智能推理等抵近一线、高频实时交互型的业务需求，数据中心端到端单向网络时延原则上在 20ms 范围内。 ②贵州、内蒙古、甘肃、宁夏节点内的数据中心集群，优先承接后台加工、离线分析、存储备份等非实时算力需求
城市内部数据中心	在城市城区内部，加快对现有数据中心的改造升级，提升效能。支持发展高性能、边缘数据中心。鼓励城区内的数据中心作为算力"边缘"端，优先满足金融市场高频交易、VR/AR、超高清视频、车联网、联网无人机、智慧电力、智能工厂、智能安防等实时性要求高的业务需求，数据中心端到端单向网络时延原则上在 10ms 范围内

不同类型的业务场景对数据中心的要求见表 11-6。

表 11-6 不同类型的业务场景对数据中心的要求

业务种类	场景	时延要求	地域范围
网络时延要求极高的业务	车联网、工业互联网	ms 级	紧邻用户或业务的地区，通常 20km 以内
网络时延要求较高的业务	网络游戏、付费结算	10ms 以内	骨干直连点城市或周边 200km 以内
网络时延要求中等的业务	网页浏览、视频播放	50ms 以内	骨干直连点城市或周边 400km 以内
网络时延要求较低的业务	数据备份存储、大数据运算处理	200ms 以内	骨干直连点城市或周边 1000km 以内

接下来，我们从微观层面的"人的体验"来看"东数西算"对传输承载网的需求。

"技术—网络—业务—用户"形成一条双向反馈的价值链。日新月异的技术通过网络得以具象化的应用，以满足各类业务场景的需求，来为用户提供优质的体验服务，以创造商业价值。同时，不断积累的商业财富提升了用户对服务体验的更高要求，进而创造出更丰富的业务场景，推动网络更快速、更有效地进行新技术迭代，最终促进技术不断地演进。"技术—网络—业务—用户体验"的关系如图 11-12 所示。

从历史来看，人的体验一般包含了空间和时间两个维度。适应传统语音业务的网络架构延展了人们在空间上的体验，能够脱离空间的约束进行通畅的交流。进入互联网时代以后，适应互联网业务的网络架构延展了人们在时间上的体验，例如，可以快速搜索、浏览历史上的各种资料，可以按自己的需求选择直播、回看、点播等不同的节目播放方式。从 4G 时代开始，技术的进步满足并促进了服务和内容的快速增加，适应移动互联网业务的网络架构再一次延展了人们在时间、空间上的体验。

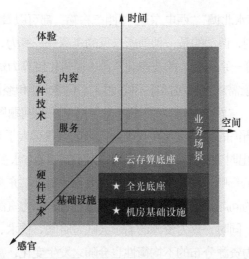

图 11-12 "技术—网络—业务—用户体验"的关系

当前,VR/AR 等技术已经有了初级应用,虽然还不能提供足够令人满意的效果,但可以预见未来内容与服务将发展出第 3 个体验维度——感官,并在时间、空间、感官 3 个维度上进一步提升体验。这一发展需求将直接传导至算力供给,并进一步由算力逻辑资源传递至物理化、现实化的云网基础设施和机房基础设施。

(2)供给侧

在"东数西算"的总体战略下,传输承载网所要提供的能力就是运力,准确来说是智慧运力。我们可以从其他关乎国计民生的"世纪工程"(南水北调、西电东送、西气东输),类比来看"东数西算"的供给侧。"东数西算"与类似项目的供给侧对比见表 11-7。

表 11-7 "东数西算"与类似项目的供给侧对比

项目名称	资源属性	资源供给	运力供给	运速供给
"南水北调"	水资源(自然资源)	时空分布不均	难度极大,成本极高	相对较低
"西电东送"	电力(由自然资源直接转化)	空间分布不均	难度较大,成本较高	相对较低
"西气东输"	天然气(自然资源)	空间分布不均	难度较大,成本较高	相对较低
"东数西算"	算力(逻辑资源)	相对空间分布不均	难度相对较低,成本相对较低	相对较高

无论是"南水北调""西电东送""西气东输",还是"东数西算",这些工程建设的根本原因是我国地域范围大,自然资源分布不均衡,支撑社会经济发展的资源供给也不均衡。从国家宏观层面来看,需要总体协调,将资源进行整体规划、统筹调配,使资源供给与社会、经济的发展需求相适应。

从资源属性来看，"南水北调""西电东送""西气东输"都可以看成对固有自然资源的调动，而"东数西算"则完全不同，调动的是一种前所未见的资源——算力，是基于自然资源产生的，综合了计算、存储、网络等一系列能力的逻辑化资源。逻辑化使算力资源呈现出多样化的属性，能够满足多样化的应用场景需求，也包括在不同地域、不同社会和经济条件下的业务需求。

从资源供给分布来看，"西电东送""西气东输"所解决的问题属于资源的空间分布不均，生产或开发电力、天然气所需的自然资源在我国西部地区储量远大于东部地区，而"南水北调"所需要解决的问题则表现出时空分布不均的特征，不但存在南方水多、北方水少的问题，还存在丰水期、枯水期对工程的影响，使资源的调度更加复杂。对于"东数西算"来说，算力资源存在"相对"空间分布不均的问题，即对于业务需求旺盛区域，算力资源不足，即使当地算力资源的绝对规模远超其他地区。同时，算力资源的需求会随着时间、技术、宏观规划等外部条件的改变而发生变化，这就使算力资源分布的不均衡性也会随之发生变化，甚至供需不平衡的状态完全发生逆转。

从运力供给来看，"南水北调""西电东送""西气东输"均需要大规模的基建投入，且工程难度大、建设期长、回收期长，而算力资源作为逻辑化资源，通过光网络承载，工程实施难度不大，综合成本也较低。

从运速供给来看，"南水北调""西电东送""西气东输"对运量有一定的要求，但对运速没有非常高的要求。而"东数西算"截然不同，由于存在丰富的应用场景，部分场景下要求算力在极短的时间内送达业务需求端，并且在算力供需发生快速变化时，要求网络能够及时调整。在当前阶段，网络通道，特别是底层的光网络通道，是以人工配置的方式建立和拆除的，为了满足网络利用率和投入产出比要求，还需要提前规划、提前建设。因此，在控制网络资源冗余度的前提下，无法满足快速响应业务的要求。

（3）供需矛盾

综上所述，在当前数字产业化和产业数字化的数字经济时代背景下，算力已成为代表新时代的生产力，各行各业对算力的需求快速上升，但目前热点区域算力供给不足，闲置算力分布在网络边缘，算力与网络相对割裂，没有充分融合衔接，调度响应相对滞后，因此，导致算力总体有效利用率不足15%，算力的供需矛盾明显。

算力的区域供给呈现"一二线紧张，三四线充足"的局面。一线核心地区由于能耗指标及电力限制，供给受限，2020年，北京、上海、广州、深圳均存在大约10万架的供给缺口。一线城市的部分需求由于政策限制或成本原因正在向周边省份扩散，例如，北京、上海的部分需求正在分流至河北、江苏。而中西部地区在电力供应与政策扶持上拥有优势，在建项目较多，但是短期内呈现供大于求的现象，目前，整体上架率低于50%，导致资源闲置，投资回收期变长。

当前的算力调度还依赖于电信运营商的传输承载网络。由于网络已规划部署多年，无法根据算力资源重构网络架构,所以一般采取的策略为将算力节点旁挂于城域网络边缘,对特别重要的节点增加直连城域骨干层的光通道,尽量避免对传输承载网络既有架构造成较大的影响。

而算力网络要解决的本质问题是资源调度不足造成的算力供需矛盾,因此,真正的算力网络是以网络为中心的融合资源供给,能够根据业务需求灵活调度算力资源,对数据进行就近加速处理,减少时延,提高算力的利用效率。资源供给模式的变革如图 11-13 所示。

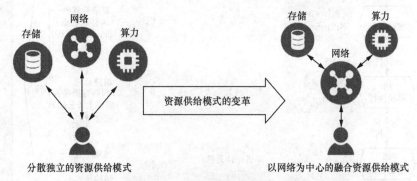

图 11-13　资源供给模式的变革

由于算力网络需要对当前的传输承载网络进行较大规模的重构,包括节点设置、网络结构、资源调度方式和原则等,所以在第一阶段(2021—2023 年),以目标网络规划和重构网络架构的组织为主。恰逢光层的 OXC、电层的 M-OTN、IP 层的 SRv6、FlexE 等新技术引入,运营商传输承载网络也在进行全光 MESH、Spine-Leaf 等网络结构的调整,在这一阶段可以同步考虑算网一体化的演进需求。对"东数西算"的最终目标来说,是非常理想的时间窗口。

2. 网络愿景

综合业内对于算力网络基础设施的广泛共识,在"东数西算"中,网络的目标形态是与算力共同抽象化为统一的、可感知、可编排、可度量的元素。其网络愿景可以概括为算力泛在、算网共生、智能编排。

(1)算力泛在

未来,算力必然构建在云、边、端泛在部署架构之上的,云端负责大体量复杂计算,边缘侧负责简单计算执行,终端负责感知交互,通过网络将不同层次的算力连接起来,构成网络化的算力。"云、边、端、算"架构如图 11-14 所示。

面对未来社会的飞跃式发展,算力的泛在具象为随时、随地、随需、随形等要求。

随时,即算力供给强化其低时延、连续性的特性。低时延特性要求算力对数据处理及时、即时反馈,连续性特性则要求算力供给在时间维度上不间断。例如,无人驾驶场景、工业控制场景。

随地,即算力供给延伸至不同地点的大量终端设备上。在可以预见的未来,将产生大量基于智能终端的智慧应用或提升体验的超感知设备,它们要求算力供给无处不在。例如,智慧医疗、智慧工厂、智慧农业、智慧城市公共服务、云办公、多终端移动支付等场景。

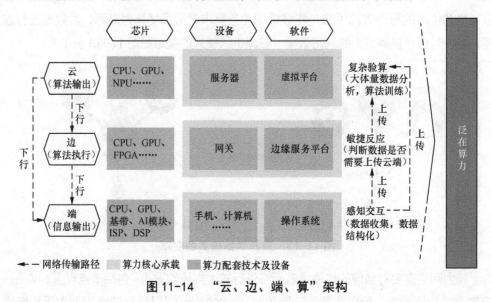

图 11-14 "云、边、端、算"架构

随需,即算力能够满足从海量到极微小的不同数据量和计算量的场景需求,并能够按照当前的实际需求进行自适应调节。例如,视频会议、交通监控、云办公等众多存在潮汐效应和时效性的应用。

随形,即算力的生产与消费形态将不仅限于服务器、个人计算机等常见的设备形态,汽车、物联网设备、可穿戴设备等大量形态各异的算力终端将作为网络化算力的组成部分。

算力的泛在具象要求映射到网络层面,要求目标网络由当前刚性的传输网络、较有弹性的 IP 承载网络演进为极有弹性的"无形"网络,通过软硬件技术相结合实现刚性网络资源的抽象化和智能化,赋予其泛在的属性。

(2)算网共生

算网共生是云网融合的终极形态。本质上,云是指计算能力,网是指连接能力。算力的概念提出后,云和网的定义范畴发生了延展。从广义上看,算力是指由云到端包括网络连接在内的所有设备共同生产出的、能够提供端到端服务和管控的、抽象化的计算能力,而从狭义上看,算力是从原来的云抽离出来的计算能力,云仅指由服务器等硬件和虚拟化软件构成的资源池,网络部分则包括"光+IP"在内的各类设备、协议等,云与网络一起融合为云网底座,为算力的生产、储存和输送提供底层的基础设施。

网络是电信运营商天生就具备的基本能力,提供确定性的连接服务是电信运营商与生俱来的基因，即 CT 能力。进入互联网时代以后，为了更好地适应业务需求、推动业务发展，电信运营商通过 IDC 的建设入场，逐步发展起自己的云设施，以期获得 IT 能力。但从世界范围来看，电信运营商在去电信化、互联网化方面的尝试尚未成功，例如，Vodafone、Telefonica。综合来看，通信行业发展至今，电信运营商所有的战略制定、网络建设、技术研究、人才储备都是围绕可规划的、相对稳定的、确定性的连接进行的，剥离 CT 基因或独立发展出 IT 属性几乎没有可能。

近年来，各大电信运营商都在积极推进云网融合，并在 DICT 方面做出诸多努力，在尝试将原本相对孤立的云和网两大能力由协同到融合，以释放云网能力，并为将来的算网一体化打下基础。

（3）智能编排

算网一体化之后的"网络"是融合计算、存储、传送资源的智能化新型网络，通过业务逻辑和底层资源的完全解耦、软件与硬件的完全解耦，甚至协议、帧结构、端口等更深层次的解耦，消除云计算资源、网络连接资源与各自基础平台之间的强耦合关系，使原有的云网资源融为一体，可随意感知、管理、调度、编排。新型算网技术体系如图 11-15 所示。

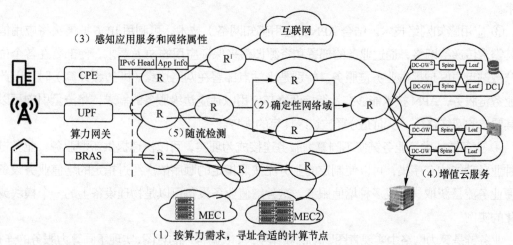

1. R：Router，路由器。
2. GW：Gateway，网关。

图 11-15　新型算网技术体系

① 算力资源信息感知技术。算力网络通过将计算资源进行整合，以服务的形式为用户提供算力。在电信网络中，承载计算资源信息的通信协议可以位于网络层之上（包括网络层）的任意层，以网络层协议为基础，将计算资源信息基于网络层报文进行转发。目前，计算优先网络（CFN）协议主要通过在路由协议的边界网关协议（Border Gateway Protocol，BGP）报文头中扩展字节信息的方式携带算力信息，将网络中计算节点的负载情况实时向全网进行扩散。

与基于链路度量值进行路径计算的网络路由协议类似，在算力网络中，基于算力度量值来完成路径的计算，而算力度量值来源于全网计算资源信息及网络链路的带宽、时延、抖动等指标。在电信承载网中，为实现计算资源信息及链路指标的全网同步，每个路由器负责本地计算资源信息及相关联链路指标的获取，并加载在网络层协议报文中进行全网同步。在完成全网信息同步后，每个路由器完成全网拓扑的计算，并生成服务路由信息表，用以支持算力网络服务报文的转发。

② 增强确定性网络技术。确定性IP（Deterministic，DIP）是在基于统计复用原理的IP网络基础上，通过增强的周期排队和转发技术实现的一种新型网络转发技术。确定性IP网络是能够保证网络报文传输时延上限、时延抖动上限、丢包率上限的IP网络。它既适用于中小规模网络，也适用于解决大规模、长距离IP网络的数据流端到端确定性传送问题。DIP技术通过在原生报文转发机制中，加入周期排队和转发技术，通过资源预留、周期映射、路径绑定、聚合调度等手段实现大网的确定性转发能力。

确定性技术和算力结合后，可以提供精确保障的业务体验，满足对算力抖动敏感型业务的诉求。

③ 应用感知网络技术。结合APN（应用感知网络）技术，可利用IPv6扩展头将应用信息及其需求传递给网络，通过业务的部署和资源调整来保证应用的SLA要求，使部署在各个位置的分散站点更好地提供业务链服务。特别是当站点部署在网络边缘（即边缘计算）时，以此提供业务链服务，APN技术能够有效衔接网络与应用以适应边缘服务的需求，将流量引向可以满足其要求的网络路径，从而充分释放边缘计算的优势。

④ 业务链技术。业务链使不同算力服务连接成为现实，可以快速提供新型业务。业务链是一种业务功能的有序集，可以使制定的业务流按照指定的顺序依次经过指定的增值业务设备，以便业务流量获取一种或多种增值服务。这种增值业务设备可以是物理设备上的一个模块或虚拟化的实例。

业务链是算力网络中实现意图驱动的具体手段，依据客户的意图，实现不同算力服务的连接，结合SRv6 SID即服务，可以构建算力交易平台。各种生态算力将自己的服务以SRv6 SID的形式注册到网络中，购买者通过购买服务来使用算力服务，而网络则通过业务链将算力服务连接，将服务提供给购买者。

⑤ 随流检测技术。算力路径可视、性能可度量成为算网一体化阶段的关键能力。随流检测技术可以随流逐包检测，精准检测每条业务流的时延、丢包、抖动等性能信息，通过Telemetry秒级数据采样，实时呈现真实业务流的SLA。同时采用逐跳部署模式，随流检测技术可以真实还原业务的路径，一旦性能出现问题，可以分钟级进行故障定界定位，分钟级恢复故障，保障算力的无损传递。

3. 适应"东数西算"的传输承载网新架构演进策略

根据"东数西算"总体规划对枢纽和数据中心定位，结合"东数西算"的网络愿景，适应"东数西算"的传输承载网在物理形态上一定是一张"光 + IP"的、扁平化的网络。

"光 + IP"的概念已经提出很久，但在"东数西算"的背景下，"光 + IP"应有不同的理解，并非用过去的观念认为光网络就是纯刚性管道，IP 网络就是纯弹性管道，二者的关系也并非简单的叠加。

这里提到的光不仅指底层的光缆网，也包含了以不同维度能力的光网元、融合了 ODUk / VC / Packet / OSU 统一信元交换的电网元而组成的 OTN。光网络本身即具备 L0 层（λ）、L1 层（ODUk / VC）、L2 层（Packet）的传送和交叉调度能力，引入 OSU 后，管道配置更加灵活、简便，能够推动光网络与 IP 网络的进一步融合。

而这里提到的 IP，可以从 L2、L3 两个层面来理解。由于光传送网不具备三层路由功能，所以涉及 3 层的处理必须由 IP 网络介入。丰富的路由协议带给 IP 网络极大的灵活性和弹性，但配置的复杂性在过去一直被诟病。引入 SRv6 后，可大大简化三层路由规划配置的难度。传统的二层网络存在无法适应广域组网、无法满足刚性隔离需求这两大缺点，引入 FlexE 技术之后，在一定程度上得以缓解以上问题。

因此，光网络更加弹性化，IP 网络在某种意义上也兼具刚性管道的能力，二者在 L1.5 层到 L2 层进行融合，并同时采用了一些新技术使资源的管理调度更加简单。这些技术演进方向使传输承载网更像是一张统一的网络，也更便于未来将网络传送能力抽象化出来与算力融合。

对传输承载网的基本要求可以概括为泛在、高效、弹性、智能、韧性 5 个特性。

（1）泛在

泛在即能够提供随时、随地的网络连接服务。在时间维度上，网络应具备充足的带宽，或者快速扩容能力，抑或是即时调度能力，以响应突发的业务流量；在空间维度上，网络需要将云端侧、边缘侧、终端侧完全贯通，特别是在终端侧，应具备充足的多样化、综合化接入手段。

（2）高效

高效即能够优化地使用网络资源、无阻塞地进行光层 / 电层 / IP 层交叉交换、快速下发链路。除了对每一个网络节点要求具备丰富的物理通路、支持不同颗粒度的大容量交叉 / 交换矩阵、统一的南北向接口及相关协议，通常还需要有一个具备全程全网视角的控制平面来完成。

（3）弹性

过去人们往往将弹性理解为带宽颗粒的灵活可调，而此处我们将网络连接能力抽象为流量和流向两个要素，在这两个要素上都应可控、可调，具备弹性。具体来说，流量要素的弹性，是指可以灵活地按需调节链路的带宽尺度，无感知且无损伤。例如，对于一条已建立的

1000Mbit/s 链路，可以平滑地捆绑另一条 1000Mbit/s 链路而升级为一条 2000Mbit/s 链路，或者在更小的尺度上直接将这条 1000Mbit/s 链路增容为 1100Mbit/s，而不需要拆除原链路并新建一条链路，其承载的业务不受丝毫影响，反向缩容也同样平滑。流向要素的弹性是指网络在建立或调整链路的逻辑拓扑时不受限制。一般来说，逻辑链路最基本的拓扑主要有点对点、点对多点、多点对多点 3 类。当前，光网络只能实现点对点和点对多点两种拓扑，IP 网络能够实现 3 种拓扑。如何使"光 + IP"的融合网络能够在归一化的机制下平滑地将一种拓扑切换到另一种拓扑，或通过不同机制的有机结合进行切换，目前还没有成熟的方案，只能从网络云化的角度去设想这样的弹性场景。

（4）智能

智能即网络资源是可感知、可控制的。算力需要从供大于求的地方向供少于求的地方流动，同样的，算力流动的路径上需要在保证性能和时延的前提下尽可能实现全局的资源均衡。我们希望这样的流动能够被系统所感知并实时响应。第一个条件是网络中所有实体和连接的参数能够被测量；第二个条件是需要实现一种不断迭代的自学习算法，将路径选择数字化；第三个条件则是链路配置的自动化。在这一特性方面，中国电信的新一代开放式传送网络运营平台及 SRv6 技术已能够实现部分智能化。

（5）韧性

韧性并不等同于通常所说的网络安全性，相较于鲁棒性、脆弱性、持续性等概念，韧性并没有止步于抗压能力，而是同时兼顾了抗压能力和恢复能力，相较于可靠性多用于大概率一般性风险，韧性也同时兼顾了小概率极端性风险。传统的传输网、承载网通常以冗余来提升网络的安全性，但不可避免地会导致网络效率降低，冗余度越高，网络的整体效率越低。因此，我们对传输承载网的新架构提出了韧性的要求。

具有韧性的网络在受损后至网络实体修复为止存在 3 个阶段：反应期、恢复期、重构期。韧性网络生效周期如图 11-16 所示。

在反应期内，网络通过告警和感知性能参数进行损伤分析，并给出恢复策略，这一阶段的时长不确定，网络保护措施与冗余资源决定了恢复开始的时间点。

在恢复期内，网络性能会逐渐趋于性能下降的最小值，这一最小值由网络损伤程度和网络其他正常运行部分的资源充足率决定，随后缓慢回升。

如果网络性能在规定时间内无法回升至预设的阈值，系统将进入重构期。在重构期内，网络将重新评估整体资源，计算重构策略并下发至相关节点，启动重构以均衡全网资源达到整体性能最优。

对于"东数西算"的传输承载网，其架构可以通过 3 个阶段演进，逐步实现上述 5 个特性。

在第一阶段，东部枢纽与西部枢纽分区域配对，逐步建设底层直连光网络，并与电信运营商现有骨干网络结合,以期满足"东数西存"需求。在这一阶段,传输承载网基于原有网络的优势,重点发展泛在、高效特性。

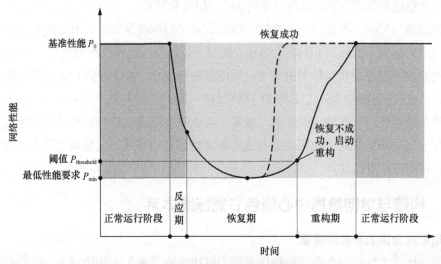

图 11-16　韧性网络生效周期

在第二阶段,加密网格,增加东部枢纽之间、西部枢纽之间的物理连接,并优化底层的光缆网络,实现时延最优路由,以满足"东数西算"需求。在这一阶段,网络逐渐脱离电信运营商原有骨干网,形成独立架构;预计泛在、高效达到预期目标,并在当前技术水平下实现最大程度的弹性、智能、韧性目标。

在第三阶段,传输承载网完全实现 5 个特性的目标,并实现与算力的充分一体化。时间段无法预测,在某个时间节点可能随技术的演进而出现跨越式发展,快速形成一个全新的网络架构。

4. "东数西存"全光骨干网

在第一阶段,8 个枢纽刚刚启动建设,网络需求以构建骨干框架、为温冷数据提供带宽充足、安全、可靠的通道为主。

在枢纽节点的关系配对上,分为两组,东部的京津冀枢纽与西部的内蒙古、宁夏枢纽为一组,东部的长三角、粤港澳枢纽与西部的甘肃、成渝、贵州枢纽为一组。

从流量上看,第一阶段的初期、中期基本为建设期,实际运行期较短,且业务形态尚在培育中,业务模型较为单一,难以产生海量的带宽需求。

从流向上看,第一阶段定义为"东数西存",是"东数西算"的先导阶段,业务属性为温冷数据存储备份,对实时性要求较低。目前已将东部与西部枢纽进行了配对,所以业务流向相对固定。京津冀枢纽将温冷数据导向内蒙古枢纽与宁夏枢纽,长三角枢纽、粤港澳枢纽将温冷数据导向甘肃枢纽、贵州枢纽。而成渝枢纽较为特殊,尽管地理位置靠西,但成渝城市圈内的经济总量与业务总量居西部地区之首，因此，成渝枢纽也定位为"东数"枢纽，主要承担成渝城市内及周边的算力需求，并在"东数西算"体系架构中起到衔接作用。在第一阶段，成渝枢纽可以与长三角枢纽共同进行算力快速调度的实验段研究和试点。

骨干光缆建设期长、投资巨大，在这一阶段，可以根据流量需求，利用现有骨干传输网络建设直达波道构建骨干部分，利用省干、本地光缆建设延伸段传输系统将网络延伸至集群所在地，同时，针对路由不理想或质量较差的骨干光缆段落进行优化，在本阶段后期或第二阶段启动新系统的建设。光传送网络的拓扑结构与 IP 网络保持一致，以便未来"光 +IP"的融合。

在新建传输系统时，光网元的形态、维度、系统制式以满足目标架构的要求为宜。波道从骨干网转接至延伸段系统时，应采用波长选择开关光层直通方式，以便第二阶段在枢纽之间建设直达系统时可以平滑过渡。

11.2.4 构建与贯彻数据中心绿色节能标准体系

1. 打造面向全国的非实时流量

《全国一体化大数据中心协同创新体系算力枢纽实施方案》中明确规定，以数据中心集群布局等为抓手，加强绿色数据中心建设，强化节能降耗要求。推动数据中心采用高密度集成高效电子信息设备、新型机房精密空调、液冷、机柜模块化、余热回收利用等节能技术模式。在满足安全运维的前提下，鼓励选用动力电池梯级利用产品作为储能和备用电源装置。加快推动老旧基础设施转型升级。完善覆盖电能使用效率、算力使用效率、可再生能源利用率等指标在内的数据中心综合节能评价标准体系。其中，构建和贯彻数据中心绿色节能的主战场在西部，贵州、内蒙古、甘肃、宁夏四大国家枢纽算力节点，重点在于提升算力服务品质和利用效率，全力打造面向全国的非实时性算力保障基地。

就我国目前的情况看，数据中心大多分布在东部地区，仅有不到 20% 的数据中心分布在西部地区。但建立数据中心不仅需要土地，还需要能源，在东部大规模发展数据中心难以为继。而我国西部地区资源充裕，特别是可再生能源丰富，例如，太阳能、风能等。有的地方气候比较凉爽，也有利于为数据中心散热，节约成本，具备发展数据中心、承接东部算力需求的潜力。因此，迫切需要加大国家算力网络的顶层设计，尽快转变以网为中心的发展模式，围绕数据中心重构网络格局。

算力称为计算力，是指数据的处理能力。它广泛存在于手机、计算机、超级计算机等各种硬件设备中，没有算力，这些软硬件就不能正常使用，而算力越高，对我们生活的影响也越深刻。例如，由于使用了超级计算机，电影《阿凡达》的后期渲染只用了一年的时间，而如果采用普通计算机处理，则后期渲染的工作需要很久。非实时算力，即那些对网络传输时延不敏感的业务需求算力，例如，灾备算力、电影渲染、后天处理和存储等，这些算力需求可以不受空间的限制。

计算力就是生产力，计算力就是"战斗力"。

2. 提供实时性算力需求保障

密集布局在一线城市的大型数据中心多面临节能减排和能源严控的局面。为此，环京、环沪及粤港澳地区的算力枢纽节点发挥着至关重要的作用。京津冀算力枢纽规划设立张家口数据中心集群，张家口数据中心集群起步区为张家口市怀来县、张北县、宣化区。围绕数据中心集群，抓紧优化算力布局，积极承接北京等地实时性算力需求，引导温冷业务向西部迁移，构建辐射华北、东北乃至全国的实时性算力中心。

长三角枢纽设立长三角生态绿色一体化发展示范区数据中心集群和芜湖数据中心集群。其中，长三角生态绿色一体化发展示范区数据中心集群起步区为上海市青浦区、江苏省苏州市吴江区、浙江省嘉兴市嘉善县。芜湖数据中心集群起步区为芜湖市鸠江区、弋江区、无为市。围绕两个数据中心集群，抓紧优化算力布局，积极承接长三角中心城市实时性算力需求，引导温冷业务向西部迁移，构建长三角地区算力资源"一体协同、辐射全域"的发展格局。

粤港澳大湾区枢纽设立韶关数据中心集群，起步区边界为韶关高新区。围绕韶关数据中心集群，抓紧优化算力布局，积极承接广州、深圳等地实时性算力需求，引导温冷业务向西部迁移，构建辐射华南乃至全国的实时性算力中心。

成渝枢纽设立天府数据中心集群和重庆数据中心集群。其中，天府数据中心集群起步区为成都市双流区、郫都区、简阳市。重庆数据中心集群起步区为重庆市两江新区水土新城、西部（重庆）科学城璧山片区、重庆经济技术开发区。

算力已经成为国民经济发展的重要基础设施。加快推动算力建设将有效激发数据要素创新活力，加速数字产业化和产业数字化进程，催生新技术、新产业、新业态、新模式，支撑经济高质量发展。同时，实施"东数西算"工程还可以推动数据中心合理布局、优化供需、绿色集约和互联互通等，对我国经济发展意义重大。未来，我国也将在加强网络设施联通、强化能源布局联动、支持技术创新融合和推进产业壮大生态4个方面加速推进"东数西算"战略全速前进。

3. 加快省市数据中心升级

以北京市为例，北京市政府全力升级数据中心，力争打造全球数字经济标杆城市，《北京市关于加快建设全球数字经济标杆城市的实施方案》明确了北京市加快发展数字经济的战略规划，打造引领全球数字经济发展的"6个高地"，到2030年，建设成为全球数字经济标杆城市。该方案提出，通过5~10年的持续努力，打造引领全球数字经济发展的"6个高地"——城市数字智能转型示范高地、国际数据要素配置枢纽高地、新兴数字产业孵化引领高地、全球数字技术创新策源高地、数字治理中国方案服务高地、数字经济对外合作开放高地；明确培育新一代数字化出行、新型数字化健康服务、智能制造等6个标杆产业，实施高级别自动驾驶全场景运营示范、跨体系数字医疗示范中心建设、数字化社区建设等 6 个标杆工程。该方案还明确，要把培育壮大数字化时代的新型市场力量作为重要目标，推动数字技术创新链和产业链对接融合，统筹支持技术创新型、数字赋能型、平台服务型和场景应用型等不同类型的标杆企业。

上海市力争加强数字基础设施规划和布局，提升电子政务云、电子政务外网等的服务能力，建设新一代通信网络、数据中心、人工智能平台等重大基础设施，建立完善网络、存储、计算、安全等数字基础设施体系。上海市按照国家部署，协同长三角区域其他省建设全国一体化大数据中心体系长三角国家枢纽节点，优化数据中心和存算资源布局，引导数据中心集约化、规模化、绿色化发展，推动算力、数据、应用资源集约化和服务化创新，全面支撑长三角区域各行业数字化升级和产业数字化转型。

各省市、地方政府同样十分重视数据中心升级和产业提升，例如，贵州省"十四五"规划提出，加快中国南方数据中心示范基地建设，推进腾讯、华为及基础电信企业等大型、超大型数据中心建设，打造国家级数据中心集聚基地，推动存储型数据中心向生产型、高安全、绿色化数据中心转型升级。全力争取建设全国一体化大数据中心体系主节点，积极融入国家算力网，依托"一云一网一平台"构建"数网""数纽""数链""数脑""数盾"协同创新体系，提升云计算、云存储、云安全等通用化云服务能力。推进"大型+边缘"数据中心、人工智能超算中心建设，探索边缘计算数据中心模式，建设技术超前、规模适度的边缘计算节点。到 2025 年，贵州省数据中心规划安装服务器 400 万台以上，建成 P 级算力中心。

宁夏加快国家（中卫）新型互联网交换中心试点建设运营，推动大型、超大型数据中心项目建设，升级中卫西部云基地，打造银川市基于数据应用的城市级大数据中心集群。推进建设全国一体化大数据中心国家枢纽节点和文化大数据中心节点。持续推进"宽带宁夏""千兆城市"建设，推动光纤入园区、入企业。

4. 灵活部署边缘数据中心

《全国一体化大数据中心协同创新体系算力枢纽实施方案》要求，积极构建城市内的边缘算力供给体系，支撑边缘数据的计算、存储和转发，满足极低时延、极高性能的新型业务应用需求。引导城市边缘数据中心与变电站、基站、通信机房等城市基础设施协同部署，保障其所需的空间、电力等资源。

顾名思义，边缘数据中心就是建立在网络边缘的数据中心。无论是物理端还是网络端，这些数据中心都更加靠近用户和终端。边缘数据中心平台能够通过提供存储、计算、网络等资源，基于分布式的计算与存储能力，在本地直接处理或解决特定的业务需求，以减少网络传输和多级转发带来的带宽与时延损耗。

边缘数据中心位于用户端和云数据中心之间，通过"云计算+边缘计算"的新型数据处理模式使云端数据处理能力下沉到用户端,数据中心架构由原来的"云+端",变为"云+边+端"。在这种数据处理模式下,网络在边缘位置可以提供超低时延及强大的处理、计算和存储能力。部分数据不需要回传至网络中心,直接在本地完成处理、存储和下发。边缘数据中心的需求遍及零售、医疗保健、金融等行业领域。这些部门需要更接近最终用户以提供更多的计算、网络和存储服务。

人们对数据的需求不断增长,对即时数据的需求正在促成一场技术革命,时延和性能成为服务的重要指标。当今业务的速度要求快速无缝地访问关键数据和分析,更多重要的业务和消费者决策取决于实时信息流。当前的电子商务经济并不会等待任何人。人们希望不断建立联系,并体验即时满足感。根据谷歌公司的调查,如果网站在3秒内没有加载,53%的访问者就会放弃它。如果交易没有在几毫秒内完成、资金没有及时支付的话,那么供应商就有失去客户的风险。毫无疑问,世界对依赖边缘数据中心服务的需求正在加速增长。而边缘就是服务和消费之间的最低时延点。这意味着视频内容尽可能吸引人们的眼球,云计算游戏平台尽可能靠近游戏玩家,App应用和工作负载尽可能靠近用户,物联网数据聚合点尽可能靠近传感器,以更快的速度到达边缘的服务提供商将提供差异化的用户体验,从而获得更多的社会效率和经济效益。

边缘数据中心出现在各种地方——Wi-Fi基站附近,支持5G蜂窝服务;街角,支持智能交通系统和自动驾驶汽车;集群办公室、制造工厂、医疗综合楼、大学校园等。

与大型云/Colo[1]数据中心相比,边缘数据规模小得多,可以是位于街角的只有几个机架单元空间的小型独立微型数据中心,也可以是负责某个设施的本地数据处理的单个机柜,或5G发射塔的集装箱数据中心内的几个机柜,或大都市中心局内的多达40个或50个机柜。对于边缘数据中心,需要注意的是,它们仍然是数据中心。这意味着它们具有与典型数据中心相同的电源、冷却、布线和连通性,只是规模小得多。

它们同样具有基于标准的数据中心功能区,例如,TIA-942-A中所述的接入间、主配线区、中间配线区和设备配线区。因此,边缘数据中心可能包含与服务供应商网络、核心交换机、中间交换机和服务器的连接——所有这些都位于一个机柜内。并且由于所有设备都被整合到一个较小的空间内,边缘数据中心通常需要更高的单机柜密度,包括连接数量和功率要求(每个机柜的标准要求可能是12kW~15kW)。

边缘数据中心的主要技术应用场景非常广阔。边缘数据中心是为支撑更低时延的5G新业务开展而生的。由于5G支持的终端密度非常大,所以其带来的数据量也会非常惊人。通过边缘数据中心,云数据中心的IT资源迁移到靠近用户侧,将更加靠近此类数据,方便数据的处理。同时,边缘数据中心可以有效促进5G、人工智能、物联网等新兴技术的落地,加速新兴技术

---

[1] Colo: Colocation,主机托管的简称。

在各传统领域中的推广应用，促使新业务产生。

（1）5G 移动通信技术

边缘数据中心的建设有助于支持更低时延的 5G 新业务开展。通过把中心局的 IT 资源迁移到基站侧，将更加靠近用户，可以有效减少时延。基础电信运营商将借助 NFV 及 MEC 技术，将 CDN 网元云化并下沉到靠近终端用户侧的边缘节点，部署到下一代端局中的边缘数据中心，可以确保资源的弹性和最大化利用率，这在一定程度上将有效缓解网络压力，为用户提供更优质的体验感。

（2）车联网

边缘数据中心可以很好地助力车联网发展，通过把车联网云下沉至边缘数据中心，例如，通信基站、小基站、汇聚站点的边缘计算节点，为车联网平台提供网络、计算、存储、应用的核心能力，解决时延、带宽和计算性能的问题。运行移动边缘计算应用，可以就近提供各种车联网功能，实现安全避让、速度引导、路径优化、区域交通流量分析等，为最终实现自动驾驶提供服务。

（3）CDN

CDN 与生俱来的边缘节点属性令其在边缘计算市场具有先发优势，CDN 本身就是边缘计算的雏形。未来的 CDN 需要大量的边缘设备，无论是从 CDN 转向边缘计算，还是在原有的 CDN 体系中加入边缘计算的概念，利用边缘计算来提升 CDN 自身竞争力都是更好的选择，边缘计算模式能够助力 CDN 更智能、高效和稳定。

（4）VR/AR

VR 技术包括实时三维计算机图形技术、广角（宽视野）立体显示技术、对观察者头眼和手的跟踪技术，以及触觉/力觉反馈、立体声、网络传输、语音输入/输出技术等。AR 技术包含了多媒体、三维建模、实时视频显示及控制、多传感器融合、实时跟踪及注册、场景融合等新技术与新手段。VR/AR 体验是资源密集型的，需要快速的响应时间。现有的网络基础架构限制了 VR/AR 的发展。未来，边缘数据中心技术架构增强了 VR/AR 的运算能力，降低了网络时延，对用户体验有很大的提升。

基于行的或机架内冷却解决方案可以提供敏感电子设备所需的温度和湿度一致性，而不占用宝贵的地板空间。对于存在地面负载问题或对阀控式铅酸电池的操作考虑敏感的站点，数据中心用户之所以越来越多地将锂离子电池用于边缘应用场合，是因为它们具有体积更小、重量更轻、能量密度更高、寿命更长等特点。

边缘计算的崛起对数据中心的外观和行为有影响。对于边缘计算，安全、可监控和可靠性变得更加重要。计算能力向边缘下沉是逐步演进的，为此必须提前做好技术上的准备。

11.3 第二阶段（2024—2025年）：构建东西部直连网络，实现"东数西算"一体化调度

11.3.1 建设数据中心直连网络

1. 枢纽节点间互联网络

"东数西算"枢纽之间的互联网络从功能上可以分为3个部分。

① "东数"枢纽之间构建较密的网格形网络，以响应东部算力极速调度的需求。长三角—京津冀、长三角—粤港澳可以利用高铁路由进行优化，可以考虑引入超低损耗光纤技术，减少光放站与电中继站的设置，并适当减少光缆开口，以获得极致的低时延。

② "西算"枢纽之间构建较稀疏的网格形网络，用于西部算力调度需求，由于西部枢纽主要提供后台加工、离线分析、存储备份等非实时算力，所以网络主要用于西部枢纽算力的均衡，不需要太多的直达链路。

③ "东数"与"西算"枢纽之间按互补关系构建直达光层系统。考虑到未来可能有海量算力在东西部之间流动，这一部分网络可以考虑采用更大容量的超100G技术和频段扩展技术，在一对光纤上实现海量的带宽传送。

路由器集群引入SRv6等技术，简化路由配置，以部分抵消网格形网络带来的路由复杂度。"东数西算"枢纽互联网络在整体上属于"去中心化"的扁平网格形网络，集中设置一个对全国算力网络资源进行统一管理的控制平面，并在东西部各设置一个区域算力网络资源控制平面。未来，随着分布式技术的成熟，中央控制平面和区域控制平面可以实现聚合。

2. 枢纽节点内集群与数据中心互联网络

同一枢纽内的集群与数据中心之间采用Spine-Leaf（脊—叶）结构组网。每个集群各设置一对Spine节点，集群内的数据中心、枢纽覆盖范围内各城市的核心数据中心分别设置一对Leaf节点直接上连Spine节点。

另设一对出口Spine，与集群Spine对接。出口Spine与若干组出口Leaf互连，每一组出口Leaf均对应一个出口Spine，例如，互联网、其他电信运营商、其他云运营商等。承载网结构如图11-17所示。

网络容量不足或新增数据中心时，只要横向扩展Spine、Leaf节点，并进行流向调节，就可以使Spine-Leaf框架内的整体流量达到均衡。

底层光网络也需要按同样结构的拓扑进行组网，一方面便于支撑IP层的扩展，另一方面便于在适当时机实现光与IP的融合。

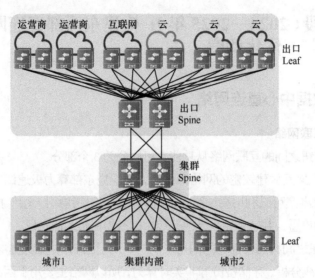

图 11-17 承载网结构

3. 用户访问

当内部用户发起调用算力资源的需求时，可以通过各种接入方式分别接入 Leaf 节点，通过集群 Spine 进行调度，访问本集群内的算力资源或跨集群的算力资源。

当用户通过互联网发起调用算力资源的需求时，可以经过出口 Leaf、出口 Spine 进入最近的集群 Spine，再由集群 Spine 进行调度。

当来自其他电信运营商或其他云运营商的外部用户发起调用算力资源的需求时，同样可经过出口 Leaf、出口 Spine 进入最近的集群 Spine，再由集群 Spine 进行调度。

11.3.2 落地区域协同的算力服务体系

《关于加快构建全国一体化大数据中心协同创新体系的指导意见》中提出，"布局大数据中心国家枢纽节点，形成全国算力枢纽体系"。其中特别指出，构建一体化算力服务体系，加快建立完善云资源接入和一体化调度机制，以云服务方式提供算力资源，降低算力使用成本和门槛。未来算网一体化架构如图 11-18 所示。

未来算网一体化架构需要提供六大融合能力，包括运营融合、管控融合、数据融合、算力融合、网络融合、协议融合，具体分析如下。

① 运营融合：提供云、算、网、安一体的融合运营平台，为客户提供"一站式"电商化服务，客户可以订购云、算力、网络、安全等各种服务，并可以实时了解服务提供进度、服务提供质量等内容。

② 管控融合：云、算、网、安协同编排，通过云、算力、网络、安全等提供服务化 API，

将所有服务快速集成、统一编排、统一运维,提供融合的、智能化的管控体系。

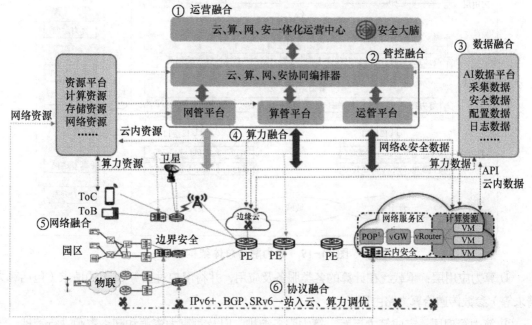

1. POP:Point Of Presence,接入点。

图 11-18　未来算网一体化架构

③ 数据融合:云网中各种采集数据、配置数据、安全数据、日志数据等集中在数据池中,形成数据中台,充分发挥 AI 能力,基于大数据学习和分析,提供安全、运维等多种智能服务,构建整个云网架构的智慧大脑。

④ 算力融合:提供算力管理、算力计算、算力交易及算力可视化等能力,通过算力分配算法、区块链等技术,实现泛在算力的灵活应用和交易,满足未来各种业务的算力诉求,将算力相关能力组件嵌入整体框架中。

⑤ 网络融合:集成云、网、边、端,形成空、天、地、海一体化融合通信。

⑥ 协议融合:端到端 IPv6+ 融合,围绕 IPv6+,实现云、网、边、端的协议融合,同时端到端控制协议简化,转发协议简化,向以 SRv6 为代表的 IPv6+ 演进。算力融合总体架构如图 11-19 所示。

为了实现泛在计算和服务的感知、互联和协同调度,CAN 架构体系从逻辑功能上可以分为算力应用层、算网管理层、算力资源层、算力路由层和网络资源层。其中,算力路由层包含算力路由控制和算力路由转发。

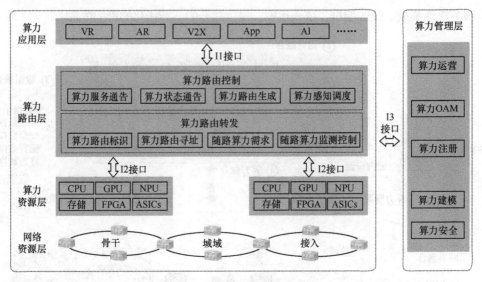

图 11-19 算力融合总体架构

① 算力应用层：承载泛在计算的各类服务及应用，并将用户对业务 SLA 的请求（包括算力请求等）参数传递给算力路由层。

② 算力管理层：完成算力运营、算力服务编排，以及对算力资源和网络资源进行管理。该层的具体工作包括对算力资源的感知、度量，以及 OAM 等，实现对终端用户的算网运营及对算力路由层和网络资源层的管理。

③ 算力路由层：这是 CAN 的核心。基于抽象后的算网资源，并综合考虑网络状况和计算资源状况，该层可以将业务灵活按需调度到不同的计算资源节点中。

④ 算力资源层：利用现有计算基础设施提供算力资源。计算基础设施包括单核 CPU、多核 CPU，以及 CPU+GPU+FPGA 等多种计算能力的组合。为满足边缘计算领域多样性计算需求，该层能够提供算力模型、API、算网资源标识等功能。

⑤ 网络资源层：利用现有的网络基础设施为网络中的各个角落提供无处不在的网络连接，网络基础设施包括接入网、城域网和骨干网。

算力资源层和网络资源层是 CAN 的基础设施层，算网管理层和算力路由层是实现算力感知功能体系的两大核心功能模块。基于所定义的五大功能模块，CAN 实现了对算网资源的感知、控制和调度。

总之，作为计算网络深度融合的新型网络，CAN 以无所不在的网络连接为基础，基于高度分布式的计算节点，通过服务的自动化部署、最优路由和负载均衡，构建算力感知的全新网络基础设施，真正实现网络无所不在、算力无处不达、智能无所不及。海量应用、海量功能函数、海量计算资源构成一个开放的生态。其中，海量应用能够按需、实时调用不同地方的计算资源，提高计算资源的利用效率，最终实现用户体验最优化、计算资源利用率最优化等。

数字经济促进数字产业化，而算力将是数字经济的重要引擎。随着算力下沉到边缘，城域数据中心需要互联，这对业务属性的感知和计算资源的感知提出了更高的要求。电信运营商网络云化的加速和以算力基础设施为代表的"新基建"，给数据中心算力资源社会化共享提供了商业机遇。算力经营将成为电信运营商新的重要业务抓手，使电信运营商不再是纯粹的管道服务商。

基于云网融合的发展，算网一体化不能一蹴而就，需要分步进行技术攻关，逐渐打造核心能力。

1. 强化算力建模与管理底层技术研究

算力网络中的算力资源包括通用服务器架构下的 CPU，专门适用于处理类似图形、图像等数据类型统一的 GPU 并行计算芯片，专业加速处理神经网络的 NPU 和 TPU，广泛应用于边缘侧嵌入式设备的 CPU，以及半定制化处理器 FPGA 等。根据处理器运行算法及数据计算类型，从业务角度出发，算力可以分为可提供逻辑运算的算力、可提供并行计算的算力与神经网络加速的算力等。

泛在算力资源的统一建模度量是算力调度的基础。针对泛在的算力资源，通过模型函数，可以将不同类型的算力资源映射到统一的量纲维度，形成业务层可理解、可阅读的零散算力资源池，为算力网络的资源匹配调度提供基础保障。将业务运行所需的算力需求按照一定的分级标准划分为多个等级，这可以作为算力提供者在设计业务套餐时的参考，也可以作为算力平台设计者在设计算力平台时的选型依据。

2. 基于泛在算力需求，完善算网承载能力

（1）算力资源信息感知技术

算力网络整合计算资源，并以服务的形式为用户提供算力。与基于链路度量值进行路径计算的网络路由协议类似。在算力网络中，网络基于算力度量值来完成路径的计算，而算力度量值来自全网计算资源信息及网络链路的带宽、时延、抖动等指标。

算力网络的实现不可能一蹴而就，面向算力承载的网络应遵循"目标一致、分期建设"的原则，通过数据中心网关设备联网可以搭建 MEC 节点之间的算力"薄层"。首先，在 Overlay 层面引入 SRv6 与 CFN 等协议，然后逐步扩大到承载网全网 Underlay 层面的算力感知和算网联合优化。

（2）增强 DIP 网络技术

增强 DIP 网络技术是在 IP 网络上，通过增强的周期排队和转发技术实现的一种新型网络转发技术。增强 DIP 网络技术能够保证网络报文传输时延上限、时延抖动上限、丢包率上限。它既适用于中小规模网络，又适用于解决大规模、长距离 IP 网络端到端确定性传送问题。增强 DIP 网络技术通过在原生报文转发机制中加入周期排队和转发技术，通过资源预留、周期映射、路径绑定、聚合调度等手段实现大网的确定性转发能力。确定性技术和算力的结合，可以提供精确保障的业务体验,满足算力抖动敏感型业务的需求。

(3)应用感知网络技术

基于应用感知网络技术,利用 IPv6 扩展头将应用信息及其需求传递给网络,网络根据这些信息,通过业务的部署和资源调整来保证应用的 SLA 要求。特别是当站点部署在网络边缘(即边缘计算)时,应用感知网络技术可以有效衔接网络与应用,以适应边缘计算服务的需求,将流量引向可以满足其要求的网络路径,从而充分释放边缘计算的优势。

(4)业务链技术

业务链技术使不同算力服务连接成为现实,从而可以快速提供新型业务。业务链技术是一种业务功能的有序集合,可以使业务流按照指定的顺序依次经过指定的增值业务设备,以便业务流量获取一种或者多种增值服务。

业务链技术在算力网络中的本质是驱动算力服务,即依据客户的意图,实现不同算力服务的连接,并结合 SRv6 SID 即服务,构建算力交易平台。各种生态算力将自己的服务以 SRv6 SID 的形式注册到网络中,购买者通过购买服务使用算力,而网络则通过业务链将算力服务连接,从而无感知地将服务提供给购买者。

(5)构建算网服务编排能力,实现算网资源的能力开放

算力网络是融合计算、存储、传送资源的智能化新型网络,通过全面引入云原生技术,实现业务逻辑和底层资源的完全解耦。通过打造面向服务的容器编排调度能力,可以实现服务编排向算网资源的能力开放。同时,可以结合底层基础设施的资源调度管理能力,对数据中心内的异构计算资源、存储资源和网络资源进行有效管理,实现对泛在计算能力的统一纳管和"去中心化"的算力交易,构建统一的服务平台。

(6)打造算力服务和交易平台,促进算力安全有效流通

算力网络中的算力服务与交易依托于区块链"去中心化"、低成本、保护隐私的可信算力交易平台。该平台由算力卖家、算力买家、算力交易平台 3 种角色组成。在以往的交易模式中,买家和卖家彼此之间的信息并不透明。

在未来泛在计算场景中,网络可以将算力作为透明、公开的服务能力提供给用户。在算力交易过程中,算力的贡献者(算力卖家)与算力的使用者(算力买家)分离。可以通过可拓展的区块链技术和容器化编排技术,整合算力贡献者的零散算力,为算力使用者和算力服务的其他参与方提供经济、高效、"去中心化"、实时、便捷的算力服务。

11.3.3 算网新型基础设施的全面落地

以数据中心为代表的信息基建经历了"促进培育—产业示范—高层统筹"的发展阶段,当前政策以平衡能耗与经济贡献为主基调,长期方向是分类、分级管理,推广节能技术、提升资

源利用率、推动老旧小散向规模化集群 + 智能化边缘转型升级。

《新型数据中心发展三年行动计划（2021—2023 年）》明确说明的主要目标为：用 3 年时间，基本形成布局合理、技术先进、绿色低碳、算力规模与数字经济增长相适应的新型数据中心发展格局；总体布局持续优化，国家枢纽节点、省内数据中心、边缘数据中心梯次布局；技术能力明显提升，产业链不断完善，国际竞争力稳步增强；算力算效水平显著提升，网络质量明显优化，数网、数云、云边协同发展。能效水平稳步提升，PUE 逐步降低，可再生能源利用率逐步提高；截至 2021 年年底，全国数据中心平均利用率力争提升到 55% 以上，总算力超过 120 EFLOPS，新建大型及以上数据中心 PUE 降低到 1.35 以下；预计到 2023 年年底，全国数据中心机架规模年均增速保持在 20% 左右，平均利用率力争提升到 60% 以上，总算力超过 200 EFLOPS，高性能算力占比达到 10%；国家枢纽节点算力规模占比超过 70%；新建大型及以上数据中心 PUE 降低至 1.3 以下，严寒和寒冷地区 PUE 力争降低到 1.25 以下；国家枢纽节点内数据中心端到端网络单向时延原则上小于 20ms。

1. 加快先进绿色技术产品应用

大力推动绿色数据中心创建、运维和改造，引导新型数据中心走高效、清洁、集约、循环的绿色发展道路。鼓励应用高密度集成等高效 IT 设备、液冷等高效制冷系统、高压直流等高效供配电系统、能效环境集成检测等高效辅助系统技术产品，支持探索利用锂电池、储氢和飞轮储能等作为数据中心多元化储能和备用电源装置，加强动力电池梯次利用产品推广应用。

2. 持续提升能源高效清洁利用水平

鼓励企业探索建设分布式光伏发电、燃气分布式供能等配套系统，引导新型数据中心向新能源发电侧建设，就地消纳新能源，推动新型数据中心高效利用清洁能源和可再生能源，优化用能结构。

3. 优化绿色管理能力

深化新型数据中心绿色设计、施工、采购与运营管理，全面提高资源利用效率。支持采用合同能源管理等方式，对高耗低效的数据中心加快整合与改造。新建大型及以上数据中心达到绿色数据中心要求，绿色低碳等级达到 4A 级以上。

4. 完善绿色标准体系

建立健全绿色数据中心标准体系，研究制定覆盖 PUE、可再生能源利用率等指标在内的数据中心综合能源评价标准。鼓励企业发布数据中心碳减排路线图，引导数据中心企业开展碳排放核查与管理。持续开展绿色等级评估。建立绿色数据中心全生命周期评价机制，完善能效监测体系，实时监测 PUE、WUE 等指标，深入开展工业节能监察数据中心能效专项监察。组织开展绿色应用示范，打造一批绿色数据中心先进典型，形成优秀案例集，发布具有创新性的绿色低碳技术产品和解决方案目录。

11.3.4 建设国家级/区域级算力调度平台

1. 概述

"东数西算"工程通过构建数据中心、云计算、大数据一体化的新型算力网络体系,优化数据中心建设布局,促进东西部协同联动,将东部密集的算力需求有序引导到西部,使数据要素跨域流动,打通"数"动脉,织就全国算力一张网,既缓解了东部能源紧张的问题,也给西部开辟了一条发展新路。

我们可以在《全国一体化大数据中心协同创新体系算力枢纽实施方案》《关于加快构建全国一体化大数据中心协同创新体系的指导意见》等相关文件中了解到东西部枢纽节点在全国算力体系中的发展定位,其中,东部枢纽节点主要承载工业互联网、金融证券、灾害预警、远程医疗、视频通话和人工智能推理等靠近生产一线、高频实时交互型的业务需求,实现数据中心端到端单向网络时延 20ms 以内的覆盖。城市主要城区内部的边缘数据中心主要满足金融市场高频交易、VR/AR、超高清视频、车联网、联网无人机、智慧电力、智能工厂、智能安防等实时性要求高的业务需求,而西部枢纽节点则优先承载后台加工、离线分析、存储备份等非实时的算力需求。

由此可以看出,在"东数西算"工程中,算力调度将是整个新型算力网络体系中非常重要的一个环节。在国家对"东数西算"划分的所有区域中,无论是同一区域、同一集群内的数据中心间的资源调度,还是不同集群数据中心之间的资源调度,或是不同区域数据中心间的资源调度,都有一定的技术要求和安全要求,但这也是国家实施"东数西算"工程最初的目的。如果不能实现资源的跨区域调度,就无法扭转东部资源紧张而西部资源空置无人用的不均衡状态,那就失去了"东数西算"工程的最本质的意义。

2. 需要解决的重点问题

未来要实现东西部算力协同发展,需要解决以下 3 个重要问题。

① 区域间调度:打通东西部数据中心之间的链路,让数据资源流动起来,并根据业务特点来合理地进行调度,实现东西部区域之间的算力协同。

② 区域内调度:主要解决部署在城市周边的数据中心集群内部的中心云,与部署在城市内部边缘数据中心的边缘云之间的协同,实现云边协同的算力配置。

③ 多云协同:主要解决不同云服务商、不同云架构之间的算力资源逻辑统一管理和统一调度,对外呈现并提供统一的服务能力。

为解决"东数西算"工程实施过程中算力调度的 3 个重要问题,国家和地方相关单位也在启动相关试点准备工作。

第一,进行跨区域算力调度试点工作。围绕京津冀、长三角、粤港澳大湾区、成渝、内蒙古、贵州、甘肃、宁夏 8 个国家算力枢纽节点，开展东西部跨区域算力互补对接。相关指标要求如下。

① 以数据中心集群内的算力为资源，高效、规模化地实践"东数西算"。

② 以公有云形式建设的算力，可以调度的算力规模不少于 70PFLOPS；以专属云、私有云等形式建设的算力，可以调度的算力规模不少于 25PFLOPS。

③ 应用场景至少支持业务分册分类部署、AI 协同，东西部算力调度比例达到 2∶1。

④ 鼓励有资质的企业在开展算力调度的同时增强网络服务能力。跨区域两端的网络平均时延不高于理论值的 2 倍，最高时延不高于 3 倍（理论值按照节点间公路里程数 ×5 μs/km）。网络可靠性达到 99.99% 以上，网络支持至少 10% 带宽用于高品质业务传输，高品质业务的丢包率小于 0.1%，提高跨区域的数据传输质量和速度。

第二，进行区域内算力调度试点工作。以数据中心集群内的大规模数据中心为"中心云"，以城市内部高性能、边缘数据中心为"边缘云"，推动云边协同的算力部署和实践推广。相关指标要求如下。

① 以自建、租用或混合的方式，数据中心集群和边缘数据中心构成分布式算力组合，数据中心集群内的算力和边缘数据中心的算力比大于 3∶1，使用云中心算力大于 35PFLOPS。

② 边缘数据中心负载具有在边缘部署的必要性，例如，应用时延、行业安全合规要求等需求。

③ 在工业级远端实时控制、云端数据处理的隐私保护、公共平台的可信数据交换、行业应用使能的客户群规模等方面开展应用，应用场景具有开创性或规模领先。

④ 保障云边环境下的用户体验，统一服务门户、服务 API 入口、账户和权限管理、日志和监控信息、计量计费信息，提供统一的租户资源视图、应用视图、运维自动化服务等。

⑤ 支持统计自有云服务域（如有）的设备容量、额定功耗、实际功耗等资源池信息，支持统计自有云服务域（如有）的云服务总容量、已分配容量、实际利用率等云服务信息，支持统计购买云服务域的日均购买量和实际利用率等计量信息，支持按照账户分服务域统计日均申请量等运营信息。

第三，为实现多云算力资源的逻辑统一管理与协同调度，对外提供统一服务的能力，也要进行"多云"调度试点工作。相关指标要求如下。

① 支持对接 3 种以上的云服务平台，至少能够调度本区域枢纽节点两种异构平台的算力资源。

② 支持计算、网络、存储、容器服务，支持异构云环境的云间互联的服务化，支持传统应用和云原生应用的异构云间灵活部署。

③ 探索数据库、大数据、AI 等 PaaS 的统一纳管，实现数据在异构云间的迁移和备份。

④ 支持统一运营，支持统一的多租户、虚拟资源池管理、分级分域管理，支持二次运营场景下的配额、计量、流程等灵活适配。

⑤ 提供统一的租户资源视图、应用视图、运维自动化智能化服务，提供数据同步、备份和

应用迁移服务。

3. 两级调度平台方案构想

算力网络的调度由算力传输网络和算力调度平台组成。对于传输网络而言，数据中心集群内部和区域之间需要具备高速率、低时延、高可靠的 IP 网络和传输网络。目前，这部分网络主要由电信运营商负责建设，电信运营商需要根据国家对各枢纽节点网络规划的要求，加快算力网络中传输网络和 IP 网络的规模建设。

按照目前电信运营商工程的建设模式与云网融合的演进路径，云管理平台、各专业的网络管理系统多数是集团和省两级架构分别进行建设的。随着云网融合的推进，有些专业开始进行大区制建设，甚至未来也可能进行全国一级的集中建设。对于算力网络的调度平台，建议采用全国级+区域级的两级架构建设模式。在此架构下，全国级的算力调度平台主要负责不同区域间的资源和服务的协同调度，因此，需要对接各区域级的算力调度平台。区域级的算力调度平台主要负责本区域内各集群、各数据中心之间的资源和服务协同调度，同时与区域内不同服务商的算力管理平台和网络管理系统进行对接，完成相关资源信息的协同、同步等工作。同一区域、枢纽集群内的算力管理系统及网络管理系统，对各个算力中心的算力运行情况进行实时监控和智能分析，以对不同业务的算力需求和算力资源进行合理的匹配。算力调度平台主要基于智能调度策略和智能调度算法，实现算力的感知发现和通告、算力提供方与需求方的合理匹配、算力服务的申请、算力拓扑发现、算力路由、算力服务转发、算力运行保障等内容。

国家算力体系和相关实施方案仍处在探讨试点阶段，因此，在发展初期我们还是建议尽量利用现有成熟的技术或平台先行进行实现。当前，以云计算云平台技术为基础的架构相对成熟，公有云、私有云、混合云已经规模应用于各行业，基于云平台实现的云资源调度与管理也已经成熟可用，通过云平台的算力整合和基于 SD-WAN 的网络连接能力能够满足一定区域范围内的算力调度、管理与服务交付，技术上基本具备可行性，例如，阿里云和亚马逊等已经实现了多地域、多可用区之间数据的调度与协同。近年来，随着混合云技术的发展，公有云与私有云之间的数据协同也具备了一定的可行性，业务安全和 SLA 能力也逐步提升。另外，随着多云管理需求的出现，云管理服务提供商与云管理平台的出现也使用户使用多云成为一种新的选择。

目前，虽然技术可以支撑完成一定区域范围内算力资源的调度，但仍然面临以下一些困难。

① 在多云供应商情况下，算力资源在开放、管理与交易方面存在挑战。首先，云服务商从商业利益角度考虑，不一定愿意主动开放自身的算力资源给其他的云服务商。其次，云服务商的竞争优势主要体现在能够为用户就近提供资源，区域内的算力资源是云服务商的核心交付资源，如果开放给其他云服务商，则可能会影响自身在本地的竞争力。另外，目前，算力资源在交易过程中存在算力度量不统一的问题，导致结算存在偏差，出现无法成交的商业风险。

② 安全可靠的挑战。首先，当算力调度平台把云服务商 A 的算力资源调度给云服务商 B 后，

云服务商 A 在资源回收的过程中，因为不清楚该资源交付给云服务商 B 后用于哪些业务，所以云服务商 A 需要对回收的算力资源进行详细的安全检查。其次，云服务商 A 在算力资源交付和回收的过程中也可能会让整个算力资源池产生可靠性方面的影响，因为云服务商 A 的算力资源池将会按照自用资源和可外用资源分为两类，所以这两类资源的区分可能会对资源池整体的可靠性提出更复杂的要求。对于可外用算力资源，云服务商 A 需要规划、部署新的可靠性策略并避免对自用资源的可靠性产生任何影响。

③ 跨区域的资源调度技术挑战。首先，云服务商以地域为单位部署云管平台，为该范围内的用户提供云服务。一旦资源需要跨地域/多地域进行调度服务，就需要云管平台进行协同。如果跨地域/多地域属于同一个云服务商，则资源调度可以顺利完成；如果属于不同的云服务商，则由于接口问题、安全可靠的互认机制等问题，资源难以协调完成。其次，当云服务商自身业务需要使用已调度给其他云服务商的外用资源时，可能会面临资源无法收回的局面。

4. 算力调度平台未来的演进

（1）第一阶段：算力分发网络调度阶段

为解决目前跨云服务商资源调度的问题，算力资源运营方可以在各区域建立算力网络管理平台，通过构建全局的算力资源标识与网络地址的映射机制，基于当前数据通信网络能力建立跨区域的资源连接能力，实现跨区域的算力资源调度。

在基于云服务商实现了区域内的算力资源整合后，可以对区域内可对外提供服务的算力资源打标签，并建立与网络地址的映射机制，算力资源运营方可以建立算力网络管理平台，通过建立全局的标识与地址映射机制，对各区域的可对外提供服务的算力资源均打上标签。当算力的需求方需要区域外的算力资源时，算力网络管理平台将解析出符合算力需求方要求的算力资源所在的网络地址，再通过建立需求方与供给方的网络连接实现供需双方资源的对接。

通过算力网络管理平台，初步建立起多个区域之间算力调度的能力。算力网络管理平台与云平台的衔接，以及 SD-WAN 等技术可以实现区域内的算力资源与区域外的算力资源的一体化协同。

一方面，算力网络管理平台需要规范接口与云平台进行对接，获取并影响云平台对区域内可用算力资源的管理；另一方面，算力网络管理平台需要建立起全局的可用算力资源清单及与之匹配的网络地址映射表。算力网络管理平台还需要能够及时刷新各区域的可用算力并能够实现网络连接。

从统一管理与调度角度看，算力网络管理平台还需要进一步统一平台，以实现资源的统一纳管。因此，算力网络管理平台和云管理平台互通实现的两级算力、网络资源调度体系要进一步优化与协同。

关于算力的度量，可以考虑基于虚拟机、容器为单元开展，以更加公平地完成供需双方的算力交易。

（2）第二阶段：围绕 IPv6 技术体系，实现算力资源调度

在"东数西算"工程建设过程中，结合国家对 IPv6 发展策略和要求，基于 SRv6、APN6 及 SDN 技术构建的算力感知与调度技术方案可能成为推动两级算力网络资源调度体系合一的重要推动力。

SRv6 技术已经得到了从终端（Linux 操作系统）到网元等多方面的支持，结合 SDN 能力实现了网络层面的灵活可编程能力，具备构建起端、管、云、边端到端的连接能力。借由 IPv6 地址的海量特性，这种连接需求不再通过 NAT、隧道等技术，而可以使连接可感知、可调度，确保承载其上的业务可信安全及 SLA 可承诺。

当前，IPv6 技术体系中的 APN6 技术已经支持部署在云端/端侧，推动业务和应用从 IPv4 更容易向 IPv6 迁移。在该技术体系规划中，将实现应用的感知和一定的 SLA 保障能力。从技术发展角度看，未来，APN6 技术可能通过持续发展，具备承载其所在云端/端侧的算力资源信息，并进一步提升与云端/端侧本地系统进行交互的能力。APN6 通过构建新能力，将进一步协同网络能力与算力，推进两类资源融合。

基于 SRv6、APN6 技术能力持续提升，区域内可能存在大量的 APN6 携带的算网资源需要网络和平台进行处理，这将导致区域内的网络、云平台、算网管理平台面临巨大的处理压力，因此，我们可以考虑引入算力调度网关来负责汇集区域内所有运行 APN6 的云端/端侧发出的算网流量。算力调度网关与云平台、算网管理平台进行对接，一方面将遍布多地的资源逐步汇总纳入算网管理平台统一调度，另一方面与云平台对接，完成对算力及网络资源的权限管理交割。

算力调度网关与云平台、算网管理平台完成对接，基本建立起基于 IPv6 的覆盖各资源池的算网资源运营体系，实现将区域算力资源细分为可调度资源和不可调度资源，细分了市场；建立起算力交易的体系，细化了经营；将各区域的可调度算力资源全部归入算网管理平台，统一纳管资源。

至此，算网资源运营方初步实现了对各区域算力资源的统一管理与调度，并构建起面向资源供需双方的、可商业闭环的、合理公平的交易体系。

（3）第三阶段：构建更加灵活弹性的集成化信息基础设施

在构建起端到端基于 IPv6 的算网资源调度体系后，基本可以满足"东数西算"工程的实现目标，实现东西部算力资源供给与使用模式的创新，显著提升算网资源的使用效率，实现数据的流动性管理，数据流动不再受架构限制。

数算分离需求将计算与存储解耦，随着算力网络逐步成熟，计算与存储通过网络进行协同，即当数据发出后首先进入网络，而非存储器，网络在数据处理中就发挥了核心作用。算力网络可以使数据突破本地资源的处理限制，实现数据有序、可控的广泛流动。

数据的广泛流动将带来更广泛的计算、存储、安全、管理需求，随着新的信息基础设施架构的持续发展，这些技术领域也将持续发展，较当下的 ICT 产业生态更加丰富、活跃。数据也会随着算力网络的发展遍布各地，围绕数据的创新也将激发社会的创新热情，诞生更多的业务和应用。

随着"东数西算"工程陆续开展，实现算力调度的技术方案也需要尽快试点与实施。虽然"东数西算"工程有比较明确的项目周期，但是实施过程中及工程建成后都将对数据相关产业的发展带来深远的影响，需要建设方和规划方认真分析未来潜在的影响。

11.4 第三阶段（2026年之后）：构建数据交易市场，实现数据要素高效流通

11.4.1 建设数据交易统一管理平台

1. 数据是新型生产要素

随着社会信息化程度的加深，数据对提高生产效率的乘数作用不断凸显，已经成为最具时代特征的生产要素。在数字经济时代，数据的爆发增长、海量集聚蕴藏着巨大的价值，为社会智能化发展带来了新的机遇。

数据是数字经济时代的"石油"，数据的流动就像是石油的燃烧，数据的流动会带动技术流、物质流、人才流、资金流，这四流会产生动力并带来价值，从这个角度看，数据是新的生产力。数据还是数字经济时代的"钻石矿"，通过挖掘提炼产生价值，体现在通过多维度、多领域数据揭示单一数据无法展示的规律，实现精准决策，增加确定性、可追溯性、可预判性，降低决策失误的概率和风险，从这个角度看，数据是新的生产要素。

数据是国家基础性战略资源，这已成为全球共识。工业和信息化部发布的《"十四五"大数据产业发展规划》提出，要加快培育数据要素市场，具体措施包括建立数据要素价值体系、健全数据要素市场规则、提升数据要素配置作用等，为数据要素市场发展规划了路径。协同推进技术、模式、业态和制度创新，切实用好数据要素，将为经济社会数字化发展带来强劲的动力。

2. 数据及交易需求的分类

社会和生活中会产生源源不断的数据，数据按照发生的源头大致分为企业数据、政府数据和个人数据。

（1）企业数据

不同类型的企业在运营的过程中会产生海量的数据，例如企业运营数据和相应的用户信息数据。部分规模较大的企业通过运营自身的数据已经能够实现自身的业务闭环，能够帮助企业

提升服务能力，支持企业产品研发，并对外输出产品。更多的企业通过自身拥有的数据无法实现业务的闭环，资金和人力资源也无法支持企业进行大数据的利用，这就需要通过大数据交易平台购买相应的数据源和数据分析服务，通过购买服务的方式来提升自身的业务能力，流通的数据也将创造更大的价值。

（2）政府数据

政府各个部门会产生大量数据，例如，卫生与社会服务数据、资源与环境数据、教育数据、金融数据等。跨垂直部门数据的结合能够进一步提升政府管理的效率，降低管理成本。鉴于政府数据存在地域性差异、数据敏感性强、数据复杂性高、国家安全和个人隐私安全等因素，政府数据的开放需要更多的准备工作，不同部门的数据标准存在差异，并且要保证绝对的安全性。

（3）个人数据

每一个人作为个体都拥有非常多的数据，数据能够记录个人的不同行为及偏好，而不同类型的企业对于个人数据的需求是有特定偏好的，当作为个体的人的数据积累到一定程度的时候，企业和政府就能够通过这些数据挖掘出更大的价值。如何通过合法的渠道去采集、使用和交易数据成为一种新的业务创新趋势。

3. 数据交易统一管理平台的推出模式

为更好地发挥数据作为生产要素和资源的价值，要将其合法、合理地配置到需要的地方。由于市场在资源配置中起决定性作用，数据资源要像产品与服务一样具有商品属性，有价格、有产权、能交易。

近年来，我国在数据交易方面的探索力度不断加大。2021年年初，在国家的统一管控下，全国各地纷纷建立数据交易所，从事数据资源产品的经营、交易和管理，激发了新一轮的数据产业发展热潮。2021年3月，北京国际大数据交易所成立；2021年11月，上海数据交易所正式揭牌；2021年12月，西部数据交易中心在重庆江北区成立并达成首单交易；2021年12月，深圳数据交易公司也正式注册成立。由此可见，各地积极打造数据交易所是为了构建数据交易市场的物理载体，围绕数据交易、流通和开发，推动制度建设和服务创新，更好地激发市场供需两端的积极性，更深度地参与数据要素市场建设，运用市场化手段加快推动数据要素价值转化。

由于数据流动载体的特殊性，数据的监管和安全防护显得尤为重要，尤其在跨境传输等方面，除了需要严格的制度、规范和有效的监管手段，建立高质量的数据交易统一管理平台也至关重要。

当前，各地的数据交易所主要采用的是由政府主导的平台型大数据交易管理方式，这成为政府数据开放的一种新尝试。依托于政府的优质数据资源和统一管控，数据交易管理平台应该能够吸引企业与机构参与大数据交易，进而促进大数据资源的流通。

政府主导的平台型业务模式示意如图11-20所示。

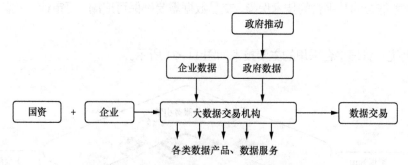

图 11-20　政府主导的平台型业务模式示意

当前，国内的数据交易管理平台并未统一，多省（自治区、直辖市）纷纷建立了自己的数据交易管理平台。

4. 数据交易统一管理平台的架构

数据交易平台应基于分布式计算与存储技术建设而成，具有核心业务稳定、数据要素一致、数据交易安全、功能扩展灵活等特点，实现企业开户及数据资产登记、发布、交易、支付、结算等交易功能。

总体来说，数据交易统一管理平台应具备以下要素。

① 在建立数据产品交易规则和业务规范的基础之上，形成数据价值评估定价模型，建立报价、询价、竞价、定价的电子流程。

② 构建规范的数据产品库，数据产品包括商业数据、行业数据、数据分析工具、数据解决方案、数据服务等多种形式。

③ 采用隐私计算、区块链及智能合约技术、数据确权标识技术等搭建数据产品交易系统，构建高效的交易服务流程，为全链条交易服务体系提供系统支撑。交易类别包括数据产品所有权交易，主要包括各类数据分析工具、数据解决方案的产权转让；数据产品使用权交易，即在不改变数据产品所有权的前提下，通过交易访问权限，实现对数据的使用；数据产品收益权交易，即对数据产品产生的未来收益进行交易，主要包括数据资产证券化产品；数据产品跨境交易，即涉及跨境传输的数据交易类型等。

④ 数据交易模式包括协议转让、挂牌、应用竞赛等，平台的应用类型应该支持以上交易类型，并支持不断扩展。平台可以提供数据上传下载、数据 API、线下部署等交易方式，满足数据、算法、算力和集合而成的数据合约交易需求，为数据交易提供灵活、便捷、规范的信息化能力。

⑤ 利用区块链技术、多方安全计算等方式，保障数据交易的安全性和合规性。

⑥ 数据交易会涉及数据提供方、数据需求方、平台运营方、监管方、审计方、隐私计算服

务商等，通过智能合约及平台的技术保障，交易数据需要确保可追溯、可审计、可监管、可管控、可计算。

数据交易统一管理平台采用的主要技术如图 11-21 所示。

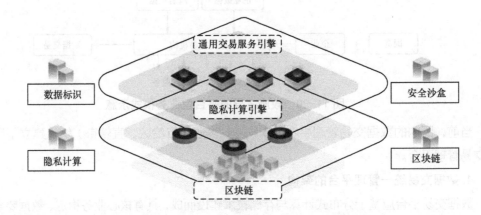

图 11-21　数据交易统一管理平台采用的主要技术

交易数据可追溯、可审计、可监管、可管控、可计算示意如图 11-22 所示。

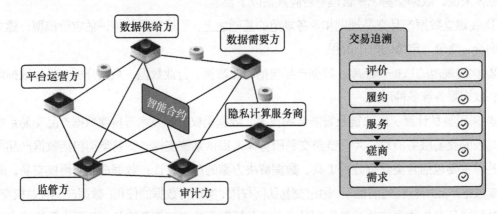

图 11-22　交易数据可追溯、可审计、可监管、可管控、可计算示意

数据交易统一管理平台架构示意如图 11-23 所示。

当前，国内数据交易统一管理平台的建设存在平台分散、数据价值评估模型不完善、平台监管不够明确等问题。随着技术和市场的发展，数据交易统一管理平台将向着平台架构更开放、交易组件更强大、交易流程更可信、交易安全更全面的方向发展，以系统手段提升数据交易效率，为数据要素市场流通提供技术保障。

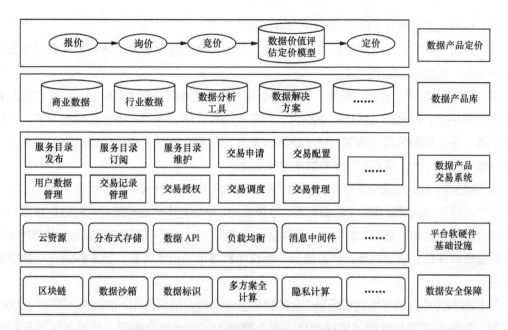

图 11-23 数据交易统一管理平台架构示意

11.4.2 国家统一数据要素交易市场，数据可信流通

数据要素是数字经济的重要生产力。数据作为生产要素被正式写入《关于构建更加完善的要素市场化配置体制机制的意见》，这标志着数据要素成为数字经济时代的基础性资源、战略性资源和重要生产力。与传统生产要素不同，数据要素具有非竞争性，并且可以无限复制、重复使用，作为经济活动的副产品有着独特的生命周期，在价值创造上具有规模报酬递增、规模效应、质量依赖、高度异质等特点。

数据要素流通主要面临的是数据安全与数据流通的矛盾：如果强调安全，则流通受到阻碍；如果强调数据流通，则安全面临挑战。因此，数据流通是一个由点及面、逐渐规范、逐步完善的过程，数据要素流程市场不可能一夜之间成型。

1. 统一数据要素市场的政策指引

当前，我国数字经济从数据资源利用的 1.0 阶段迈向数据要素市场化配置与数据资源化利用相融合的 2.0 时代，激发数据要素活力，释放数据要素在数字社会发展中的基础性、支撑性的关键作用尤为重要。《2021 中国城市数据治理工程白皮书》在国内首次提出数据安全与数据要素一体化治理解决方案：一方面，要高效、安全、合法合规地利用数据推动数字城市建设进行探索；另一方面，努力解决数据要素的流通，为数据本身及数据开发利用过程中所面临的安全、市场化、标准化的难点寻求理论突破和最佳路径。

《要素市场化配置综合改革试点总体方案》指出，建立数据要素市场需要探索建立数据要素流通规则，包括以下主要内容。

① 完善公共数据开放共享机制。建立健全高效的公共数据共享协调机制，支持打造公共数据基础支撑平台，推进公共数据归集整合、有序流通和共享。探索完善公共数据共享、开放、运营服务、安全保障的管理体制。优先推进企业登记监管、卫生健康、交通运输、气象等高价值数据集向社会开放。探索开展政府数据授权运营。

② 建立健全数据流通交易规则。探索"原始数据不出域、数据可用不可见"的交易范式，在保护个人隐私和确保数据安全的前提下，分级分类、分步有序地推动部分领域数据流通应用。探索建立数据用途和用量控制制度，实现数据使用"可控可计量"。规范培育数据交易市场主体，发展数据资产评估、登记结算、交易撮合、争议仲裁等市场运营体系，稳妥探索开展数据资产化服务。

③ 拓展规范化数据开发利用场景。发挥领军企业和行业组织作用，推动人工智能、区块链、车联网、物联网等领域数据采集标准化。深入推进人工智能社会实验，开展区块链创新应用试点。在金融、卫生健康、电力、物流等重点领域，探索以数据为核心的产品和服务创新，支持打造统一的技术标准和开放的创新生态，促进商业数据流通、跨区域数据互联、政企数据融合应用。

④ 加强数据安全保护。强化网络安全等级保护要求，推动完善数据分级分类安全保护制度，运用技术手段构建数据安全风险防控体系。探索完善个人信息授权使用制度。探索建立数据安全使用承诺制度，探索制定大数据分析和交易禁止清单，强化事中事后监管。探索数据跨境流动管控方式，完善重要数据出境安全管理制度。

2. 数据要素市场的要素特征与总体架构

我国人口众多，经济主体数量庞大，数据应用领先全球，构建具备超大规模数据市场先天优势。党的十九届四中全会首次增列数据作为生产要素，有助于我国实现超大规模数据和超大规模市场的优势双重叠加，抢抓数字经济全球竞争新赛道优先权。培育超大规模数据要素市场，有必要厘清要素对象的特征、流动规律，从而构建相对健全的体系架构。

（1）数据要素的分层价值模型

数据是事实或观察的结果，是对客观事物的逻辑归纳。数据按照结构，可以分为结构化数据、非结构化数据和半结构化数据；按照反映事物的本体，可以划分为自然人、法人、车辆、物品、地点、事件等。国家强调建立生产要素由市场评价贡献、按贡献决定报酬的机制，因此，在数据要素市场建设中，应当更注重数据传递的价值和数据开发加工的层次。在传统信息理论中，根据加工情况通常将信息分为零次信息、一次信息、二次信息、三次信息。在此理论上，研究人员按照加工处理深度不同，将大数据信息服务分为零次大数据信息服务、一次大数据信息服务、二次大数据信息服务、三次大数据信息服务。《关于加快构建全国一体化大数据中心协同创新体系的指导意见》（以下简称《指导意见》）明确指出，要"完善覆盖原始数据、脱敏处理数据、模型化数据和人工智能化数据等不同数据开发层级的新型大数据综合交易机制"。

按照《指导意见》要求，参照信息理论对信息价值的分类，在未来数据要素市场建设中，按照流通、交易数据要素的价值深度，可明确为4种要素形态，4类数据交易产品的对比见表11-8。一是原始数据（0阶数据），即通过物理传感器、网络爬虫、问卷调查等途径获取的未经处理、加工、开发的原始信号数据，零次数据是对目标观察、跟踪和记录的结果，例如，气象领域的高空卫星原始信号、网络领域的网络流量数据包等。二是脱敏数据（1阶数据），即为便于数据流通，确保数据安全和隐私保护，将原始数据中敏感或涉及隐私的数据进行脱敏处理后形成的数据。前两种要素形态都是数据本身。三是模型化数据（2阶数据），例如，互联网企业用于精准营销的用户画像"标签"，其本身也是一种数据，但需要在原始数据的基础上结合用户需求进行模型化开发，要素形态是"数据+服务"。四是人工智能化数据（3阶数据），即在前3层数据之上结合机器学习等技术形成的智能化能力，例如，人脸识别、语言识别等，其主要依托海量数据实现，要素形态则是服务。

表11-8 4类数据交易产品的对比

交易产品	交易确权基础	要素形态	隐私风险
原始数据（0阶）	原始数据所有权、使用权	数据	高
脱敏数据（1阶）	原始数据所有权、使用权	数据	中
模型化数据（2阶）	原始数据使用权、结果数据所有权	数据+服务	低
人工智能化数据（3阶）	原始数据使用权、AI模型所有权	服务	低

另外，由于数据本身难以脱离其依托的软硬件基础环境而独立存在，在实际运行中，数据流通与硬件（算力）和软件（算法）密不可分，特别是2阶和3阶的数据交易流通场景实际上是"数据+算法+算力"的综合体流通。

（2）数据要素流通的分类

要素流动是经济活动向一体化发展的体现。有学者认为，信息通信能够将遥远地方的节点和城市中心联系在一起，使其基于数据、信息和知识连接构成网络城市。与传统要素相比，数据要素流动具有明显的跨时空性，空间距离的远近不再是首要影响因素，有必要从数据本身的特性出发思考数据要素流动问题。潘泰利将数据要素的流动路径划分为数据共享、数据开放、数据交易3类。基于此,结合我国国情,可以将全社会范围内数据要素的流通分为这3类。

一是数据共享,即政府内部各部门为开展业务需要而进行的数据资源共享。在我国,作为要素流动路径,数据共享的提出要明显早于数据开放和数据交易。2002年,中共中央办公厅、国务院办公厅发布《国家信息化领导小组关于我国电子政务建设指导意见》,该文件明确提出,加强政府间数据资源共享的任务。数据共享不直接产生数据的商业价值,但数据要素的流动有效支撑了政府有关部门全面掌握社会经济运行现状、规律、问题,支持政府更好地发挥经济调控、市场监管、社会管理、公共服务作用,社会效益明显。

二是数据开放,即政府数据面向全社会开放。数据开放行动起源于欧美。但欧美国家目前采取不同开放政策,美国将政府数据看作公共物品,向社会免费开放,而欧洲则采取补偿模式,政府在开放数据时可以收取一定费用。目前,我国总体沿用美国的免费数据开放模式,也有部分研究者探讨了政府数据面向社会提供增值收费服务的可能模式。

三是数据交易。与前两者相比,数据交易是影响数据要素参与分配的关键流动路径,具体场景包括3个部分。第一部分是在实现公共数据普惠化开放的基础上,探索面向特定对象的增值服务。第二部分是政府采购社会化数据,弥补政府数据的不足。第三部分是市场化主体之间的数据交易。当前,国内外数据要素市场的建设基本以数据交易为核心。

广义而言,这3种数据要素流通都会对经济社会发展产生促进作用,因此,3种数据都应当纳入数据要素市场体系的范畴。狭义而言,当前需要推动建设的数据要素市场,则是上述3种数据流通方式的第3种,即建设进行数据交易结算场景的专门性服务平台。

(3) 数据要素市场的体系架构

数据要素市场旨在实现数据要素的市场化配置。从市场构成看,首先,数据要素市场的核心是汇集海量数据要素,特别是政府数据、企业数据,形成要素生态。其次,搭建促进数据要素流动的硬件(算力)和软件(算法)环境,结合当前数据要素市场存在的普遍问题,需要在底层技术路径上构建数据资源调度、数据可信流通、数据综合治理、数据安全防护等技术体系,为数据要素市场的运转提供基础设施支撑。最后,数据要素市场化配置需要建立在明确的数据产权、交易机制、定价机制、分配机制、监管机制、法律范围等保障制度基础上。因此,在设计顶层政策框架时,要进一步完善数据公共属性的权属安排,建立经济激励驱动的财税金融制度和立法监管体系。政策制度层、数据层和技术层都应当纳入数据要素市场体系的范畴,构建完善的数据要素流通的交易要件。数据要素市场体系架构如图11-24所示。

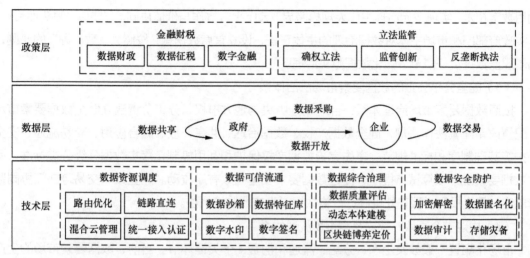

图 11-24 数据要素市场体系架构

3. 统一数据要素市场建设的探索方向

全面深化数据要素市场化配置改革，构建全国统一大市场，将是一场涉及面广泛、兼具根本性和全局性影响力的供给侧结构性改革。数据要素市场的建设需要政府、企业、机构多方探索，先行先试，可以从以下 5 个方面入手。

（1）理顺数据要素支撑主体的权责关系

数据要素因非排他性、非竞用性而具有鲜明的集体共有属性，不同于其他生产要素因强排他性而具有私有属性。一要确立数据要素共有产权，坚持"汗水原则"，让参与数据要素价值创造各个环节的市场主体获得制度性数据共有权益，增强市场主体的安全感、获得感。二要保护市场主体的数据共有权益，坚持"价值共创、利益均衡、责任共担"原则，引导和规范各类主体间建立"数据要素场景化利用共同体"，其中，数据要素的所有权、占有权、处置权归共同体，收益权归市场主体，激发各类主体积极性，促进各类数据融合与价值实现。三要提升各类主体的数字素养、数据治理与利用能力，培育合格的数据要素市场主体。四要鼓励全社会资本在产业数字化转型、数据产业化发展和政企数据融合应用场景建设等方面发挥积极作用。五要坚决打击数据垄断、数据欺诈和数据不正当竞争行为，保护个人隐私权益和企业商业秘密。

（2）完善数据市场管理体系

好的治理体系能够真正提高治理能力，好的治理能力能够充分发挥治理体系的效能。一要以"整体性治理"优化顶层设计，理顺"中央管总、省级统筹、市县创新"的权责分工，明确中央层面数据要素行业主管部门，强化中央与地方统筹协调工作机制，加强地方主管部门统一归口管理力度。二要以"数字化治理"重塑政府与市场之间的权力结构与功能配置和边界划分，利用数字技术，实现多元治理主体大规模跨界互动、平台协作与价值协同。三要以"源头性治理"压实政府部门和市场主体对数据治理的主体责任，设立首席数据官，按照"一数一源"的原则，编制职能数据责任清单，强化数据源头治理。

（3）健全公平公正的数据要素市场法治体系

按照数据要素市场治理体系，合理划分中央与地方事权，分工负责建立健全数据要素市场化配置改革配套法律法规，健全数据产权、数据治理、共享开放、融合应用、交易流通、安全保护等基础制度和标准规范。率先完善数据产权保护和利用机制，落实数据分级分类标准，深化数据要素统计核算试点推广，促进数据要素安全高效有序流动。建立数据交易跨部门协同监管制度，健全投诉举报查处机制，严格数据要素市场监管执法。

（4）构建安全高效的数据要素市场流通体系

市场化配置一般涉及生产、分配、流通和消费4个关键环节。当前，数据要素市场的生产和消费环节旺盛，而分配和流通环节并不顺畅，有效的市场化配置需要发挥政府行政机制、市场竞争机制和社会志愿机制的比较优势。一要构建两级数据要素市场结构，其中，"一级数据要素市场"以政府行政机制为主，构建权威高效的公共数据管理机制，统筹配置公共数据和准公共数据，推进公共数据开发利用和数据融合生态建设；"二级数据要素市场"以市场竞争机制为主，鼓励社会数据入场交易，健全市场运行机制、交易规则和中介服务，满足主体多样性和高质量用数需求。二要构建三大数据要素市场枢纽。统筹能源网和算力网建设布局，推动数据中心整合改造提升，加快形成全国统一的数据可信流通网络。建设统一协调、分级管理的中央和地方数据运营机构，负责市场主体准入、评级、认证、退出管理，统筹公共数据运营工作，推动公共数据与社会数据融合及数据生态建设。建设各类数据交易场所，规范数据入场交易。三要建立分类分级数据经纪人资质管理体系，鼓励行业龙头企业、"产业链主"和"数据矿主"开展领域场景化数据利用，为数据要素交易提供行业特性和领域需求的数据经纪服务，培育和丰富数据中介服务生态，支撑数据要素市场有序运行。

（5）深化数据要素全面赋能数字化发展和促进国内国外"双循环"

一要以场景创新为牵引，加快公共数据与社会数据融合，实现全域数字要素赋能。做大做强数字经济，推动产业数字化转型和数据产业化发展，打造具有国际竞争力的数字产业集群。加强数字社会建设，提升公共服务、社会治理等数字化智能化水平。加强数字政府建设，全面提升政府治理效能。二要赋能区域协调发展，围绕粤港澳大湾区、长三角地区、京津冀地区、成渝经济圈、中部经济圈等，率先打造若干区域一体化数据要素市场，支撑全国统一大市场建设。三要适时将北京、上海、广东打造为国内数据要素大循环的核心枢纽和国内国际双循环的战略链接点，在"一带一路"倡议和《区域全面经济伙伴关系协定》等国际合作框架下，深度参与数据要素跨境流动规则制定，维护数据主权，建立以跨境监管为基础的"数据海关"，打造可信数字空间，促进数据要素国内国际"双循环"。

4. 数据可信流通的重点任务

作为第4个生产要素，数据要素要发挥生产力的作用就必须流通，然而数据要素天然的可复制、无状态及时效性等属性让数据流通变得尤为艰难。作为生产力要素，数据的价值体现在经过处理后的成果体现。因此，数据流通其实是"数据+算力+算法"的一体化行为。数据从采集、处理到提交成果，重点要解决以下4项工作。

（1）优化数据要素算力资源调度

算力是数据要素发挥价值的基础和引擎。从区域分布看，当前我国算力资源分布总体呈现"东部不足、西部过剩"的不平衡局面。按照全国一体化大数据中心的建设要求，"数网"和"数纽"的建设将推动国家算力资源空间布局优化配置，推进各区域数字基础设施和应用空间布局优化，打通国内数据要素循环，促进自由流通、按需配置、有效共享数据要素市场的形成。

从技术层面看，有以下两个方面需要注意：一是推动枢纽节点间建设数据中心直连网络，扩容通信带宽，降低数据传输时延，支持引导东部地区非实时算力需求向西部转移，构建超大规模数据要素市场的新型基础设施支撑体系，帮助中西部地区依托数据中心就地发展偏劳动密集型的数据加工产业，将"瓦特"产业转化为"比特"产业，形成以数据为纽带的东中西协调发展新格局；二是建设算力资源统一监测调度平台，对异构软硬件资源进行逐一适配、统一整合，实现软硬件基础设施资源的统一管理、统一分配、统一部署、统一监控，为各地政府和社会企业提供按需获取的云计算、跨域跨网信息共享交换、多级异构云平台协同调度能力，实现数据要素的高效流转和联通共用。

（2）创造数据要素可信流通环境

与组织内部的数据流通相比，组织之间的壁垒是一块沉睡数据的集聚地，尤其是政府与企业之间数据的共享流通还处于起步阶段，距离全面激发数据潜在价值仍有一定差距。全国一体化大数据中心的建设，能够解决以下两个方面的问题。

一是建立适配不同保密要求场景的统一数据要素流通环境。在低保密场景下，基于"明文数据共享交换+数据沙箱"技术，实现数据"阅后即焚"；在中保密场景下，构建以密文数据交换为主的多方安全计算环境，实现数据"可用不可见"；在高保密场景下，建立以联邦学习为主的联合建模环境，实现"数据不出门"。

二是构建覆盖事前、事中、事后各个环节的信任配套设施。在事前阶段，基于区块链、CA认证、时间戳、数字签名等技术，构建覆盖交易法人、交易对象、交易过程、交易合同的数据公证体系，解决数据交易权责法律边界问题；在事中阶段，建立基于区块链的政府与企业可信数据联盟，构建数据授权存证、数据溯源和数据完整性检测系统，打造安全可控、有活力的数据流通生态，实现数据要素按需取用、精准调度、规定用途用量；在事后阶段，充分发挥社会信用体系在实现数据可信流通方面的关键作用，强化数据流通交易全流程的信用监管，培育多层次市场需求，形成立体化可信交易网络，从而更好地激发数据要素市场活力。

（3）构建数据要素综合治理体系

尽管我国各地数字政府和智慧城市建设已经初具规模，但距离实现大数据支撑、全景式呈现、扁平化指挥、科学化决策要求还有一定的差距。长期以来，可以用于支持决策的信息未能及时收集、筛选、汇聚、整合、处理和加工，无数可用、用而不准、准而不深的现象较为突出，"用数据说话、用数据决策、用数据管理、用数据创新"的治理机制尚未完全建立。面对这一问题，"数脑"建设将促进各级各类政府数据和社会数据实现统一规划、统一管理，"倒逼"数据要素的标准化稽查、清洗、去重、校验和修复，建立起数据要素质量综合评估体系，进而实现数据要素的价值化、资产化。

从数据治理和定价的角度看，在数据要素形态中，0阶和1阶数据可以沿用传统的信息产品定价模式，采用协议定价、按次定价等方式实现价格生成。2阶和3阶属于数据服务定价，可以采用收益定价模式，在清晰界定数据用途用量的基础上，按照不同数据提供方对总体模型改进的贡献度，结合数据质量和数据成本评估等形成价格信号，各类市场交易主体通过区块链共识算法实现市场化定价。

（4）搭建数据要素安全防护体系

数据安全是"人治"与"机治"协同的过程，"人治"依靠建立信息安全相关的规章制度和管理标准进行约束，"机治"则依靠技术手段实现访问控制、权限管理等功能。在全国一体化大数据中心体系中，风险识别与防护技术、数据脱敏技术、数据安全合规性评估认证、数据加密保护机制等可以实现对数据要素的安全保障。例如，敏感数据抽取、规则匹配、数据转换、任务调度、任务状态监控等技术，可以加强数据流转过程的数据脱敏、加密，实现全流程安全漏洞监控；再如，对数据开展分类分级管理，面向多元化数据交易场景，按照数据价值、内容敏感度、影响和分发范围对数据进行敏感级别划分，构建数据权限管控体系。

第 12 章 "东数西算"数据中心布局建议

12.1 我国数据中心存在的问题

我国数据中心存在以下 6 个问题。

① 统筹效能不足,无法有效支撑经济社会数字转型。数据中心发展重建设、轻运营、轻应用,未能充分发挥数字底座的生态赋能作用。数据中心绿色智能化、安全可靠性、经济适用性不足,例如,能源监测大多仍处于手工或半手工阶段,数字化工具及平台利用率仍较低。数据中心与 5G、工业互联网、云计算、人工智能等应用需求的协同不足,以新型数据中心为核心的智能算力生态体系还未形成。

② 东西部算力生态分布失衡,制约区域经济协调发展。云计算作为支撑数字经济发展的底层技术主力,与数字经济规模发展、GDP 呈正相关。云基础设施的进一步完善,会带来更高的劳动生产率和更好的服务体验,能极大地助力地区经济发展水平。

③ 综合资源利用率水平偏低,传统基建式弊端仍较突出。虽然 PUE 近年不断改善,其值普遍偏高,还存在大量 PUE 在 2 以上的小、散、旧数据中心。2020 年全国对外服务地数据中心平均 PUE 见表 12-1。

表 12-1 2020 年全国对外服务地数据中心平均 PUE

地区	平均IT负荷使用率	平均单机架设计功率/kW	平均PUE
北京及周边地区	64%	6.7	1.43
上海市及周边地区	53%	5.4	1.47
广州、深圳市及周边地区	45%	5.6	1.58
中部地区	32%	4.9	1.62
西部地区	38%	5	1.51
东北地区	43%	4.2	1.47

数据来源:绿色和平结构

相对于存储型数据中心,计算型数据中心占比仍不够高,高性能算力占比不足 10%,算力价值未能得到充分发挥。

④ 现有网络资源布局与数据中心建设要求仍存差距。现有通信网络围绕最终用户进行组网,

按照人口分布和行政区划进行组织，按照区县—地市—省—省际行政区域层层组网，泛在接入、分层汇聚、集中处理，网络的资源和内容资源主要集中在省会和超大型城市，数据中心通常旁挂网络。省会和超大型城市的数据中心可以直连网络核心，非省会的普通城市数据中心访问网络核心需通过省会绕转。近年来，电信运营商逐步推动云/IDC牵引网络资源向其集中，电信运营商网络围绕云布局，优化网络结构，建设云间高效直达的信息高速公路，后续需要根据一体化数据中心节点布局，进一步优化路由。

⑤ 数据中心缺乏统一调度，存在"烟囱孤岛"。现有云服务商数据中心"烟囱化"现象普遍，缺少跨区域的统一算力调度的算力网络基础和调度平台能力。在东部发达地区，客户接入量大，业务迭代速度快，云服务商普遍算力资源紧张；而在西部欠发达地区，云服务种类单一，资源利用率低，资源闲置现象严重。云服务商跨区域算力网络缺失主要是因为我国东西部之间幅员辽阔，单独构建一张云间网络成本过高、不够灵活。普通的云服务商无法面向企业或云租户提供敏捷的网络自动化服务，因此，不具备算力调度的基础，造成调度平台能力发展缓慢。

⑥ 网络和数据安全防护的一体化、纵深化水平较低。安全边界日益模糊，原先不同安全防护责任单位（客户与大数据中心电信运营商）存在风险共担情况，业务、数据、基础设施等安全需求互相依赖性叠加，需要提供一体化（云、管、边、端）安全管控方案。网络出入口变得更为复杂。不同类型的数据安全防护要求及特点均有所不同。需要根据网络及数据特点建设安全防护的纵深防御体系。随着技术的发展，安全管控技术趋势逐渐向安全能力联动编排、安全事件自动处置、威胁情报全局共享等方向发展。

12.2 数据中心布局建议

从数据中心地理位置的选址上来看，近20年数据中心的选址经历了以下3个阶段。

第一阶段：选址在市中心。

第二阶段：选址在郊区。

第三阶段：选址异地远程化。

由以上的演进路径不难发现，数据中心是"紧贴"业务的。业务在哪里，数据中心就部署在哪里。但是根据新的政策指引和能耗管控的要求，东部地区数据中心能耗审批越来越严格。从技术角度看，并不是所有的业务都要靠近业务进行部署。

12.2.1 时延因素

1. 业务对时延的要求

3GPP业务分类见表12-2。

表 12-2　3GPP 业务分类

业务种类	数据类型	时延要求（平均业务时延）	地域范围要求
高网络时延、低频调用业务	背景类（准静态）：人工智能模型训练、数据存储备份、异地灾备、VR/AR 渲染、电子邮件等	>100ms	骨干直联点城市/省级节点周边1000km范围内
中网络时延业务	交互类/流类：网页浏览、视频播放、电子商务、社交网络服务传媒、智能硬件数据存储、互联网文化、互联网教育、互联网旅游等垂直平台数据	>50ms	骨干直联点城市/省级节点周边400km范围内
低网络时延业务	普通会话类：游戏、遥测、语音	>20ms	骨干直联点城市/省级节点周边200km范围内
超低网络时延业务	特殊会话类：车联网、自动驾驶、联网无人机、高频金融交易、超低时延直播（在线教育、电商直播、赛事直播等）、远程操控、远程医疗、人工智能推理等	>10ms	骨干直联点城市/省级节点周边100km范围内

业务类型定义（总体时延要求从高到低）如下。

① 会话类：要求上下行速率对称，时延要求高，业务场景是人/机器与人/机器之间的实时交互，典型业务有语音业务、电话会议、遥测、交互游戏等。

② 流类：单向时延要求较高，业务场景是流媒体实时传输，典型业务是音频、视频流。

③ 交互类：通常时延要求相对宽松，同时受等待时间容忍度影响（时延可能比流类/会话类要求高），业务场景是人/机器和远端设备（例如远程服务器）在线数据交互，特点是请求响应模式，典型业务有 Web 浏览、数据库检索、网络游戏等。

④ 背景类：时延要求最低，典型业务有电子邮件、传真等。

不同业务对时延的要求差异是巨大的。我们应该先剖析端到端时延的具体构成。端到端的时延包括网络层传输时延和应用层处理时延。

（1）网络层传输时延

网络层传输时延是指数据包的传输时延。例如，数据包从被手机发出到被服务器接收，再从被服务器发送到被终端接收。网络传输时延包括网络接入时延、固网传输时延和数据中心内部网络时延。对于用户从家庭宽带的固定网络访问云端的应用来说，固定网络访问云端应用端到端的时延构成如图 12-1 所示。

图 12-1　固定网络访问云端应用端到端的时延构成

① 用户终端接入家庭路由器，如果通过 Wi-Fi 方式，在 Wi-Fi 接入用户较少、轻负载的情况下，时延一般在 5ms～15ms，通过网线方式时延一般小于 1ms。

② 家庭路由器的 WAN 口连接到电信运营商的本地固网，从本地固网到电信运营商骨干网再到云数据中心，视距离的长短不同，国内的网络时延在 1ms～100ms。

③ 到云数据中心后，数据中心内部的时延一般小于 2ms。

如果用户的终端通过 4G 或 5G 接入网络，整个端到端的时延构成会稍微复杂一些，移动网络访问云端应用端到端的时延构成如图 12-2 所示。

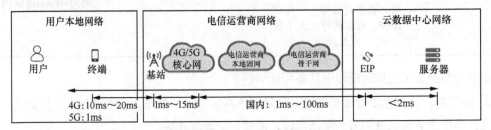

图 12-2　移动网络访问云端应用端到端的时延构成

① 4G 的终端到基站的空口时延一般在 10ms～20ms。

② 5G 的终端到基站的空口时延降到 1ms。

③ 基站到核心网的时延和物理距离强相关，时延在 1ms～15ms。

④ 核心网的互联网出口会连接到本地固网。

⑤ 从本地固网到电信运营商骨干网再到云数据中心，视距离的长短不同，网络时延在 1ms～100ms。

⑥ 到云数据中心后，数据中心内部的时延一般小于 2ms。

（2）应用层处理时延

应用层时延包含用户终端上的应用处理时延和后端的服务器上的应用处理时延，应用层时延构成如图 12-3 所示。应用层处理时延根据不同的应用差异比较大，有的在 10ms 以内，有的则大于100 ms。例如，抢红包、买商品等简单交互类应用，主要是一些数据包的交互，这种类型的应用层处理时延相对较少，时延很多在10ms以内。

工业互联网类的应用主要为时控制类的报文交互，应用层处理时延会更小，时延很多在5ms以内。

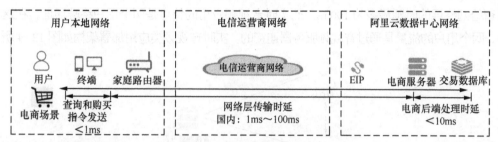

图12-3 应用层时延构成

对于游戏类的应用，一方面是终端向游戏服务器发送各种指令，另一方面是将终端收到服务的数据后展示给用户。这种类型应用的应用层处理时间比较适中，一般在30ms以内。终端发送指令时延很短，很多时候可以小于1ms，在服务器侧的游戏处理逻辑下也很快，一般在5ms内能够处理完，用户终端收到游戏服务器的数据后通过渲染将画面呈现给用户。这个应用层的渲染过程会稍微耗时，根据用户终端的处理性能、游戏的复杂程度，处理时延在5ms～30ms。整体上游戏场景下的应用层处理时延在10ms～30ms。

涉及音视频领域的应用层处理时延一般会比较高，主要涉及外设的音视频采集、音视频编解码、降噪和渲染等信号处理。业界比较成熟的音视频平台的应用层端到端时延一般可以控制在100ms以内。

2. 从时延角度看应用部署架构

（1）工业互联网类的应用部署架构

工业互联网类的应用对实时性要求一般比较高，很多要求端到端时延在10ms左右。

减去应用层5ms左右的处理时延，留给网络层的处理时延只有5ms左右。网络层的时延包括网络接入时延、固网传输时延和数据中心内部网络时延。

4G网络的网络接入时延一般在20ms左右，这种时延级别显然满足不了工业互联网的需求。固网网线接入时延一般小于1ms，因此，很多工业互联网场景的设备是通过固网网线连接的。在5G时代，网络接入时延在1ms以内，可以把之前固定的设备无线化。

对于数据中心内部处理时延，一般小型数据中心内部时延小于1ms，超大型数据中心内部时延大于1ms，但一般会小于2ms。

如果按网络接入时延1ms，数据中心内部时延1ms计算，留给固网传输时延就剩下3ms。固网的1ms双向传输时延，代表光纤距离为100km。这就要求在工业互联网场景下，云数据中心要尽可能地靠近工业园区，尽量不要跨城。

（2）实时音视频类应用部署架构

实时音视频类应用的特点是应用层处理时延较多，业界先进的音视频平台可以做到100ms以内。实时音视频类的端到端时延最好能控制在150ms以内，如果是200ms以内也可以接受。此时留给网络层的时延最多为100ms。而实时音视频应用的特点是两个用户终端通信，在这种场景下，两个用户的流量是通过音视频服务器连接的。实时音视频类应用部署架构如图12-4所示。

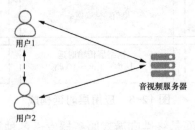

图12-4 实时音视频类应用部署架构

在音视频场景下，服务器到用户的网络传输时延应该控制在50ms以内。音视频场景下大部分用户使用的是移动端，4G网络接入时延一般在20ms左右，此时留给固网传输时延的时间在30ms以内。

4G时代，在音视频场景下，要想为用户提供良好的用户体验，要考虑音视频服务器多地域部署。在5G场景下，可以将网络接入时延从20ms降低到1ms。此时留给固网的传输时延可以从30ms变为50ms。这将在很大程度上简化应用的部署架构，从理论上可以实现音视频服务器从多地域部署变为单地域部署。

（3）实时竞技类游戏部署架构

实时竞技类游戏的端到端时延最好能控制在50ms以内，100ms以内也可以接受。

如果按端到端时延100ms来考虑，则应给游戏的前端和后端的应用层时延分配50ms。此时，留给网络层的时延也变成50ms。游戏场景下主要是用户和游戏服务器进行交互。此时，要求游戏服务器到用户的网络层时延在50ms以内。

考虑到当前4G场景下，网络接入时延约20ms，此时留给固网传输时延的时间在30ms以内。这种场景和上面的实时音视频的应用部署架构要求基本一致。

在4G场景下，对于实时竞技类游戏，需要多地域部署。可以考虑用北京云服务商地区性覆盖京津冀经济区，用上海云服务商地区性覆盖长三角地区，用深圳云服务商地区性覆盖珠三角经济区，用成都云服务商地区性覆盖西三角经济区。

在5G大规模部署的场景下，可以考虑单个地域部署。

（4）实时交互类游戏部署架构

实时交互类游戏的端到端时延最好能控制在100ms以内，在150ms以内也可以接受。

如果按端到端时延150ms来考虑，则应给游戏的前端和后端的应用层时延分配50ms。此时，留给网络层的时延也变成100ms。游戏场景下主要是用户和游戏服务器进行交互。此时，要求游戏服务器到用户的网络层时延在100ms以内。

100ms的网络层传输时延是一个很宽松的要求，基本上用云服务商一个地域的服务器即可达到很好的覆盖效果。

（5）电商类应用部署架构

电商类应用的实时交互相对来讲不是太多，端到端的时延能控制在300ms以内即可满足要求。而电商应用后端和前端处理时延消耗也不是太多，如果给应用层处理时延分配100ms，则网络层的时延还有200ms。200ms的网络层传输时延是一个更宽松的指标。

对于电商类应用，单纯从时延的角度考虑，选择云服务商的一个地域部署应用即可。不过电商类的应用一般情况下对可靠性要求比较高，综合考虑容灾和高可靠，建议采用多地域高可靠部署。

12.2.2 数据因素

大数据时代，数据按使用频率可以分为冷数据、温数据、热数据。热数据是指使用频率高，对时延要求高的数据，多用于需要精密操作的行业，例如医疗、高频交易、工业制造等；冷数据是指使用频率低的数据，多为离线存储、灾备数据；温数据同样使用频繁，但对于时延要求低，例如，人工智能的模型训练。由于网络跳转等原因，西部枢纽与东部需求之间存在不可避免的时延，因为适合处理冷数据与部分温数据。根据《国际电子商情》提供的数据，目前，市场里数据储存约80%为冷数据。我们认为大部分的冷数据存储及相应处理需求均可转移至西部地区。冷数据、温数据、热数据大致占比如图12-5所示。

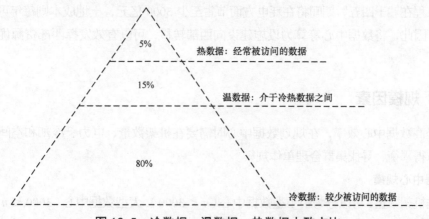

图12-5 冷数据、温数据、热数据大致占比

12.2.3 资源因素

数据中心分布"东热西冷",指标受限问题凸显。根据艾瑞咨询发布的《2020年中国数据中心行业白皮书》,2020年,中国数据中心年用电量约占全社会总用电量的2.7%,随着数据中心规模的扩大,用电占比将进一步提升。而我国的数据中心在地区分布上呈现在东部城市集中,中西部地区分布较少的特点;与此同时,东部地区的PUE(总能耗比IT设备能耗)要求比西部更为严格,数据中心在地域上的集中分布与当地能耗指标的趋严使能耗指标受限问题愈演愈烈。中国数据中心地区分布情况及部分城市数据中心PUE要求如图12-6所示。

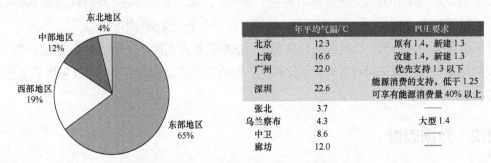

图 12-6 中国数据中心地区分布情况及部分城市数据中心 PUE 要求

自然资源分布"西富东缺",跨区域调配是大势所趋。我国东部地区人口密集、经济发达,随着数字经济的发展,数据爆发对算力的需求增加。但是由于数据中心需要存放大量服务器,消耗大量电力,而东部地区的土地、人工成本较高,能源、电力等资源紧张。相反,西部地区地广人稀、气候适宜,拥有丰富的风、水、光、煤等自然资源,电力、土地、人工成本均远低于东部。国外已有企业探索在气候寒冷的北欧地区建设数据中心,例如,谷歌公司增资6亿元扩建芬兰数据中心;微软公司开通挪威数据中心,并计划在瑞典增设两个中心。据测算,"东数西算"工程在"十四五"期间将在耗电方面节省至少3000亿元,土地成本则每年可以节省约970亿元。因此,将数据中心等算力设施建设向西部转移,可以有效发挥西部资源优势,缓解东部压力。

12.2.4 规模因素

为了提高数据中心效率,在规划数据中心时需要在机架数量、电力、冷却和空间资源的可用性之间取得平衡,寻找集群合理单体规模。

1. 数据中心规模

按标准机架数量,可以分为中小型数据中心($n < 3000$)、大型数据中心($3000 \leq n < 10000$)和超大型数据中心($n \geq 10000$)。数据中心具有明显的规模效应,超大型数据中心的PUE更低,

因此，会受到政策的支持。

2. 单机架建筑面积

根据 GB 50174—2017《数据中心设计规范》，国家标准规定单机柜占主机房面积可取 $2m^2 \sim 4m^2$，辅助区与支持区面积和为主机房面积的 $1.5 \sim 2.5$ 倍。由此可知，单机架建筑面积为 $5m^2 \sim 14m^2$。

目前，数据中心的主要终端客户有互联网、云厂商、金融行业、制造行业、政府机构等。目前，互联网客户（含云计算厂商）仍为主要客户群体，占 60% 以上的份额。中国 IDC 服务下游客户结构及不同类型客户对 IDC 服务的需求特征如图 12-7 所示。互联网企业数据量多，终端用户规模庞大，对机房规模、设备等级、选址集中、低时延等方面指标要求均较高。大型金融企业一般拥有自己的数据中心；中小型数据中心一般采用长期合作的、有丰富运维、运营经验的 IDC 服务商及 T3 及以上级别的机房。政府机构、制造业数据中心特点为数量多、规模小，且政务类一般有"数据不出省、不出市"规则，数据中心在当地建设。

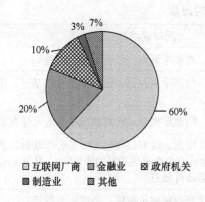

客户类型	机房规模	设备等级	价格敏感度	选址集中度	低时延
互联网行业	★★★★★	★★★★★	★★★★★	★★★★★	★★★★★
云厂商	★★★★	★★★★★	★★★★	★★★★	★★★★★
金融行业	★★★	★★★★★	★★	★★★	★★★★★
制造行业	★	★	★★★★	★	★
政府机构	★	★	★★★	★	★
视频/媒体	★★	★★	★★★	★	★★★
游戏行业	★★	★★	★★	★	★★★★★

(a) 2019 年中国 IDC 服务下游客户结构　　　(b) 不同类型客户对 IDC 服务的需求特征

图 12-7　中国 IDC 服务下游客户结构及不同类型客户对 IDC 服务的需求特征

考虑到互联网企业的机架需求占比较高，而互联网企业需求标配为 6kW 及以上，因此，建议未来机架平均功率设置在 6kW 以上。

12.2.5　"东数西算"配对模型建议

面向体系布局，不仅针对纯物理数据中心布局，还针对综合产业、经济、业务、技术等多个维度布局，不仅是单独的设施规划，还包括上层算力调度、数据流通和平台应用对底层设施的要求的统筹规划。

"东数西算"配对模型设计见表 12-3。

表 12-3 "东数西算"配对模型设计

一级维度	二级维度	表征指标及权重
产业契合度（60%）	区域优势产业对接20%	区域优势产业的重合度
	区域转移诉求20%	区域承接东部产业转移的政策指引
	区域合作基础20%	政府层面的跨区域合作；区域龙头企业的跨区域合作实践
资源条件水平（30%）	地理位置15%	物理距离
	能源条件10%	可再生能源装机量占比
	交通条件5%	高铁高速线路直达情况
政策激励程度（10%）	资源优惠5%	土地、水电、税收等成本类优惠
	扶贫支持5%	扶贫政策激励

配对指数不低于 60 分的有以下组合，"东数西算"配对建议见表 12-4。

表 12-4 "东数西算"配对建议

建议配对	配对指数/分	配对说明
内蒙古—京津冀	80	大数据产业契合度高、物理距离近、已有大量合作基础
贵州—长三角	70	大数据产业契合度高、物理距离较近、已有大量合作基础、主推华为等龙头企业
贵州—粤港澳	65	大数据产业契合度高、物理距离好、已有腾讯等企业合作基础
甘肃—成渝	60	智能装备制造产业契合度高、政府层面已有大量合作基础，例如，天水市共与成渝地区有关企业成功签约项目8个，估算总投资金额为11亿元，网络条件较好
宁夏—京津冀	65	已有银川—石嘴山承接产业转移示范区，物理距离较近

第13章 "东数西算"工程实施需要破解的难题与挑战

13.1 泛在化、异构化的算力资源难以感知和统一度量

随着信息通信网络和技术的发展,算力资源呈现异构多样化、分布泛在化的双重趋势。传统的云计算资源主要包括计算、存储和网络(主要指数据中心内部)。随着云形态从单一的集中化部署到分散的边缘云(边缘计算)的兴起,计算、存储等基础资源出现形态多样化、分布离散化、来源多元化等特点。

1. 算力资源异构化

过去10多年,云计算技术向各行各业不断渗透,直接带动了数据中心建设的蓬勃发展。服务器作为数据中心提供算力的计算底座,其全球出货量近几年也一直呈上涨趋势。

按照芯片的组成,服务器的计算方式可以分为同构计算和异构计算。由CPU提供算力的通用服务器为同构计算,CPU作为通用服务器中最核心的部件,负责指令的读取、译码和执行。其中,以复杂指令集x86架构为主的芯片凭借多年来构建的完善的生态体系,占据了99%以上的服务器芯片市场份额,其代表厂商是Intel和AMD。精简指令集计算机(Reduced Instruction Set Computer,RISC)架构的芯片主要用于智能手机和嵌入式市场,长期以来,AMD占据绝大多数的市场份额。近年来,国产芯片公司例如海光、兆芯、华为鲲鹏、飞腾、龙芯、申威等也在加速发展。

相较于同构计算,得益于人工智能、大数据、VR/AR等新型应用的快速涌现,以GPU、FPGA等为代表的异构计算模式也在快速发展。异构计算是CPU、ASIC、GPU、FPGA等各种使用不同指令集、不同体系架构的计算单元,在一个混合系统中执行计算的特殊方式。在这种方式下,CPU承担了指挥统筹和核心控制的角色,与GPU、FPGA等处理器相互配合实现高效的并行处理。GPU、FPGA等处理器有着自己适配的特定场景。

GPU主要适用于人工智能和图像处理等相关场景。典型的人工智能类应用有高性能计算、训练、推理等,图像处理类应用有视频图像渲染、云VR/AR、云游戏等。目前,市场上独立显卡厂商有英伟达、Intel和AMD。

嵌入式神经网络处理器(NPU)主要适用于推理、训练等场景。目前,全球主要独立NPU卡生产厂商主要有华为和寒武纪等。华为NPU卡在工业视觉、智慧钢铁等领域有一定量的应用,寒武纪 NPU 卡则集中在机器视觉、语音识别、自然语言、搜索场景等领域应用。

FPGA 是由逻辑门电路组合成的可重复编程器件，在数据中心、通信、航空、国防等有较高并行计算要求的领域有广泛的应用。FPGA 应用对开发人员要求门槛较高，需要对底层硬件有一定了解。目前，FPGA 厂商为了降低开发门槛，正在不断优化开发平台，以期使 FPGA 开发更加快速、便捷。

随着人工智能、大数据、VR/AR、云游戏等新兴应用的发展，算力资源的形态增加了面向 AI 的超算资源。这些面向 AI 的超算资源不仅增加了新的维度，而且可能为多方所拥有，并且具有不同的形态和结构。

2. 算力资源泛在化

近年来，中心化的云计算无法满足部分低时延、大带宽、低传输成本的场景，例如，智慧安防、自动驾驶等。在数据持续增长的机器智能时代，终端和数据中心两级处理已经无法满足算力需求，算力必然会从云和端向网络边缘进行扩散。边缘计算所带来的边缘算力会逐渐丰富，算力整体将呈现"终端、边缘、云数据中心" 3 级架构。尤其随着 5G 网络的全面建成，其大带宽、低时延的特征，将加速算力需求从端、云向边缘扩散。与此同时，云计算和边缘计算互相协同，共同使能各行业的数字化转型。因此，3 级算力架构的部署成为必然趋势，云端负责大体量复杂计算、边缘端负责简单计算和执行，终端负责感知交互的泛在计算模式，这必将形成一个集中和分散兼具的统一泛在的分布特征。

随着 5G、人工智能等技术的发展，算力网络中的算力提供方不再是每个专有的数据中心或计算集群，而是云、边、端这种泛在化的算力通过网络连接，实现算力的高效共享。因此，算力网络中的算力资源具有泛在化、异构化的特征。

云、边、端 3 级算力架构示意如图 13-1 所示。

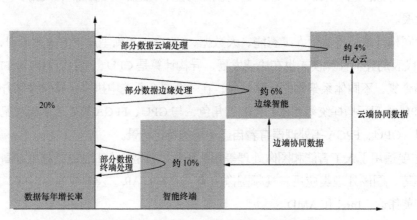

图 13-1　云、边、端 3 级算力架构示意

3. 算力资源的感知和度量

算力网络在实际工程应用中首先面临的是算力的感知与度量，进而才能实现对算力的编排，并合理快速匹配业务需求。目前，如何感知算力，通过有效建模形成统一度量的算力资源，并且通过合理编排来满足业务需求，是算力网络研究的重点和难点之一。

算力度量要求量化异构算力资源及多样化业务需求，并建立统一的描述语言，在赋能算力流通属性的同时，为算力的感知、管控、服务提供基础和标准。

目前，市面上不同厂家的计算芯片类型形式各异，例如，英伟达的 GPU、寒武纪的 ASIC，以及近年来出现的 NPU、TPU 等，这些芯片功能和适用场景各有侧重，如何准确感知这些异构的泛在芯片的算力大小、不同芯片适合的业务类型及在网络中的位置，并且对其进行有效纳管、监督，成为算力网络面临的挑战和难题。针对泛在算力的纳管方法也不再适合采用统一的调度方式，多级联动调度模式正在研究当中。

另外，所感知的算力需要映射到统一的度量单位，屏蔽不同算力类型的差异性，以形成上层资源调度器或编排器可理解、可量化的资源层。但是业务运行不仅需要足够的算力，而且也需要配套的存储能力、网络能力，甚至还可能需要编解码能力、吞吐能力等来联合保障用户的业务体验。但是基础算力的度量无法给出统一的标准，无法直观合理地给出基础算力的统一度量方法，直接影响了业务在算力网络上的灵活承载。建议从微服务的角度来衡量算力，并建立相应的资源调度分配标准和机制，降低算力网络中业务和应用部署的复杂度，简化业务管理流程和机制。

13.2 集中式/分布式算力网络控制方案难以协同

算力网络控制方案是指在云、网、边一体化融合的资源环境下，根据各资源实际部署的位置和应用类型的差异，将原本分散的云内、云间及入云的网络资源进行协同，通过网络虚拟化技术和大二层交换技术，将算力连接以服务的方式开放给用户，使云内网络和云间网络边界逐渐模糊，网络结构进一步趋于扁平化，减轻运维复杂度，增加网络的灵活性。

当前，算力网络控制方案的实现有集中式和分布式两种。

1. 集中式控制方案

集中式控制方案是基于数据中心 SDN 集中调度的方案，在云数据中心内部，由多个分布式应用服务器节点构成集群，分担业务计算与存储请求，同时云数据中心向城域网扩展，与边缘云相连，通过集中式的 SDN 控制器和 MANO 实现中心云及边缘云间的算力网络的统一管理和协同调度。

2. 分布式控制方案

分布式控制方案是采用基于电信运营商承载网的分布式控制能力，结合承载网元自身控制协议扩展，复用现有 IP 网络控制平面的方式实现算力信息的分发和基于算力寻址的路由，同时综合考虑网络和计算资源实时状况，将不同的应用调度到合适的计算节点进行处理，实现连接和算力在网络的全局优化。

集中式控制与分布式控制两种方案的对比如下。集中式控制方案能够通过配置集中式的 SDN 控制器做到算力节点快速实现路由可达，但该方案的缺点是计算节点无法快速与网络属性联动，也较难与 Underlay 网络联动，建议把其作为算力网络初期的实现方案。分布式控制方案需要根据具体的业务需求选择 BGP 扩展的种类和形式，实现比较复杂，也尚未形成标准化。但是该方案充分调动了承载网中 IP 路由器节点的控制能力，应用可以感知路径沿途的所有节点的服务质量，是真正意义上的计算需求向网络开放，建议把其用于算力网络的远期实现，同时，分布式方案也更适合具有基础网络资源的电信运营商采用。

从以上分析我们可以看出，集中式控制方案的核心是基于数据中心 SDN 技术和 MANO 架构进行集中、统一的调度。分布式控制方案的核心是依托电信运营商承载网的分布式控制能力及 IP 网络控制平面的方式实现对算力网络的调度和优化，更加突出算力和大网能力的结合。二者如何合理过渡和有效协同将成为"东数西算"工程实施的挑战之一。

13.3 网络融合面临的挑战

在算力普及时代，网络的发展目标应该是让算力更容易泛在扩展，让数据流通更加顺畅，让用户使用更加便捷方便。算力要发挥极致性能，在很大程度上依赖网络技术的变革创新。

算网融合既是技术发展的必然趋势，也是用户需求变化的必然结果。对企业用户而言，需要通过多云部署、高性能云边协同、一体化开通服务等帮助其提升竞争优势；对政府用户而言，数字城市、数字社区等对算力的能力和安全性有越来越高的要求；对个人用户而言，基于云的 XR 等应用成为新的娱乐、生活方式；对家庭用户而言，基于云的智慧家庭服务越来越不可或缺。所有这些场景都对算网融合提出了新的要求。

通过网络连接泛在算力，可以突破单点算力的性能极限，发挥算力的集群优势，提升算力的规模效能，通过对算网资源的全局智能调动和优化，可以有效促进算力的"流动"，满足业务对算力随需使用的需求。同时，伴随行业应用对网络在端到端质量方面的要求，网络也需要向端到端的网络性能保障演进，网络协议也需要同步创新发展，以适应算力调度和业务应用的需求。

算网一体化服务不是"云+网"服务的简单组合，而是算网深度融合、灵活组合的一体化服务。云原生、SDN、SD-WAN、Serverless、FaaS、AI 等技术的不断成熟，以及意图感知、在网计算等技术的探索，让算力服务开始从资源型向任务型发展，跨层级、多形态的极简一体化能力将逐渐丰富。

网络如何与算力高效融合，适应众多不断发展的客户需求场景，是网络演进的一项重要挑战。

算网融合的基本特征包括以下5个方面。

① 网络为应用提供高容量、高性能、高可靠的泛在智能承载，是新型信息基础设施的基础。

② 算力是应用的直接载体，为面向数字化转型的大数据、物联网、人工智能、5G/6G和全光网络等技术演进提供资源和能力，是新型信息基础设施的核心。

③ 通过网络控制面（包括分布式路由协议、集中式网络控制器等）对来自不同所有方的算力资源信息进行分发，并与网络资源信息相结合，形成统一的资源视图。

④ 网络需要根据算力的需求自动进行弹性适配、按需部署和敏捷开通，形成网络主动适配算力的模式，促成算网端到端能力的服务化。

⑤ 突破算力资源和网络的物理边界，构筑统一的算网资源和服务能力，形成一体化的融合技术架构。

由此可见，算力和网络的深度融合尚需时日。当前，算力和网络有着各自的技术体系、架构实现和发展路径，编排调度、运营优化也相对独立，算力网络统一技术架构、技术标准和开源生态还不完备，算力网络衍生出的一系列前沿技术，包括算力原生、算力路由、在网计算等也正在发展过程中。大部分融合领域的理论研究和技术攻关工作仍处于起步阶段，攻克这些核心技术并将它们付诸现网将是算力网络发展需要突破的难题和挑战。

13.4 数据标准化难以统一

数据是全球数字经济发展的核心动能。数据资源如同农业时代的土地、劳动力，工业时代的技术、资本，已经成为信息时代重要的基础性战略资源和关键生产要素，是推动经济发展质量变革、效率变革、动力变革的新引擎，不断驱动人类社会加快在信息化时代中的前进步伐，逐步向智能化时代迈进。大数据作为数据资源价值挖掘的动力源，受到世界各国政府和国际组织的高度重视，世界主要国家和地区竞相开展大数据战略布局，推动大数据技术创新研发与产业应用落地。

我国政府高度重视并持续推进大数据发展。自2015年国务院印发《促进大数据发展行动纲要》以来，国务院和国家相关部委陆续发布《政务信息资源共享管理暂行办法》《"十四五"大数据产业发展规划》等政策文件，持续加强大数据、数字经济国家发展部署。

我国拥有海量的数据资源和丰富的应用场景，具备大数据发展的先天优势。随着国家政策的日渐完善及扶持力度的不断增强，我国大数据技术、产业得到长足发展。国内骨干企业已经具备自主开发建设和运维大规模大数据平台的能力，一批新产品、新服务、新模式陆续出现，大数据生态体系逐渐完善。然而，随着我国大数据应用的进一步深入，产业发展的痛点问题相继暴露。数据开放共享进程缓慢、数据质量不高、数据管理与治理缺失、垂直行业应用深度不足。面对当前大数据发展的问题，不仅需要从技术、行业机制的角度寻求突破，也亟须从标准化维度持续加强支撑。

随着大数据应用的不断深入，针对数据安全保护的需求越发强烈，数据安全相关法律法规建设已成为大数据发展的必然趋势。数据本身具有多主体使用与复用性等特点，其数据权属难以界定，对大数据立法的推进造成一定的阻碍，这也是后续大数据立法过程中亟须研究与突破的方向。

大数据作为一种新兴和不断演进的技术，相关技术标准体系也在社会各界的广泛参与和关注中不断完善。数据领域的标准化工作是支撑数据产业发展和应用的重要基础。但整体而言，我国在数据标准体系建立方面起步较晚。为了推动和规范我国大数据产业快速发展，建立大数据产业链，与国际标准接轨，2014 年 12 月 2 日，全国信息技术标准委员会大数据标准工作组正式成立，2016 年 4 月，全国信息技术标准委员会大数据安全标准特别工作组正式成立。我国各地也纷纷成立了地方性的大数据标准化技术委员会，逐步开展大数据地方标准研制工作，旨在形成安全可靠、统一规范、便捷高效的地方大数据标准体系建设，服务当地大数据产业发展。

根据全国信息技术标准委员会大数据标准工作组发布的《大数据标准化白皮书（2020 版）》，我国建立的大数据标准体系由 7 个类别标准组成，分别为基础标准、数据标准、技术标准、平台 / 工具标准、治理与管理标准、安全和隐私标准、行业应用标准。但数据标准化工作需要考虑的因素众多，数据治理涉及数据全生命周期，不仅与技术紧密相关，还与政策、法规、标准、流程等密切关联。从技术角度来看，数据标准化涉及元数据管理、数据标准管理、数据质量管理、数据安全管理等多方面技术。当前，数据资源分散、数据流通困难（模型不统一、接口难对接）、应用系统孤立等问题已经成为企业数字化转型最大挑战之一。大数据系统需要通过提供集成化的数据治理和标准化能力，实现统一数据资产管理及数据资源规划。

参考文献

[1] 中国移动通信集团有限公司. 中国移动算力网络白皮书[R].2021.

[2] 中国联合网络通信有限公司. 中国联通云网融合向算网一体技术演进白皮书[R].2021.

[3] 中国电信集团公司. 中国电信云网融合2030技术白皮书[R].2020.

[4] 曹畅, 唐雄燕, 张帅. 算力网络: 云网融合2.0时代的网络架构与关键技术[M]. 北京: 电子工业出版社, 2021.

[5] 曹畅, 李建飞, 张帅, 等. 算力网络前沿报告[R]. 中国通信学会, 2020.

[6] 华为技术有限公司. IP新技术专题[R]. 2020.

[7] 中国科学院高能物理研究所, 江苏省未来网络创新研究院, 紫金山实验室, 等. 智能无损网络技术白皮书[R]. 2020.

[8] 李少鹤, 李泰新, 周旭. 算力网络: 以网络为中心的融合资源供给[J]. 中兴通讯技术, 2021, 27(3): 29-34.

[9] 华为技术有限公司. 泛在算力: 智能社会的基石[R]. 2020.

[10] 梁贺君, 韩景偲. 基于区块链的云计算资源"去中心化"交易共识机制研究[J]. 计算机科学, 2019, 46(S2): 548-552.

[11] 吴雨芯, 蔡婷, 张大斌. 移动边缘计算中基于Stackelberg博弈的算力交易与定价[J]. 计算机应用, 2020, 40(9): 2683-2690.

[12] 孙英华. 云间计算资源市场交易管理模型研究[D]. 青岛: 山东科技大学, 2014.

[13] 雷波, 赵倩颖, 赵慧玲. 边缘计算与算力网络综述[J]. 中兴通讯技术. 2021, 27(3): 3-6.

[14] 中国移动通信有限公司. 算力感知网络(CAN)技术白皮书[R]. 2021.

[15] 第五届未来网络发展大会组委会. 未来网络白皮书——确定性网络技术体系白皮书(2021版)[R].2021.

[16] 杨炼, 黄瑾, 张钟琴, 等. 云计算平台构建与5G网络云化部署[M]. 北京: 人民邮电出版社, 2021.

[17] 中国电信集团公司. 中国电信新一代云网运营系统技术规范v3.0(试行稿)[R].2021.

[18] SDN产业联盟. SDN产业发展白皮书[R]. 2015.

[19] 中国信息通信研究院. 数据流通关键技术白皮书1.0版[R], 2018.

[20] 赵耀寰. 大数据时代全网算力共享初探[J]. 决策探索, 2019(1): 28.

[21] 宽带发展联盟. 固定家庭宽带高质量业务体验研究白皮书[R], 2019.

[22] 高富平. 数据流通理论 数据资源权利配置的基础[J]. 中外法学, 2019, 31(6): 1405-1424.

[23] 谢永江. 论数据流通的治理机制[J]. 信息安全与通信保密, 2021(7): 19-27.

[24] 中国联通网络技术研究院. 中国联通算力网络白皮书[R]. 2019.

[25] 段晓东, 姚惠娟, 付月霞, 等. 面向算网一体化演进的算力网络技术[J]. 电信科学, 2021, 37（10）：76-85.

[26] 曹畅, 唐雄燕. 算力网络关键技术及发展挑战分析[J]. 信息通信技术与政策, 2021, 47（3）：6-11.

[27] 贾庆民, 丁瑞, 刘辉, 等. 算力网络研究进展综述[J]. 网络与信息安全学报, 2021, 7（5）：1-12.

[28] 潘海涛, 李佳倩, 詹盼, 等. 面向智慧城市的多云协同存储设计及实现[J]. 信息通信, 2019（2）：115-116.

[29] 招商证券. "东数西算"工程全面启动 网络建设+绿色节能为核心要义[R]. 2022.

[30] 国海证券.《"十四五"数字经济发展规划》正式发布：坚持推进数字产业化和产业数字化, 互联网企业继续为建设数字中国添砖加瓦[R]. 2022.

[31] 中国联通. 算力网络架构与技术体系白皮书[R]. 2020.

[32] 郭亮, 吴美希, 王峰, 等. 数据中心算力评估：现状与机遇[J]. 信息通信技术与政策, 2021, 47（2）：79-86.

[33] 中国联通. 算力网络实践案例[R]. 2021.

[34] 中国信通院. 中国算力发展指数白皮书[R]. 2021.

[35] 中国移动, 华为. 算力感知网络技术白皮书[R]. 2019.

[36] 吕聪敏, 熊伟, 张少侃. 新基建驱动算力中介和算力网络发展[J]. 现代计算机, 2020（33）：47-50+57.

[37] 于清林. 从边缘计算到算力网络[J]. 产业科技创新, 2020, 2（3）：49-51.

[38] 中国信息通信研究院. 大数据白皮书[R]. 2021.

[39] 穆正浩, 王颖. 宁夏中卫云计算数据中心空调设计[J]. 暖通空调, 2016, 46（10）：23-46.

[40] 陈实, 李典林. 数据中心设计与运营实战 [M]. 北京：人民邮电出版社.2104.

[41] 姚惠娟, 陆璐, 段晓东. 算力感知网络架构与关键技术 [J]. 中兴通讯技术, 2021, 27（3）：7-11.

[42] 王璟璇, 窦悦, 黄倩倩, 等. 全国一体化大数据中心引领下超大规模数据要素市场的体系架构与推进路径[J]. 电子政务, 2021,（6）：20-28.

[43] 张学旺, 殷梓杰, 冯家琦, 等, 基于区块链与可信计算的数据交易方案[J]. 计算机应用, 2021, 41（4）：939-944.

[44] 中国移动通信有限公司研究院, 中国电信股份有限公司研究院, 中国联合网络通信有限公司研究院, 等. 多样性算力技术愿景白皮书[R]. 2021.

[45] 全国信息技术标准化技术委员会大数据标准工作组, 中国电子技术标准化研究院.大数据标准化白皮书（2020版）[R]. 2020.

[46] 中国移动通信集团有限公司. 算力网络白皮书 [R]. 2021.

[47] 黄奇帆. 数字经济时代, 算力是国家与国家之间竞争的核心竞争力[J]. 中国经济周刊, 2020,（21）：106-109.

[48] 刘富荣. 加快实施"东数西算"工程对构建全国一体化大数据中心体系新格局的重要意义[J]. 财经界, 2021（17）：1-2.

[48] SDNLAB. 预见·第四代算力革命报告[R]. 2022.